L'APPEL DU PACIFIQUE

DENYSE-ANNE PENTECOST

L'APPEL DU PACIFIQUE

Récit

ROBERT LAFFONT

Tous mes remerciements vont à Marie Desbois,
sans laquelle ce livre n'aurait pas vu le jour.

ISBN 2-221-08207-9

À mes enfants
et à leurs grands-parents,
Henriette et Edouard Pentecost,
et Denyse et Donald Gubbay.

LA NOUVELLE-CALÉDONIE ET LES NOUVELLES-HÉBRIDES

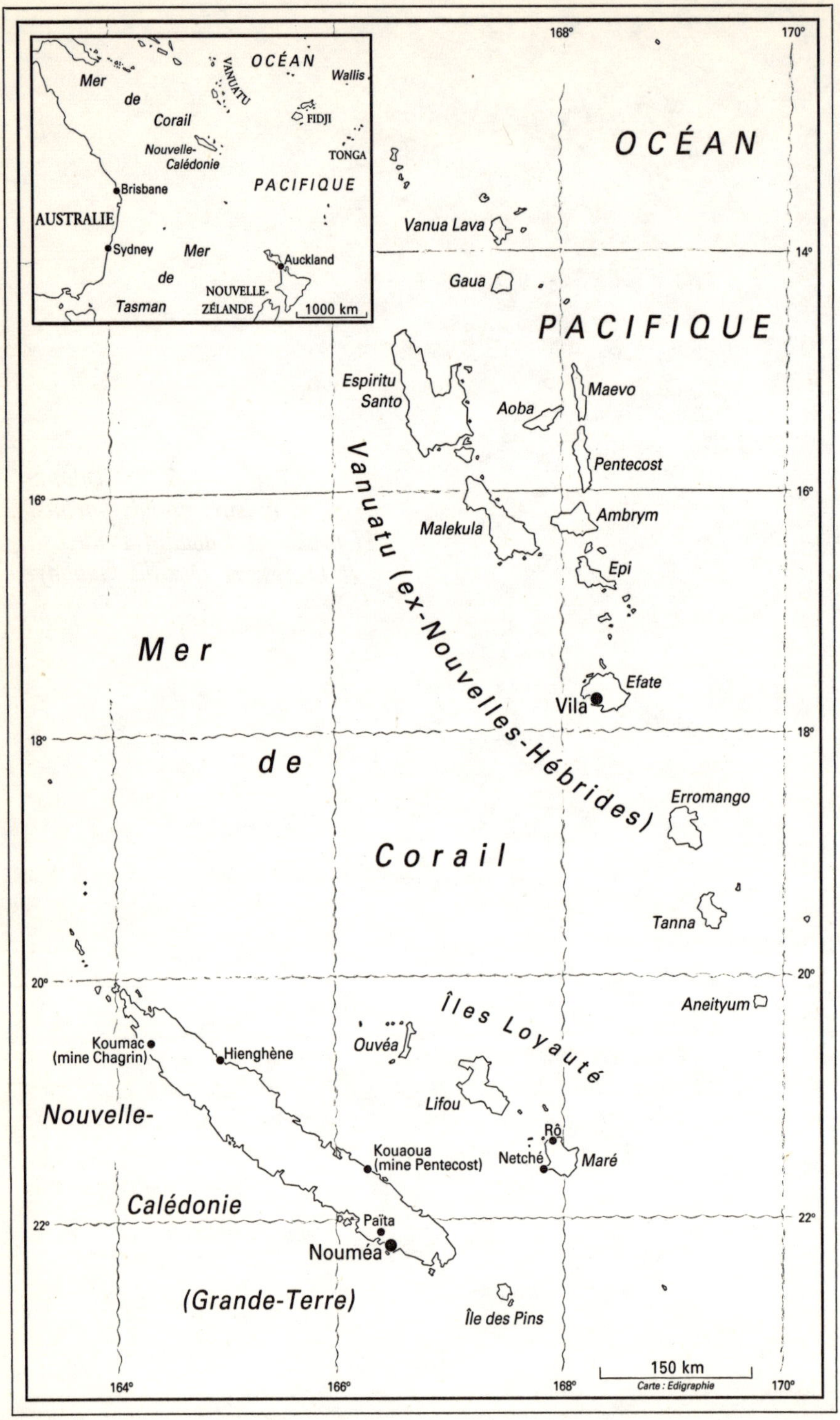

Mon enfance s'est déroulée dans un archipel où le temps ne se mesurait pas, où le soleil, les marées, les pluies et les récoltes d'ignames rythmaient la vie. J'ai voulu raconter ce temps à mes enfants, Frédérique et Edouard.

Déjà trop occupés pour m'écouter, déjà trop imprégnés d'une culture où la rapidité, la performance, le professionnalisme font loi, mes enfants me donnent l'impression que je suis née sur une autre planète. Ils ont éveillé en moi, insidieusement d'abord, et aujourd'hui avec éblouissement, une nostalgie de ce temps généreux, celui de mon enfance.

Ils ont fait naître aussi au fil de mon histoire celle des trois générations qui ont précédé la mienne et celle des trois générations qui ont précédé celle de Philippe, mon mari. Bien avant de se rejoindre, nos vies ont baigné dans la splendeur naturelle du Pacifique Sud. Ces cent dernières années d'existences s'éparpillent dans un triangle invisible de trois îles jetées sur l'océan, à des milliers de kilomètres les unes des autres. Deux d'entre elles, où mes aïeux et moi-même avons vécu, resteront toujours à mes yeux les plus belles îles du Pacifique, avec la troisième que mon mari m'a appris à aimer et où je vis encore aujourd'hui. Ces îles ont chacune leur personnalité née de leur propre histoire, d'une culture originale, d'un langage différent et d'une géographie particulière.

De nombreuses légendes racontent la création des îles océaniennes. Ma préférée est celle d'un dieu trapu, d'une force herculéenne, courageux et imaginatif. Un beau matin, il n'a cessé de faire des allées et venues de sa forêt mythique jusqu'à la plage. Il transportait de lourdes brassées de terre glaise qu'il amoncelait sur le rivage. Puis debout dans l'eau, les jambes bien écartées pour assurer son équilibre il a entrepris de pétrir cette terre rare et exceptionnelle et de la façonner en sphère. Il l'a voulue imposante et parfaitement ronde. Enfin il l'a posée sur le sable et s'est reculé dans l'eau pour mieux l'admirer. Il était heureux. Il avait créé son rêve. Puis son regard s'est posé sur ses mains maculées de boue humide et collante. Agacé, il les a frottées l'une contre l'autre pour les débarrasser de ces parcelles terreuses qui se sont dispersées à la surface de l'océan. D'une grosse motte, la première à se détacher, est née l'Australie, l'île-continent, ma terre natale, celle où s'est aussi déroulée ma vie d'étudiante.

Et puis d'autres mottes de terre glaise, de plus en plus petites, se sont détachées des mains du dieu créateur, saupoudrant l'océan de miettes d'îles, de récifs, d'atolls, de roches volcaniques comme l'archipel des Nouvelles-Hébrides que l'on appelle aujourd'hui Vanuatu. Son île la plus grande, Santo, se cabre comme un petit zèbre joyeux. C'est l'île de mon cœur, celle de mon enfance.

Enfin tel un sculpteur méticuleux, le dieu créateur a décollé la glaise de ses bras en la roulant sous ses doigts. De ce cigare improvisé jeté lui aussi dans l'océan est née la Nouvelle-Calédonie baignée de lumière et si proche, dit-on, du paradis. C'est là que j'ai rencontré Philippe, que je me suis mariée et où je vis.

Dans ces îles de la Mélanésie situées à l'est de l'Australie, comme dans celles de Polynésie d'ailleurs, la végétation est d'une luxuriance exubérante et tapageuse. C'est une végétation d'un vert profond, bavarde et bruissante. Elle frémit, souffre, s'épanouit, s'étale. Elle a même, comme nous, sa race de voyageurs au nom un peu barbare de *Barringtonia asiatica.* Ces arbres magnifiques frangent presque toutes les bandes de terre sablonneuse qui bordent les rivages des îles. Leur tronc robuste et allongé se courbe généralement au-dessus de la mer. Il porte de longues branches ornées de larges feuilles rondes, laquées vert jadéite, mais soulignées de nervures à la couleur vert d'eau. Entre elles se pavanent des graines-caramboles lisses, géantes, qui se détachent des branches à l'âge adulte et tombent une à une dans l'océan. Portées par la vague, ces graines ne partent pas nues. Comme des courtisanes en quête de bonne fortune, elles sont embellies pour leur périple d'une houpette-éventail blanche aux filigranes soyeux que resserre une corolle satinée aussi. Ces graines fleuries voyagent au gré des courants, des orages et des alizés et parcourent des milliers de kilomètres. Certaines sombrent, d'autres plus robustes et plus déterminées survivent et s'échouent comme épuisées sur des plages lointaines où elles prennent racine en se réchauffant au soleil. Ce parcours végétal est également celui d'une faune migrante. Mais les hommes aussi, attirés par l'inconnu, recherchent ces dérives qui les conduiront sur des rivages du bout du monde, sur ces terres de l'extrême que sont les « finis-terres ». Choix ou obligation ? Curiosité ? Fuite ? Esprit de conquête ? Qu'importe. Ils cassent le cours tracé de leur vie pour en vivre une autre. Mais comme le paysan garde toujours, dit-on, de la terre à ses sabots, le navigateur arrivé sur ce qu'il espère être son « finistère » garde en filigrane, volontairement ou inconsciemment, ses traditions, frêle rempart face à l'inconnu. Il les entretient comme le feu dans l'âtre qui va en faiblissant à l'heure de la nuit mourante. Au fil des générations, ces repères souvent dérisoires et vite surannés deviennent difficiles à débusquer lorsque le temps les a usés et que d'autres coutumes s'y sont superposées.

J'appartiens à la descendance de ces hommes qui ont choisi les dérives des océans avant de s'amarrer aux îles du bout du monde. Je suis, moi aussi, née dans les sillons que la boule du dieu sculpteur a tracés dans ces îles du Pacifique en lâchant sa sphère de glaise sur l'océan.

J'appartiens à ce monde qui a gravé de profondes et indélébiles incursions, à la fois créatrices et destructrices, parfois sous le prétexte de civilisations porteuses d'un formidable épanouissement, mais le plus souvent parce que les hommes aiment laisser leur empreinte, marque de leur existence et jalon pour leurs descendants.

Les îles du Pacifique se sont longtemps jouées des navigateurs venus des rivages du Portugal, d'Espagne, d'Angleterre ou de France. Elles se sont cachées d'eux ou se sont offertes selon l'humeur des vents. Devenues l'enjeu de rivalités européennes, elles ont cédé, plus ou moins consentantes, au charme ou à la force des plus obstinés. Et leurs richesses comme leurs populations se sont mises à circuler de l'une à l'autre.

Alors il n'y a pas une histoire des îles du Pacifique. Il y a des histoires : celles des enfants au sang mêlé, celles des explorateurs, celles des voyageurs, celles des missionnaires, celles des transportés, celles des colons, celles de la France aussi qui y a semé l'Occident et celles des hommes qui ont voulu fondre cette diversité des origines dans l'unité d'un peuple à naître.

Ma famille au fil des générations, comme celle de mon mari sont une fantastique illustration de ce monde à la fois éblouissant de jeunesse et riche de chaleureuses traditions. J'ai voulu raconter dans ce livre aux origines hébridaises et calédoniennes les aventures que ces deux familles ont réellement vécues. J'ai voulu raconter leurs vies parfois étrangement similaires, leurs destins bousculés par les mêmes cyclones et baignés des mêmes lumières.

Mais alors que des images aux couleurs sépia, noyées dans le flou du temps, ont été remontées patiemment et tendrement à la surface de nos jours, les générations plus récentes de cette saga romancée habitent la mémoire de leurs contemporains vivant toujours en Nouvelle-Calédonie ou au Vanuatu (ex Nouvelles-Hébrides). Elles sont nues de cette patine que le temps indulgent et complaisant dépose sur des vies estompées. Elles portent les rigueurs et les aspérités des heurts violents nés de guerres mondiales arrivées jusque dans ces îles lointaines et qui les ont entraînées dans des maelströms infernaux. Le roman devenait progressivement narration de combat, de prés-carrés, de rejets et de conquêtes. Mais je n'ai pas voulu que ce récit perde son aura d'aventure et sa part d'imaginaire. Le rêve et la fiction ont donc continué à accompagner la réalité. Jusqu'au mot « fin » symbolisant le dernier souffle de vie d'Edouard Pentecost.

Dick entra à pas de loup dans le bureau de son père. La pièce sentait bon le vieux cuir, l'encre, le cigare. Le cottage familial aux environs du Somerset était silencieux en ce dimanche après-midi. Les parents du petit garçon étaient allés se promener avec son jeune frère et la nurse. Lui était censé faire ses devoirs. Il saisit à pleins bras le globe aux couleurs passées qui dessinait les océans et les continents. On ne peut pas partir à l'aventure avec un globe posé sur un guéridon. Mais avec un globe posé sur un tapis, le voyage devient possible. Puis, des rayons du bas de la bibliothèque, il sortit le grand atlas. Dick avait tout prévu, il pouvait appareiller.

Accroupi devant le globe, il posa son index, taché d'encre, sur le sud de l'Angleterre, là où il allait lâcher les amarres, Portsmouth. La descente dans l'Atlantique, le long des côtes de France et du Portugal, fut facile, déjà Gibraltar ! Son doigt hésitant franchissait le détroit, revenait en arrière, repartait. Finalement, non. Un navigateur doit explorer les océans. Le canal de Suez, ce serait pour la prochaine fois. D'ailleurs il avait déjà emprunté la route des Indes. Changement de direction. Droit sur le cap Horn, droit sur les rugissants... Dick se mit à souffler plus fort. C'était la tempête... Difficile à franchir, ce cap Horn. Ouf ! C'est fait. Le calme à nouveau ; normal puisque cette grande tache bleu sombre s'appelle Pacifique. Le globe tournait doucement sous ses doigts. Il négligea les points minuscules qui piquetaient la grande étendue bleue. Tahiti, les Marquises. C'était bien trop petit pour le capitaine Dick. Lorsque son index atteignit enfin l'Australie et le port de Sydney, il pensa être arrivé à destination et abandonna le monde arrondi pour ouvrir l'atlas à la couverture rigide. Dans sa hâte, il froissa bien quelques pages avant de trouver ce qu'il cherchait : le Pacifique ouest. Alors, allongé sur le ventre, le menton posé dans ses mains, il se perdit le long des côtes de cette masse de terre à la couleur bistre où il avait décidé de faire escale.

L'Australie ressemblait à un gros lapin perdu dans sa fourrure, grignotant patiemment et indéfiniment la Tasmanie. Pas terrible tout ça. En plus ce lapin ne mangeait pas proprement ; il avait laissé des miettes partout. Enfin... sur les bords. Parce que plus loin, la Nouvelle-Calédonie ne ressemblait tout de même pas à une miette. On aurait dit plutôt un long poisson. Pour se faire un peu peur, Dick l'imagina inquiétant, son rostre menaçant, la gueule ouverte sur les îlots alentour qu'il avait l'air de poursuivre. Pourtant, au large de son échine, trois îles l'escortaient joyeusement dans sa chasse. Les *Loyauté*, disait l'atlas. « Loyauté », c'est un mot que ses parents lui avaient appris très tôt et qu'ils prononçaient souvent.

« C'est peut-être parce qu'elles ont l'air toujours fidèles à la Nouvelle-Calédonie qu'on les a appelées comme cela », pensa le petit garçon de onze ans.

Puis son esprit vagabonda. Il tenait fièrement la barre de son grand voilier. En route vers le nord-est, vers son île. L'île dont il serait un jour le roi. Il naviguait maintenant entre les îles de l'archipel des Nouvelles-Hébrides. Encore des miettes. Que de pirates cruels, borgnes et à jambe de bois, que de cannibales féroces aux sagaies pointues eut-il à affronter ! Enfin ! Tous ces dangers vaincus, il put aborder aux rives de son royaume : *Pentecost.* Une foule d'indigènes couleur pain d'épices l'attendaient sur la plage. Le grand sorcier les avait prévenus : un jour un roi pour leur île, venu de loin, accostera parce qu'il portera le même nom.

– Je m'appelle Richard Trevor Pentecost. Cette île est mon royaume, lança Dick à la foule alignée.

Chargés d'offrandes, ils lui firent une haie d'honneur. Dick s'endormit doucement sur le tapis du bureau paternel, dans le cottage de Samerton.

À la fin de ses études, quand il eut seize ans, Richard Trevor Pentecost entra comme simple employé dans la banque de son père. Mais il pensait toujours à l'île de ses rêves d'enfant. Il dévorait tous les récits de voyage qui lui tombaient sous la main et jusqu'aux plus austères traités de navigation.

Dans sa chambre à Samerton, il notait le soir sur des bordereaux le nom et les cargaisons des navires en partance. Aux chargements classiques pour l'Australie s'ajoutaient des caisses remplies de verroteries, d'hameçons, de miroirs, de hachettes, de cotonnades, d'outils.

– Je me demande ce que les Australiens peuvent bien faire de toutes ces choses, dit un jour Richard à son père, au cours du dîner.

Alors son père lui raconta ce qu'il lisait dans les journaux ou ce qu'il apprenait par des voyageurs de retour des mers du Sud et qui passaient traiter de questions d'argent à sa banque.

Dick découvrit ainsi que les Australiens, comme eux les Anglais, s'étaient mis à boire du thé pour un oui ou pour un non et qu'il fallait bien se le procurer, ce thé, et qu'il fallait bien le payer.

– Il vient de Chine, figure-toi. Et toi qui joues le soir avec les cargaisons des bateaux, tu dois bien imaginer qu'il faut remplir les cales à l'aller.

– Avec quoi ?

– Nous y voilà. Avec quoi ? Avec un bois que l'on trouve dans les îles du Pacifique. Il sent étonnamment bon. Les Chinois le découpent en bâtonnets qu'ils font brûler dans leurs temples. Ils en extraient aussi une essence de parfum ; même les ébénistes l'utilisent en marqueterie.

– Le santal ! Correct ?

– Correct ! Seulement ce santal il faut aller le chercher là où il se trouve. Dans les îles.

– Les miettes ?

– Quoi, les miettes ?

– Non rien. Je pensais à quelque chose. Excusez-moi.

– Là, il faut des aventuriers, des hommes qui n'ont peur de rien et qui vont se frotter, à leurs risques et périls, à des populations qu'on connaît mal. Dans des îles, au large de la Nouvelle-Calédonie entre autres.

– Les Loyauté ? L'île des Pins ?

– C'est ça ! Enfin, c'était ça. Car aujourd'hui leurs forêts sont épuisées. On a ensuite découvert du santal aux Nouvelles-Hébrides. Une chance. Qui plus est, d'une qualité exceptionnelle. Je me demande combien de temps encore cet archipel va pouvoir fournir. Parce que, d'après ce que j'en sais, les trafiquants qui ont flairé là une source de revenus appréciable ont, je crois, pillé littéralement les réserves. Les rotations de bateaux avec l'Australie et la Chine ont été impressionnantes. Ils n'ont pas hésité à venir faire des collectes massives en négociant avec les Mélanésiens les coupes de bois et leur chargement à bord des goélettes. J'ai entendu dire que, de plus en plus organisés, ils avaient recruté sur place des Blancs, bagnards évadés ou marins restés à terre par choix quand les bateaux venaient se ravitailler. On les appelle là-bas *Beachcombers*, paraît-il, des écumeurs de plage en quelque sorte. Ils sont chargés de rassembler les récoltes de santal sur la plage, prêtes à l'embarquement.

– Moi aussi, j'ai lu ça. Ce sont eux qui récoltent les *trocas* pour la nacre et aussi je crois les bêches de mer.

– Ah ! Tu crois ?

– Sûr !

Dick se souvenait de cette conversation lorsque les forêts santalières complètement épuisées, le thé indonésien préféré au thé chinois, la bêche de mer se faisant rare, les mouvements commerciaux furent perturbés, entraînant dans leurs dérives les banquiers qui les avaient soutenus et qui en avaient tiré jusque-là prospérité. Comme de nombreux autres petits établissements anglais, la banque du père de Dick fut touchée. Un matin, il convoqua son fils et, sans que sa barbe frémisse, lui annonça la terrible nouvelle : c'était la banqueroute, la faillite. Un déshonneur dans l'Angleterre victorienne. Il fallait repartir de rien, chacun de son côté. Se faire oublier, un temps.

– Dick, tu es jeune, toi. Pars au loin, ajouta son père.

Depuis le temps que Dick en rêvait derrière son guichet ou, le soir, sur ses bordereaux...

Un jour du printemps 1875, alors qu'il venait d'avoir vingt ans, il monta à bord d'un navire en partance pour les mers du Sud. Sa malle était légère et sa bourse presque plate, mais qu'importe. Il savait que, là-bas, un jeune homme de sa trempe pouvait tout espérer.

Pendant la traversée qui dura quelques semaines, il apprit du second toutes ces histoires racontées par les marins au retour de campagnes et qui se colportent ensuite de bateau en bateau, d'équipage en équipage.

Il écouta raconter cette collecte frénétique de bois, ponctuée, au fil des ans et des expéditions de plus en plus audacieuses, par des affrontements sanglants entre certains santaliers peu scrupuleux et les Néo-Hébridais devenus rapidement d'habiles négociateurs. Les indigènes avaient appris à faire payer cher leur confiance trahie. Après quelque trente-cinq ans d'exploitation désordonnée, les réserves de bois de santal de l'archipel des Nouvelles-Hébrides comme celles de la Grande Terre calédonienne, des îles Loyauté et de l'île des Pins avaient été décimées sans qu'aucun arbre soit jamais replanté.

– Et les santaliers, qu'est-ce qu'ils sont devenus ? demanda Dick.

– Oh ! Eux, ils se sont déjà reconvertis.

Mais le second refusa d'en dire plus.

Dick Pentecost n'avait pas vraiment pris le temps de flâner dans Sydney. On lui avait dit que dans les provinces orientales de l'Australie, le Queensland ou la Nouvelle-Galles du Sud, on faisait fortune rapidement, pourvu qu'on eût tant soit peu d'instruction, d'énergie et d'ambition. Dick possédait ces trois qualités. Avec un autre atout en main, l'esprit d'aventure. Sitôt débarqué à Sydney, il partit pour Brisbane et se présenta, avec une lettre de recommandation, dans l'une des plus grosses maisons de commerce de la ville. Il y fut engagé comme commis. On le chargea d'inventorier les marchandises en provenance des îles à leur descente des goélettes qui accostaient le long des quais proches des docks. En retour, il veillait au chargement du coton, de la canne à sucre et de la farine qu'on y expédiait. Il ne manifesta pas sa surprise lorsqu'il découvrit, à son premier déchargement, que la cargaison à réceptionner n'était autre que des hommes, des Noirs. Ils avaient été recrutés en Mélanésie pour aller travailler dans les plantations du Queensland. Dick devait contrôler, sous l'œil d'un agent de l'administration, la régularité de leur contrat, noter leur nom, leur âge ? Non, pas l'âge. Ils ne le connaissaient pas, mais leur île d'origine, oui. Il devait veiller à ce que leur acheminement se fasse au mieux vers leur lieu d'embauche.

Sa tâche finie, immobile sur le quai, Dick se sentait, à chaque fois, pris de tristesse en voyant repartir les voiliers. La lenteur des manœuvres ajoutait à la solennité des départs. Il aurait souhaité être appuyé à la rambarde alors que l'eau élargissait progressivement la distance entre le quai et le pont. Son employeur, attendri par cette jeunesse bouillonnante qu'il sentait en Dick, ne manquait alors jamais de l'inviter à dîner chez lui. Il y finissait ainsi la soirée en famille. Dick n'avait pas été dépaysé la première fois qu'il avait été reçu ainsi. Ces négociants partis d'Angleterre en Australie quelques dizaines d'années auparavant, après avoir rêvé aux mêmes aventures, reproduisaient jusqu'à la caricature l'atmosphère guindée de leur Somerset natal. Avec ses allures de jeune lord, sa barbe blond-roux soigneusement taillée en impériale, sa haute taille et son regard bleu très pâle, presque argenté, Dick ne dépareillait pas, à l'heure du thé, dans ce salon un peu snob. Le négociant commençait à penser qu'un garçon aussi ouvert, aussi agréable et qui montrait déjà de réels talents commerciaux, ferait un gendre et un successeur parfait.

Le capitaine Petersen reversa une lampée de gin dans le verre de Dick. Depuis quelques rotations, Petersen avait observé ce jeune, nouveau sur les quais. Il s'était renseigné, avait guetté le premier faux pas. Rien. Ce petit était à l'aise ; les marchandises ne l'encombraient jamais, les hommes, il savait les aborder. Intéressant ce... « Au fait, je ne sais même pas son nom », pensa Petersen.

– Je suis vraiment ennuyé, vous savez. Vous ne connaîtriez pas par hasard un type instruit, honnête, vif et qui a du cœur au ventre ? Un gars comme vous, en somme. Sans subrécargue, moi, je ne sais pas comment faire.

– Et ça consisterait en quoi, ce travail de subrécargue ? demanda Dick qui voyait bien où l'autre voulait en venir.

– Comme toujours, répondit le marin suédois, en laissant traîner sa réponse. Il serait l'agent de l'armateur. Vérifier la bonne tenue du chargement pendant la traversée et au débarquement. Contrôler la cargaison à l'arrivée. S'assurer qu'il n'y a pas eu de détournement de marchandises. C'est tout. Un peu ce que vous faites déjà sur le quai, mais un subrécargue, lui, navigue.

Le Suédois avait volontairement terminé sa phrase par un mot qu'il savait paré de tous les sortilèges aux yeux des débutants.

– Mais vous n'êtes pas armateur, capitaine. Vous n'avez pas le droit d'engager un subrécargue.

Dick avait dit cela alors que des fourmis chatouillaient déjà ses plantes de pied.

– On voit bien que vous ne connaissez pas la Nouvelle-Calédonie, répondit Petersen en ajoutant : On manque de gens là-bas. Des militaires, des bagnards, quelques négociants, des fonctionnaires. Et pour le reste, une poignée de colons français qui ne rêvent que d'être paysans. Sans compter les indigènes. Mais ça, c'est autre chose.

Dick n'avait écouté que distraitement cette énumération. Il se voyait déjà sur le pont. Il ne demandait qu'à se laisser convaincre. La victoire de Petersen serait sans gloire. Puisque à Nouméa une maison de commerce importante était prête à le prendre, où était le risque ? Mais l'aventure, elle, était peut-être là.

La goélette *La Marie*, battant pavillon français, s'apprêtait justement à repartir en Nouvelle-Calédonie avec un chargement de farine et de diverses fournitures destinées au pénitencier de l'île Nou. Le capitaine Petersen était pressé de recruter Dick. Il pensa que la meilleure façon était de l'éblouir d'histoires vécues là, dans ces eaux des mers du Sud ; en rabotant tout de même certains détails dont il n'était peut-être pas de bon goût de se vanter. Il lui dit malgré tout que le recrutement de ces hommes aux Nouvelles-Hébrides, les Kanakas, n'était pas toujours effectué avec des procédés de gentleman. La main-d'œuvre manquait tellement en Australie comme en Calédonie.

– Au fait, demanda Dick, les santaliers, que sont-ils devenus ?

– Eh bien les voilà, vos santaliers. Ils connaissent par cœur les populations des îles qu'ils ont tellement visitées du temps des collectes de santal. Faute de bois, ils se sont reconvertis dans le commerce d'hommes. Du coup, ils ont aussi changé de nom. On les appelle maintenant des recruteurs. Mais, dans certains cas, on dit plutôt *blackbirders*. Oui, monsieur. *Recruteurs d'oiseaux noirs*.

« C'était donc ça », pensa Dick, le silence du second sur le voilier qui l'avait conduit jusqu'à Sydney.

– Comment ça se passe ce recrutement ? demanda Dick.

Comment raconter en deux mots à ce jeune homme les grands bouleversements de la vie des Kanakas qui étaient restés jusque-là ignorants du monde existant au-delà de leur horizon ? Comment lui expliquer que la recherche de cargaisons « rentables », à n'importe quel prix, a été parfois à l'origine d'événements dramatiques et de pertes de vies humaines ? Il n'allait tout de même pas, alors qu'il essayait de le convaincre de venir prendre son poste à Nouméa, ajouter que forts de leur expérience de santaliers, les blackbirders avaient installé des bases de recrutement proches de la mer et peu éloignées des régions les plus peuplées ; qu'ils avaient négocié l'acquisition de terres auprès des Mélanésiens qui les occupaient, sans toujours en préciser les délimitations et alors que le mot « propriété » n'avait pas le même sens chez les Néo-Hébridais. Les malentendus qui commençaient à en découler s'annonçaient là encore, dans certains cas, sources de graves litiges.

Alors Petersen lui parla des contrats de trois à cinq ans signés par les Kanakas recrutés, en accord avec les chefs des tribus. Il lui tut le fait que plus les contrats étaient longs, plus le prix de vente de l'homme était élevé. Non, tous n'étaient pas forcés de partir. Certains étaient curieux de connaître le monde des Blancs, d'autres tout aussi volontaires souhaitaient échapper aux coutumes que leur jeunesse jugeait trop pesantes. D'autres encore espéraient tout simplement manger à leur faim. Par contre, il y avait ceux qui n'avaient rien demandé et qui ne voulaient surtout pas quitter leur île. Les enlèvements par ruse, tout comme les rapts de femmes, conduisaient à des vengeances redoutables.

Les « rapts de femmes » ! Ces mots sonnèrent aux oreilles de Dick comme un conte oriental. Sur un cheval au galop, dans les dunes du Sahara, là il imaginait bien les rapts de femmes ; mais c'était la première fois qu'il entendait parler de rapt de femmes en mer. Dans les histoires de pirates de son enfance, on passait bien les femmes d'un bord à l'autre des galions, facilement lui avait-il semblé, transbordées comme des sacs de farine en quelque sorte. Mais il n'y avait pas prêté vraiment attention, tant il était fasciné par les sabres d'abordage coupant les drisses et éventrant les méchants. Des « rapts de femmes » ! En mer ! Ici ! Il n'en revenait pas.

Petersen sentit que l'attention de son interlocuteur lui avait totalement échappé. Il convenait de le ramener à l'objet de la discussion.

– En tout cas, me voilà, moi, sans subrécargue, insista-t-il. Comment faire ? Il faut reconnaître que notre dernière campagne a été dure. On a eu le malheur de passer après cette canaille de Proctor.

– ... ?

– Vous n'avez pas entendu parler de Proctor ? Vous êtes bien le seul. Un fou. Un Américain qui a perdu une jambe pendant la guerre de Sécession. Dans son bateau il possède toute une collection de pilons en bois et même en ivoire... Il s'en sert pour terroriser les

Canaques et les enrôler de force. Un vrai blackbirder, un négrier. Il y en a quelques-uns comme ça. Je vous raconterai un autre jour des histoires de blackbirders. Enfin, pour en revenir à Proctor, quand on est passés à Pentecost...

– À Pentecost ? Vous êtes passés à Pentecost ?

– Eh bien oui ! À Pentecost ! Qu'y a-t-il de si extraordinaire ? C'est sur la route... enfin, presque. Donc, à Pentecost, cette ordure de Proctor, pour s'amuser, a forcé un indigène à manger un poisson empoisonné. La gratte assurée pour ce pauvre sauvage. Et nous, avec *La Marie*, nous arrivons deux jours après. Imaginez.

Dick voulait bien imaginer. Mais quoi ?

– Je peux vous dire que nous avons été bien reçus. J'y ai laissé mon subrécargue.

– Il a voulu rester là-bas ? demanda Dick qui comprenait mal le mauvais anglais du capitaine suédois.

– Je ne sais pas s'il le voulait vraiment, mais la flèche qu'il a reçue en plein cœur a achevé de le convaincre. Pauvre garçon ! En plus, ajouta Petersen avec un grand rire, les Canaques n'ont pas eu grand-chose à manger, avec lui. Juste de quoi tomber dans une dent creuse. Il était si maigre. Mais moi, me voilà bien. C'est pour ça que je vous demandais si vous ne connaissiez pas quelqu'un... qui...

Dick laissa passer quelques secondes en fermant à demi ses paupières. Détendu, adossé à son siège, ses jambes allongées sous la table, il regardait le Suédois, s'amusant de son impatience mal contrôlée. Il se redressa d'un seul coup et lui dit avec un air tranquille :

– Si. Je connais quelqu'un. Moi !

– Allons donc, un gentleman comme vous ! protesta Petersen pour le principe. Après tout, pourquoi pas ? ajouta-t-il, comme s'il découvrait une évidence qui ne lui aurait pas traversé l'esprit. Mais je vous préviens, poursuivit-il, ce travail-là, c'est pour une seule traversée. À Nouméa, je vous présenterai à M. Higginson. Je sais qu'en ce moment il a besoin de garçons dans votre genre pour développer ses affaires. Vous parlez français ?

– Je me débrouille. Vous m'engagez, alors ?

– J'appareille dans trois jours. Soyez là. Au fait, votre nom ? Je ne connais même pas votre nom.

– Pentecost ! Richard Trevor Pentecost !

– C'est ça ! dit en éclatant de rire Petersen. Et moi, c'est Espiritu Santo. Enfin, ça vous regarde. Vous auriez dit « Détroit de Torres », je vous aurais inscrit tout aussi bien dans le livre de bord sous ce nom-là.

– Mais c'est mon vrai nom !

– Jeune homme, je vous conseille quand même la prochaine fois de trouver autre chose. Smith, Bond, Watson, je ne sais pas, moi, un truc qui sonne bien anglais. Mais pas Pentecost ! Enfin c'est dit. Je compte sur vous, monsieur... Pentecost.

Trois jours après, *La Marie* quittait Brisbane. À la proue, Dick Pentecost respirait déjà le vent des îles.

À Hong Kong, David Gubbay n'en finissait pas de contempler les jonques aux voiles brunes déployées comme des ailes de papillon offertes à tous les regards. Venues de l'horizon mystérieux, elles glissaient dans la baie en se jouant de la lumière du crépuscule. C'était ainsi chaque soir et, chaque soir, David remontait les quais avec avidité, curieux des nouveaux voiliers amarrés, curieux des cargaisons déchargées. Il s'amusait à parier sur le contenu des sacs de jute embarqués ou des barriques roulées au sol avant d'être hissées sur le dos des petits hommes grimpant pieds nus sur les échelles de bois ; elles les conduisaient aux bouches des cales des voiliers où ils déversaient avec soulagement leur chargement.

Un jour, de nombreuses années plus tôt, Abdulla Gubbay et sa femme Rachel Joshua, les parents de David, avaient décidé de quitter Bagdad en caravane en compagnie d'autres marchands, juifs comme eux. Se désaltérant de l'eau des puits de rencontre et se nourrissant de dattes, ils avaient fait étape à Surat, puis à Bombay et s'étaient finalement établis à Calcutta. C'est à Calcutta que David était né dans les années 1860. Actifs intermédiaires entre leurs acheteurs chinois et les producteurs indiens de coton et d'opium, bientôt les Gubbay estimèrent plus judicieux d'installer leur maison de commerce à Hong Kong, situé à mi-chemin de leurs fournisseurs de Calcutta et de leurs clients de Shanghai. David avait tout de suite aimé Hong Kong.

Et puis, la fièvre du nomadisme les reprenant, ses parents avaient reformé une nouvelle caravane avec plusieurs membres de la famille Sassoon de Bagdad qui avaient fait alliance avec eux par cinq ou six mariages.

– David, nous avons décidé de quitter Hong Kong et d'aller nous installer à Shanghai. Nous partons le mois prochain, lui avait annoncé son père négligemment un matin.

David le regarda consterné. À Shanghai, il n'y avait pas la mer !

– Mais si, il y a la mer ! Qu'est-ce que tu racontes ? Shanghai, c'est un port, et même le premier port de Chine.

– Peut-être, mais ce n'est pas Hong Kong. Moi, je voudrais rester à Hong Kong.

– David, ne dis pas de bêtise ! Notre décision est prise. Nous allons nous orienter vers une importante activité immobilière. Nous avons déjà des projets de construction d'immeubles. Et, crois-moi, ils borderont ce qui deviendra la plus belle avenue de Shanghai. Nous partons et tu nous suis.

David suivit. Mais peu de temps. Les voyages étaient déjà sa vie ; il parlait sept langues. Après tout, le monde était largement ouvert. Il s'y engouffra, seul cette fois-ci. Avec son passeport britannique en poche et, pour unique bagage, une magnifique malle en bois sur laquelle ses initiales « *D.G.* » étaient gravées en lettres d'or, David partit pour l'Australie.

Sydney, ville ouverte à tous les rêves, s'exhibait en maîtresse alanguie et sûre de sa beauté. Elle offrait au voyageur la parure de ses échancrures sur l'eau, festons dessinés par les marées et les colères de l'océan. Sydney aux paysages légers et aux couleurs tendres était l'escale joyeuse du voyageur, le port de toutes les promesses pour un jeune homme y débarquant dans les années 1880. Au bas de la passerelle du bateau, un portefaix lui proposa d'aller porter sa malle à l'hôtel où une chambre lui était réservée. David accepta et, humant l'air avec gourmandise, il partit à la découverte de cette ville qu'il avait choisi de faire sienne.

Comme un jeune chat qui reconnaît son nouveau territoire en le respirant et en le parcourant, David Gubbay avait visité Sydney dans tous les sens avant de se présenter aux correspondants de sa famille et de choisir le quartier où il aimerait vivre. Les possibilités étaient grandes tant la splendeur des baies de Sydney aguichait au premier regard. Mais il y avait le côté pratique. Il fallait gagner sa vie et la contemplation d'un coucher de soleil à Rose Bay ou à Rushcutters Bay ne s'y prêtait pas. En se dirigeant plus avant dans la ville, David avait été surpris de son développement, de son allure, de son animation. Il n'aurait jamais imaginé découvrir une cité d'architecture plus victorienne. On aurait dit que les Anglais avaient transporté sur leurs voiliers, depuis l'Angleterre, des rues, des immeubles, des maisons, des temples, des quartiers. Même s'ils affichaient un air d'indépendance vis-à-vis de la Grande-Bretagne et de Victoria sa reine, le comportement des Australiens était comparable à celui des habitants de la vieille Angleterre. Les tenues vestimentaires étaient identiques à celles qui étaient portées à Londres, Oxford, Birmingham ou Manchester.

Le choix de David s'était finalement arrêté sur un quartier animé, là où toute une marmaille bruyante jouait des après-midi entiers, là où les commerçants s'étaient déjà regroupés. David voulait fabriquer des bonbons. Dans Brisbane Street, il avait repéré un local libre et au-dessus un logement qui ferait parfaitement l'affaire pour débuter. L'œil fureteur, il avait aussi repéré dans ses allées et venues une jolie rousse. Les yeux verts et les taches mordorées sur la peau de cette belle jeune fille donnaient à son visage une fraîcheur qui enchantait David. Il avait donc joué plusieurs fois à la croiser par hasard jusqu'à ce qu'elle se décidât à le reconnaître dans un grand éclat de rire. Ce rire ! David avait l'impression qu'il était descendu en cascade tout le long de sa colonne vertébrale. Il en avait été subjugué. David était tombé éperdument amoureux, persuadé que l'intensité de ses sentiments serait gage d'éternité.

Matilda Kerr, en pure Écossaise soucieuse des bonnes manières rapportées de Glasgow par ses parents, accepta que David lui fît la cour. Pour la séduire plus rapidement, il l'emmena visiter le quartier de Paddington. Elle admira ces jolies maisons, hautes, étroites et parées de balcons en fer forgé. Elle aussi aimerait vivre dans une de ces *terrace houses*. Elle adorerait s'occuper des fleurs dans le jardin, à l'ombre de ces grands sycomores. Des enfants ? Elle était folle des enfants. Les projets de David semblaient en bonne voie. Aidé de deux commis, il fabriqua toutes sortes de bonbons aux couleurs acidulées ; il vendit même des pâtes de fruits qu'il avait conçues dans l'euphorie de son amour pour Matilda. Il continuait sa cour. Matilda aimait ça et s'en amusait.

La Marie glissait sur l'océan, sur ce Pacifique qui avait bercé son enfance dans la campagne anglaise. Dick était heureux. Il observait l'équipage composé d'une dizaine de matelots, tous indigènes des îles Loyauté, de l'île de Maré précisément. Ils étaient jeunes. Peau sombre, torse nu, pantalon coupé aux genoux, musclés, rieurs. Ils accomplissaient leur tâche avec une fausse nonchalance. Dick était étonné de les entendre parler l'anglais aussi couramment alors qu'entre eux ils ne parlaient que dans leur langue aux accents chantants. Au début, ils avaient été engagés comme plongeurs, pour « cueillir », sur le sable immergé, les bêches de mer repérées des pirogues ou des chaloupes. Mais très vite on s'était aperçu que ces garçons adoraient voyager et avaient un sens inné de la navigation. Le comportement du contremaître et du second à leur endroit intéressait Dick.

Jerry Imbert, ancien baleinier, avait un jour débarqué à Maré et était devenu l'un des meilleurs recruteurs du Pacifique. Il était passé maître dans l'art de faire monter à bord, de gré ou souvent de force, les recrutés des « Islands ». Imbert reconnaissait qu'il devait toute sa science au capitaine Petersen qui lui avait appris les plus subtiles ficelles du métier. C'était aussi une façon de rejeter la responsabilité de son comportement sur son capitaine. Car Jerry ne racontait pas tout à Dick. Il ne lui montrait que l'image de pirate et d'aventurier de ses livres d'enfant. La couleur rouge du sang ou les cris de détresse ne figuraient pas dans ses récits. Lui et son comparse Watson, le second, racontaient, le soir dans le carré, après le souper, des histoires au violent parfum d'aventure, guettant du coin de l'œil les réactions de Dick pour savoir jusqu'où ils pouvaient pousser les détails. Ils attendaient toutefois que le capitaine eût quitté la table en compagnie de ses passagers de marque : le révérend Jones et son épouse, toujours suivis par un Maréen, un homme de vingt-cinq ans à peu près, élégant, à l'allure raffinée et à la parole rare. Il s'exprimait en anglais avec recherche. Ce Luès semblait être un personnage important, car même le pasteur Jones le traitait avec déférence. Lorsque enfin ces voyageurs avaient rejoint leur cabine et que le capitaine était monté prendre le premier quart, Watson dénichait une bouteille de gin et remplissait à ras bord les verres d'Imbert, de Dick et d'un autre jeune passager, Nicolas Hagen, embarqué à l'escale de Sydney. Pour ne pas froisser Watson, Dick et Nicolas n'osaient pas refuser les nouvelles rasades qui ponctuaient chaque histoire. Alors ils laissaient Watson les resservir puis discrètement reglissaient leurs verres pleins devant Jerry et le second. Trop occupés à éblouir leur auditoire avec les aventures devenues les grands classiques des mers du Sud, les deux marins n'y voyaient que du feu.

Imbert et Watson formaient un couple de comédie. Autant le premier était petit, carré, massif et pourvu d'une barbe assyrienne, autant Watson était maigre, légèrement voûté, avec un visage osseux qu'allongeait encore un bouc poivre et sel d'une longueur étonnante. Échauffés par l'alcool, ils renchérissaient dans mille et une histoires de tribus cannibales, d'escarmouches sur les grèves ou d'exploits de leurs confrères malgré les réglementations de plus en plus strictes des autorités anglaises et françaises. Pour recruter, disaient-ils, tout était permis, même l'enlèvement.

Dick commençait à trouver cette histoire d'enlèvement un peu facile et voyait mal comment les chaloupes envoyées des goélettes au rivage pouvaient enlever des hommes sans que personne s'interposât. Vexé de cette incrédulité manifeste, Imbert donna des précisions :

– Des cadeaux descendus sur la plage sont d'abord offerts pour ouvrir les négociations. Ensuite est présenté dans un coffre aux couleurs voyantes le *bookis*, la monnaie d'échange pour l'achat des hommes : pacotilles, tissus, tabac, pipes et outils. Enfin ça, c'était surtout au début. Après on a ajouté un fusil. Maintenant ils réclament des fusils quand le nombre d'hommes, de femmes et d'enfants cédés est fixé.

– Pour attirer davantage d'hommes, ajouta Watson, certains, enfin les blackbirders, invitent les indigènes à monter à bord voir les contenus des coffres. L'un de ceux-ci d'un poids considérable se trouve à fond de cale. Le remonter sur le pont oblige les curieux à s'y engouffrer accompagnés de renforts enthousiastes et naïfs. Mais le coffre ne peut pas être soulevé. Il est vissé au plancher. Lorsque le blackbirder juge que son piège lui a fourni assez d'hommes en surplus de ceux négociés, la cale est verrouillée et la goélette appareille immédiatement.

– Après un coup pareil, le blackbirder est brûlé. Ça m'étonnerait qu'il puisse revenir à cet endroit, lança Nicolas.

– C'est simple, répondit Watson, pour revenir dans les parages, les coupables maquillent leur bateau et en repeignent la coque. Mais c'est sûr que ceux qui passent juste après leur forfait sont invariablement victimes des représailles. Du côté de Santo, Ambrym et Mallicolo, aux Nouvelles-Hébrides, la colère de la tribu bafouée se reporte parfois sur les planteurs isolés dans les îles. Des familles entières sont alors massacrées. Si certains en réchappent, c'est souvent parce qu'ils ont des compagnes néo-hébridaises ; elles les avertissent que des massacres suivis d'anthropophagie auront lieu au titre de représailles.

Imbert et Watson racontaient leurs histoires avec une truculence quelque peu cynique qui mettait, parfois, mal à l'aise leurs deux auditeurs. Toutefois, ils avaient eux aussi leur morale : il y avait des choses à ne pas faire comme d'enlever un piroguier naviguant entre deux îles ou de recruter des garçons et des filles de moins de douze ans. Blackbirders, eux ? Négriers ? Jamais de la vie ! Ce maudit Proctor, oui. Lui était un vrai blackbirder. Parce que le recrutement, ce n'était pas seulement pour les plantations du Queensland. Pour la Nouvelle-Calédonie aussi, on recrutait ; mais là, c'était pour les mines. Enfin, ils auraient tout le temps d'en entendre parler, les jeunes nouveaux.

On a beau aimer l'aventure et la souhaiter, ces histoires donnaient la chair de poule. Dick et Nicolas se regardaient en silence, préférant mettre sur le compte de la vantardise et de l'alcool des horreurs pareilles.

En fin de soirée, les deux archanges-recruteurs se laissaient aller, avec des attendrissements de jeunes filles, à évoquer leur vie tranquille, à leur port d'attache, Maré, où ils avaient construit leur maison et fondé un foyer. À les en croire, ils auraient épousé des princesses qui leur auraient donné de beaux enfants et, surtout, permis d'entrer dans la familiarité du vieux chef Nidoish Naisseline, *the king of Maré*, comme ils l'appelaient avec respect. Pourtant, visiblement, c'était du pasteur Jones qu'ils étaient surtout dépendants. Ils se comportaient face au missionnaire comme des collégiens avec leur maître redouté, un peu obséquieux pour endormir son attention, et ricanant derrière son dos quand celui-ci avait blâmé un juron lâché à la manœuvre. Mais ils ne riaient pas de Luès, l'indigène compagnon du pasteur. Sachant qu'il était proche du grand chef Naisseline, ils en parlaient avec une certaine crainte. Et ils ajoutaient avec fierté que leurs propres épouses faisaient partie de la tribu dont Luès était le petit chef, les Si Waek. Quand *the king of Maré* décéderait, ils trouveraient un protecteur solide.

Ces considérations de petite politique îlienne n'intéressaient pas Dick qui préférait leurs anecdotes d'accostages périlleux, d'expéditions punitives contre les cannibales ou de fêtes, de danse et d'amour sous les cocotiers. Lorsque le gin avait fait son œuvre et embuait complètement l'esprit de Jerry et de Watson, Dick remontait sur le pont avec Nicolas. Ils s'allongeaient près des matelots canaques, contemplant la voûte du ciel presque blanche tant les étoiles s'apercevaient par milliers autour de la Croix du Sud.

Le capitaine Petersen avait préparé soigneusement l'entretien qu'il comptait avoir ce matin même avec le pasteur Jones. Les rivalités entre catholiques et protestants n'étaient pas son affaire. Il savait que, pointilleux sur leur influence dans les îles, reflet exact des rivalités nationales, les presbytériens d'origine anglo-saxonne et les catholiques d'origine française ne s'épargnaient pas. Chaque Église veillait jalousement à son pré carré, guettant toute occasion opportune pour l'étendre, même au détriment d'une mission voisine. Si pasteurs et prêtres prônaient en chœur à leurs ouailles les vertus chrétiennes, en particulier « Tu ne mangeras ni ton voisin ni les missionnaires », ils n'en pratiquaient pas moins entre eux l'exercice quotidien et détestable des coups de griffes pour asseoir davantage leur influence respective.

Petersen savait tout cela, mais il savait aussi qu'il n'était pas vraiment en position de force pour affronter le pasteur Jones et ses exigences.

– Non, capitaine, il est hors de question que vous fassiez d'abord escale à Nouméa, déclara sèchement le pasteur Jones en frappant la table de sa large main où poussaient des buissons de poils blancs.

Voyant le front de Petersen se plisser en signe d'interrogation, il ajouta :

– Je ne tiens pas à ce que les autorités françaises, et surtout papistes, sachent que je suis de retour à Maré. Je vous ai payé assez cher ma traversée pour que vous vous pliiez à mes exigences et que vous me débarquiez au nord de cette île, à Rô.

«Jusque-là, tout va bien », pensa Petersen qui n'avait nullement l'intention de remonter jusqu'à l'anse du nord où, de surcroît, les eaux étaient dangereuses.

« À moi, maintenant », pensa-t-il, croyant jouer au plus fin :

– Votre demande contrarie mes projets, révérend. Ma route était prévue avec, d'abord, une escale à Nouméa. Mais enfin, à titre tout à fait exceptionnel, je veux bien n'en rien faire et filer directement sur Tadine. Le mouillage est bon et j'ai des marchandises à y livrer.

Petersen espérait s'en sortir par ce biais. Si les très catholiques Établissements Ballande, l'armateur, apprenaient par-dessus le marché qu'il avait accepté, moyennant une coquette somme d'argent, de prendre le pasteur Jones et son compagnon Luès à son bord, ça risquait de barder pour lui.

– Vous plaisantez, capitaine ! Je crois que nous ne nous sommes pas très bien compris. C'est au nord que je veux débarquer. À Rô. Vous semblez avoir la mémoire courte. C'est là que les premiers évangélistes ont débarqué. C'est là que mes fidèles m'attendent et c'est de là que nous nous rendrons à Netché.

Le père Jones n'avait en revanche pas jugé utile de rafraîchir la mémoire du capitaine Petersen, cette brute, ce pirate, sur son intention de reprendre vite sous sa surveillance étroite les Si Gwama, la tribu la plus puissante de Maré. Le pasteur avait appris que, pendant son absence à Brisbane où il était allé chercher des fonds pour la mission et le temple, le grand chef Nidoish Naisseline, très habile politique, négociait en sous-main à Nouméa avec les autorités françaises pour préserver son pouvoir de chef. Ces mêmes autorités lui avaient bien fait comprendre *qui* détenait la puissance dans la région. Enfin, il ne fallait pas oublier que ces mêmes autorités françaises se sentaient aussi plus proches des frères maristes, catholiques, que des pasteurs anglo-saxons.

Le subrécargue novice, Dick Pentecost, qui assistait à l'entretien, avait du mal à suivre les sous-entendus de la conversation. Il avait en tout cas intuitivement saisi que les Britanniques regrettaient amèrement de ne pas être les maîtres des Loyauté et que quelques cavaliers seuls, comme le pasteur Jones, n'avaient pas renoncé à une nouvelle conquête à la Nelson dans cette partie du monde. Mais la bataille n'en finissait pas. Le pasteur Jones était arrivé à Maré avec sa femme et sa fille il y avait plus de vingt ans. Ce n'était pas un quelconque marin suédois qui allait réduire à néant toute son œuvre.

Plus que toute considération idéologique, religieuse ou politique, c'est l'argument commercial qui permit au révérend Jones de gagner la partie :

– Si vous ne m'obéissez pas, capitaine, je parlerai de cet incident au grand chef Naisseline. Vous risquez alors de ne plus pouvoir lui vendre de marchandises et de ne plus trouver, dans sa chefferie, de volontaires à recruter pour Nouméa. Choisissez !

L'œil du missionnaire se plissa derrière ses petites lunettes à monture métallique ; il savait qu'il avait touché juste. Il fit semblant de ne pas entendre Petersen le traiter en grommelant de « vieux sournois d'Écossais ».

Le vent était bon, la navigation tranquille, une vraie croisière. Oisif, Dick contemplait l'océan tellement pacifique. Il bavardait avec les Maréens inoccupés. Intéressé, il regardait, serrés dans un coffre de bois, les trésors qu'ils avaient rapportés de leur séjour en Australie. Ces hommes-là étaient chaleureux, sans détour. Ils aimaient rire et se moquer. Dick s'amusait à leurs plaisanteries.

La traversée n'était décidément pas désagréable. Il avait essayé de dérider, en la croisant parfois sur le pont, la fille du pasteur. Sans succès. Alors il recherchait la compagnie de l'autre passager, l'Allemand Nicolas Hagen. Allemand ? Si on veut. Nicolas était né à Sydney, d'un père venu jadis de Bavière participer à la grande ruée vers l'or australien et qui s'était installé, fortune pas réellement faite, comme négociant. Nicolas connaissait déjà les îles. Bien qu'il n'ait que vingt ans, il avait pratiqué un certain temps le commerce du coprah pour un patron, mais il ne s'était pas entendu avec le fondé de pouvoir de la société. Il s'était fâché avec lui au bout de quelques mois. Se fâcher, c'était, sous ces latitudes, régler le contentieux à coups de poing. Nicolas était revenu travailler dans le comptoir paternel. Pas longtemps :

– Gérer les stocks, une plaie !

– Moi aussi, je connais ça, reprit Dick, « *taking stock ! taking stock !* ».

– Je ne veux même plus en entendre parler, reprirent en chœur les deux garçons déjà complices.

Les deux jeunes gens étaient grands l'un comme l'autre. Mais autant Dick était longiligne, autant Nicolas était massif. Quand ils voyaient ces deux géants arpenter le pont, pris par leurs grandioses rêves d'avenir, les Maréens rythmaient leurs pas en chantonnant :

– *Dick and Nick, Nick and Dick*!

Ils savaient que les deux garçons réagiraient en leur donnant des bourrades et que tout le monde éclaterait de rire.

Si Nicolas avait des projets bien précis et de l'argent, Dick n'avait ni l'un, ni l'autre. Le commerce n'attirait pas Dick. Dick voulait être marin, explorateur. Il voulait une goélette légère qui glisse sur l'eau, se faufile, flaire le danger, l'esquive. Et puis, il y avait son île, celle des rêves de son enfance où les femmes à la peau foncée s'avançaient pieds nus sur les sentiers, une fleur large et colorée à l'oreille. La plus belle serait pour lui. Elle serait fille de roi. Dick n'osait pas exprimer ce rêve encore intact. Il avait peur d'être ridicule.

On était à la veille de l'arrivée à Maré, *La Marie* avait contourné, très au large, la pointe sud de la Grande Terre.

Perdu dans ses pensées, Dick n'avait pas entendu s'approcher l'étrange compagnon du pasteur Jones, Luès. Cet homme-là était un mystère. Il était habillé à la dernière mode de Londres et si ce n'avait été la couleur ambrée de sa peau, il aurait très bien pu passer pour un membre de la *gentry*. Pour tout dire, Dick et Nicolas le trouvaient snob. Ils avaient tout de même appris par l'équipage que sa mère était fille d'un chef de clan annexé par Nidoish Naisseline, que sa sœur était l'épouse du grand chef et que lui-même venait d'épouser une des filles du grand chef Naisseline. Mais Luès ne frayait pas avec ses compatriotes. Il les tenait à distance. Il évitait aussi Nicolas et Dick, restant en permanence aux côtés du pasteur et de son épouse. Ce n'était que durant les repas du soir qu'il se détendait un peu. Luès – Dick avait d'abord compris Lewis – s'exprimait dans un anglais parfaitement pur, où perçaient même parfois des traits d'humour. Il avait vécu quelque temps à Londres et revenait maintenant dans son île pour y jouer, affirmait-il, un rôle conforme à son rang. Son langage choisi, austère, truffé de citations de l'Évangile et de l'Ecclésiaste, son puritanisme tranchaient avec son physique plein de la souple sensualité qui caractérisait ses compatriotes. Luès n'avait pas trente ans. Pour la première fois, lorsqu'il s'accouda au bastingage, il semblait détendu :

– Savez-vous ce que m'a dit le révérend Jones, hier : « Nous avons besoin de jeunes gens comme Richard Pentecost à Maré. » Pour ma part, je serai déjà très heureux, monsieur Pentecost, de vous faire visiter mon île.

– C'est un grand honneur... J'accepte bien volontiers.

Depuis l'aube, *La Marie* attendait, à quelques brasses de la terre. Tôt levé, impatient et secrètement excité, Dick Pentecost s'affairait. Il fallait préparer le déchargement. Son premier déchargement en qualité de subrécargue. Et surtout, il y avait cette île, joyau des îles Loyauté, là, juste devant lui, dans son lagon-écrin. C'est vrai qu'elle n'était pas vraiment l'île de ses rêves d'enfant. Elle paraissait plate, bien que rehaussée sur sa falaise grise. Elle n'avait rien de jovial, elle ne semblait pas hospitalière. La forêt la couvrait comme une toison crépue, aux traînées poivre et sel. Pas d'essaim de pirogues chargées de filles fleuries venues prendre le bateau d'assaut. Il avait bien décelé, de loin en loin, en longeant la côte, des heures durant, de jolis villages de paille nichés sous les cocotiers. Mais ils paraissaient tellement inaccessibles. Le soleil prenait son temps pour se lever. Maintenant que *La Marie* avait jeté l'ancre dans la baie du Nord – le révérend Jones devait être satisfait –, la seule trace de vie qu'il pouvait apercevoir, au loin, était la toiture en tôle d'un temple de pierre enfoui derrière les arbres.

Les baleinières chargées d'hommes et de ballots, encore arrimées au flanc du voilier semblaient patienter. Enfin deux pirogues jaillirent de nulle part. Dick ne les avait pas vues arriver. Elles étaient menées vivement par des rameurs en maillot de corps et en pantalon noir délavés. La plus grande aborda sous l'échelle de coupée. Le pasteur Jones, sa femme y descendirent. Leur fille suivait. Luès s'installa dans la seconde. Alors les baleinières à leur tour s'éloignèrent du voilier et se dirigèrent vers la passe pour entrer dans le lagon, comme une escorte de cérémonie. Dick était monté dans la dernière.

En voyant approcher le rivage, il sentit grandir en lui une étrange angoisse en même temps qu'une exaltation délicieuse qui faisait battre son cœur plus vite. Au-dessus de la petite plage d'un sable blanc éblouissant, une foule surgit soudain, les hommes aux pantalons serrés, leur chemise largement ouverte sur des torses musclés, les femmes dans des robes amples qui leur tombaient aux chevilles. Un chant s'éleva : on aurait dit un psaume écossais. Son interprétation dérouta Dick. Jamais il n'avait entendu un chœur d'apparence aussi dissonante. Les voix des femmes s'interposaient sur celles des hommes, le mouvement était lent, grave, puis alerte, les voix devenaient aiguës, se répondaient, s'ignoraient, puis faiblissaient pour laisser monter comme une vrille vers le ciel bleu tendre une voix d'adolescente pure mais âpre, toute en aspérités.

Le premier étonnement passé, Dick ressentit ce chant comme

une action de grâces, un remerciement à Dieu, un accueil, mais aussi une prière, une plainte et une mise en garde. Il y avait de la force et de la douceur dans ces voix. Ce chœur était le reflet de l'âme du clan, sa personnalité. Un accomplissement tant il s'harmonisait à la sérénité et à la beauté du paysage.

Dick ressentit cette communion des hommes avec la nature sans en prendre vraiment conscience. Son angoisse avait disparu, transformée en une joie tout aussi inexplicable.

Puis il se mit au travail, son travail. Veiller au déchargement, inscrire.

– Là, tu mets là ces sacs. Non, toi, tu portes ça là-bas. Et toi, qu'est-ce que tu fais ? Aide-le, tu vois bien qu'il ne peut pas y arriver tout seul ! Il va tout renverser.

Enfin quand sa chaloupe, menée par Watson, repartit vers le bateau, il se retrouva seul sur la plage. La foule des Maréens, le capitaine et l'équipage avaient disparu derrière les buissons du bord de mer qui faisaient un rideau de végétation, comme si les habitants voulaient se protéger des regards étrangers. Dick s'assit sur le sable soyeux. Un grand silence l'enveloppa. Pas un chant d'oiseau. Il eut l'impression de s'être échoué sur une île déserte. Son rêve d'enfant pouvait commencer. Il avala machinalement les deux biscuits qu'il retrouva dans sa poche. On était au cœur de la journée. La brûlure du soleil était intense. Il se redressa d'un seul coup, courut vers l'eau paresseuse et y plongea. Il ressentit un immense bonheur de tous ses sens. Son corps et l'océan ne feraient jamais plus qu'un.

Allongé sur le sable, ses vêtements déjà séchés par le soleil, Dick somnolait.

– Eh bien, monsieur Pentecost, on vous attend !

Richard se redressa brusquement, surpris. Derrière lui, la silhouette de Luès se dessinait en contrejour au-dessus de la grève. L'homme semblait transfiguré : il avait retiré sa veste, enlevé cravate et faux col, déboutonné sa chemise. Sa tête était couronnée de grandes fougères entrelacées. Il souriait largement, découvrant des dents carnassières. Le puritain guindé, l'ombre du révérend Jones à bord de *La Marie*, avait disparu. En plus, il était pieds nus.

– Comment va notre subrécargue ?

– Pas mal, ma foi. Mais où sont passés les gens ? répondit Dick en ajustant la bretelle de sa carabine.

– Ceux de ma tribu ont suivi le pasteur Jones jusqu'au temple de Rô. Les autres, avec votre capitaine et ses officiers, sont partis, comme le veut la coutume, saluer à Netché notre grand chef Naisseline. C'est Yeiwéné, son fils, qui les y mène. Notre « prince de Galles », si vous voulez.

– Et moi dans tout ça ? Qu'est-ce que je deviens ? demanda Dick, curieux. Dois-je aussi me plier à la coutume ?

Dick espérait que la coutume, c'étaient les colliers de fleurs aux parfums violents, les filles-lianes à la peau sucrée, les papayes ovales offertes pour être mordues à pleines dents, les caresses de sourires éblouissants, le souffle de l'air dans les chevelures aux senteurs de frangipanier. Mais il n'allait tout de même pas raconter ça à Luès. Il ne le connaissait pas assez. Encore une fois, la peur du ridicule lui fit prendre un air affairé.

– Où est mon capitaine ? Il faut que je rende des comptes, moi ! Et Nicolas au fait ? Où est-il passé ?

Décidément l'équipage et les passagers évanouis, l'île paraissait déserte. Incroyable, ce Pacifique.

Luès s'amusait. Il lui envoya une claque sur l'épaule.

– On va le retrouver, votre capitaine. À cheval, on les rattrapera facilement.

– Tiens ? Qu'est-ce qu'elle fait là, cette chaloupe ?

Dick désigna à ses pieds au-dessus du sol une aspérité de la falaise envahie par la végétation, où était nichée une vieille pirogue blanchie par le temps.

– C'est l'embarcation dans laquelle abordèrent jadis les deux premiers catéchistes Tataio et Taniela. Le grand chef Nidoish Naisseline lui-même les avait accueillis. La foule en liesse les avait suivis jusqu'à Netché, et bientôt tous se convertirent à la vraie foi. Depuis, tout étranger doit suivre ce chemin des *teachers*, chemin sacré que je vais vous faire parcourir.

« Adieu les filles-lianes », pensa Dick résigné.

– Belle histoire, répondit-il poliment à Luès, ajoutant : Ils vivent encore, ces deux *teachers* ?

– Non ! On a dû les manger depuis longtemps, lui dit Luès, mi-figue, mi-raisin.

Puis il siffla entre ses doigts et un homme sortit de nulle part, tenant deux chevaux par les rênes.

– Manger, vraiment ? insista Dick.

– Vous perdez votre sens de l'humour, mon cher, se contenta de répondre Luès.

« C'est vrai, pensa Dick. Qu'est-ce que je raconte ? Il faudrait quand même que je reprenne mes esprits. Je suis Richard Pentecost ! »

Et, tout à la joie de remonter à cheval, Dick ne remarqua pas que les oiseaux s'étaient remis à chanter.

– Ce soir, vous serez surpris par leur vacarme. On dirait qu'ils vivent en clan eux aussi et, au moment où le soleil va basculer dans la mer, ils se retrouvent dans un arbre, ils discutent, on dirait. Et comme les hommes. Pas toujours d'accord !

Ils traversèrent des brousses épaisses avant de découvrir sur leur droite, cette fois, l'océan d'un bleu intense et à leur gauche une cocoteraie posée sur un tapis de gazon dru et court. De loin en loin, à bonne distance l'une de l'autre, trois ou quatre maisons basses sous leur toit de tôle ondulée et à la véranda joliment peinte en vert. Plus loin, autour du temple que Dick avait déjà entraperçu du mouillage, des cases rectangulaires se dressaient devant un jardin fleuri, savamment composé et entouré de murets blancs.

– Vous voyez ces habitations que vous appelez « cottages » dans vos « Laponie », monsieur Pentecost, ce sont celles de vos compatriotes. Ma chefferie leur a cédé le terrain, parce que chacun a offert quelque chose au clan pour l'aider à se développer. Ce n'est pas un paiement. C'est un remerciement en quelque sorte. Watson a débarqué un jour une machine pour travailler le maïs. Robertson, lui, est arrivé avec des chevaux.

– Je n'ai rien à vous offrir, moi... Au contraire, j'ai tout à apprendre, tout à découvrir.

– Et ça ? répondit Luès en désignant la Winchester qui pendait dans le dos de son compagnon, une arme américaine toute neuve que Dick avait achetée à son ancien employeur à Brisbane.

– Vous ! Vous, monsieur Luès ! Les armes vous intéressent ? Je croyais que les armes échangées, vendues ou achetées étaient une activité répréhensible aux yeux des religions, en tout cas peu conforme au message de paix des Églises, quelles qu'elles soient.

Luès l'interrompit d'un geste et désigna une case ronde au long toit conique au-dessus de laquelle était plantée une flèche faîtière ouvragée.

– La chefferie de Rô, expliqua-t-il.

Une petite fille de douze à treize ans, vêtue d'une longue robe blanche, courut vers les deux cavaliers en criant :

– Luès ! Luès !

Luès retint son cheval et fit signe à la petite fille de s'arrêter. En détournant la tête, il prononça quelques mots sévères dans une langue inconnue. Mais la petite fille, avec des yeux immenses et étonnés, continuait de le regarder. Elle répondit dans un drôle d'anglais sur un ton qui frappa Dick par sa liberté et sa fermeté :

– Le pasteur a dit que ce n'était plus interdit, mon frère, et que j'avais maintenant le droit de vous parler.

Luès, sans lui répondre, se tourna vers Dick :

– Je rentre de Londres où je suis resté quelques mois après un séjour à Sydney. Alors bien sûr, pendant ce temps, le révérend Jones a continué de construire son œuvre civilisatrice et évangélique. Naguère, chez nous, les sœurs et les frères n'avaient pas le droit de se parler, ni même de se regarder. J'ignorais que c'était désormais autorisé. Le révérend veut décidément que nous, gens de Maré, vivions comme vos familles anglaises.

– Pourquoi avoir décidé d'aller étudier à Londres ?

– C'est la mission qui m'a envoyé. Elle a pensé, en accord avec le grand chef, que pour étendre et asseoir son autorité sur l'île, il fallait que j'étudie en Angleterre le fonctionnement du Parlement, avec sa chambre haute et sa chambre basse.

– Mais Maré appartient à la France, lança naïvement Dick. Pourquoi instaurer ici le système britannique ?

– Dick, vous êtes anglais ou déjà français ? demanda Luès.

Surpris, Dick n'eut pas à répondre. La sœur de Luès s'était mise soudain à parler très vite, en langue de Maré, cachant, tout à coup comme par timidité, sa bouche dans une main. Ses yeux sombres fuyaient, quand, par hasard, le regard de Dick, amusé, la fixait. Il la trouvait attendrissante, avec ses grâces maladroites d'adolescente, sa peau bronzée et son corps gracile hésitant entre l'enfant et la femme. La pureté de son visage naissait d'un large front dégagé de tous cheveux rassemblés et noués en natte dans le dos. Le dessin de ce visage, d'un ovale parfait, lui donnait une douceur en totale contradiction avec ses yeux volontaires et moqueurs.

– Que dit-elle ? demanda Dick.

– Que vous n'aurez pas à faire la coutume. Ma mère et mon père sont au temple. Elle confirme que votre capitaine et l'équipage sont en route pour Netché afin de saluer le grand chef Naisseline.

Luès marqua une hésitation et dans un grand éclat de rire, ajouta :

– Elle dit enfin qu'elle trouve que vous avez de beaux yeux bleus et demande comment vous avez fait pour avoir des cheveux de la couleur de la paille.

Du haut de sa monture, Dick s'inclina vers la jeune fille en signe de remerciement et lui adressant un sourire radieux, demanda à Luès :

– Comment s'appelle mon admiratrice ?

– Wadreng, monsieur Richard Pentecost ! Elle s'appelle Wadreng et elle a quatorze ans.

Il est des instants dans une vie, comme isolés de la vie elle-même. Il suffit de quelques traces de nuages blancs décorant un ciel bleu aux reflets de soleil, il suffit d'un fronton de temple enchâssé dans le feuillage abondant d'arbres touffus, il suffit d'un regard hésitant et admiratif, il suffit d'un homme jeune, libre et heureux, il suffit d'une enfant aux promesses de liane.

– Monsieur Pentecost, j'ai un service à vous demander. Mon cheval est déjà trop chargé par les présents que je vais offrir au grand chef. Pouvez-vous prendre Wadreng en croupe ?

Sur l'ordre de son frère aîné, leste, légère, et à peine aidée par la main de Dick, la jeune fille s'installa derrière le cavalier et posa doucement ses mains sur ses hanches.

Des buissons d'hibiscus rouges et orangés ornaient les abords des cases de touches de couleurs vives. Ils étaient parsemés de lantanas d'un violet languissant. Dès la sortie du village, le chemin escaladait la falaise et pénétrait dans une forêt dense, aux arbres courts et embroussaillés. Un vent léger aux odeurs sucrées des fleurs blanches rafraîchissait les visages. Ils ralentirent en arrivant sur le plateau. Dick se retournant demanda à Wadreng le nom de ces fleurs blanches « *Wa poudja poudja* », lui dit-elle. En s'amusant du regard étonné de l'adolescente, il découvrit au loin les bois plongeant de la falaise dans l'océan.

Au détour du chemin, apparut la fin du cortège. Il s'étirait comme la mélodie des chants de la procession. Soudain, comme un pétale qui se détache et tombe, Wadreng se glissa à terre et disparut. Les reins de Dick gardèrent encore quelque temps le souvenir de ce corps fluet.

La foule était partie tôt le matin de Rô portant les offrandes de la mer : les poissons pêchés à la fin de la nuit. Le chemin coutumier menait à Hnawayetch et redescendait sur Padawa. Tout le long, des hommes et des femmes se joignaient à eux avec les offrandes de la terre : les ignames qu'ils avaient allongés dans des paniers de feuilles d'un vert brillant et lisse. Les hommes marchaient devant, armés de sabres d'abattis avec lesquels ils coupaient de larges lianes vertes, les *waninitha*, qu'ils enroulaient sur leur tête comme des turbans ou qu'ils portaient en collier. Ils y ajoutaient ces *wa poudja poudja* blanches qui se détachaient sur leur torse sombre. Les femmes, par respect, marchaient derrière, certaines portant dans leur dos de petits enfants, d'autres des paniers d'ignames. Le cortège était mené par deux charrettes tirées par des ânes. Elles étaient chargées de marchandises destinées à la grande chefferie.

– Luès, demanda tout à coup Dick, qu'ont-ils tous à me regarder aussi longuement ?

– Ils ne vous connaissent pas encore. Vous, vous vous sentez l'étranger qui arrive. Pour eux, vous êtes l'homme neuf, celui qui sort de l'horizon, de la mer...

Ils atteignirent la tête du cortège où Dick retrouva le capitaine Petersen. Imbert et Watson étaient restés à Rô, dans leur famille, dans leur cottage, comme le disait Luès. Luès poussa son cheval et rejoignit un petit groupe d'hommes qui les précédaient de quelques pas. D'un geste, Petersen retint Dick.

– Surtout, restez à mes côtés... Pentecost. Décidément j'ai du mal à me faire à votre nom.

En souriant, Dick lui demanda ce qu'il se passait.

– Il se passe des choses qui m'inquiètent, dans le coin. Des dissensions entre tribus. Il faut rester sur nos gardes. Imitez-moi en tout.

Les chants qui allaient mourant de la tête du cortège à sa fin cessèrent complètement. Au bout du chemin, un cavalier arrivait à la rencontre du groupe de Luès. Une longue discussion commença. Derrière, la foule s'éparpilla. Luès revint vers Dick et Petersen, au trot.

– Il serait bon que vous retourniez à Rô, capitaine. Notre grand chef ne peut pas vous recevoir cette fois-ci. Il est actuellement en palabre avec le commandant français de Nouméa. Inutile que l'on vous voie. Vous entreposerez les marchandises chez Imbert.

– Compris, dit Petersen. Bon sang ! Quand est-ce qu'on nous laissera travailler en paix ? Ces îles, on devrait plutôt les appeler... Surprises. C'est ça, Surprises. Au moins, ainsi prévenus, on n'en aurait plus.

– On n'aurait plus de quoi ? demanda Dick l'esprit ailleurs.

– De surprises, jeune homme !

– ... ?

Sans attendre d'autres commentaires, Petersen tourna bride. Dick allait l'imiter quand Luès l'interpella :

– Dick ! Je suis désolé, croyez-le. Mais vous reviendrez à Maré, j'en suis sûr. Nous sommes amis, n'est-ce pas ? Et mon offre de vous faire visiter l'île tient toujours.

Il lui tendit une longue main fine et brune que Dick serra avec spontanéité.

– Nous sommes amis, Luès, je vous en remercie. Mais que se passe-t-il ?

– De la politique. Difficile à expliquer. En tout cas, il était temps que je revienne. En quelques jours, l'affaire sera réglée. Je crois que nous allons vivre de grands moments. Et j'aimerais beaucoup que vous en soyez. Et puis... Maré ne s'offre pas dès le premier jour. Il faut être patient avec elle. Vous le serez, j'en suis sûr.

– Adieu, Luès. Merci.

Comme impatient, le cheval de Dick n'attendit pas la pression des jambes du cavalier sur ses flancs. Il suivit de lui-même la monture de Petersen, ne laissant pas le temps à Dick d'en dire davantage. Vexé, Dick prit le galop pour donner une leçon à son cheval. Il voulait surtout rejoindre rapidement Petersen. Sur le bord du chemin, des gens assis à même le sol agitaient la main pour le saluer. Il répondait du même geste. Mais les visages n'avaient plus ces mêmes sourires de fête. Devenus graves, ils paraissaient tristes.

Quand ils furent de retour à leur point d'accostage, la nuit tomba brusquement. Le lendemain à l'aube, *La Marie* appareillait pour la Grande Terre. Dick repensa alors au rostre menaçant du long poisson de son enfance.

Nouméa se battait contre l'océan. Et elle gagnait. À coups de pioche, de pelle, on arasait un promontoire arrondi qui protégeait la ville. La terre qu'on extrayait était chargée sur des wagonnets, des chariots, des brouettes que l'on poussait, que l'on tirait pour la déverser dans les marécages. Des militaires et des ingénieurs civils conduisaient les travaux effectués par les forçats du pénitencier de l'île voisine, l'île Nou. Vêtus de larges pantalons taillés dans des tissus rugueux, leur visage était caché sous un grand chapeau de paille. Ils terrassaient, ouvraient des rues, montaient les murs avec des pierres et de la chaux. Avec eux travaillait cette main-d'œuvre recrutée dans les archipels alentour et qui n'était pas partie pour le Queensland. Les recruteurs savaient que les ingénieurs préféraient avoir sous leurs ordres des Hébridais. Ils travaillaient sérieusement et n'étaient pas fauteurs de troubles. Dans les forêts sombres et humides de Port-Boisé, des forçats coupaient les kaoris au bois dur. Ils les sciaient et chargeaient les grumes à dos de mulets pour répondre à une demande de plus en plus grande à Nouméa. Là aussi, les gardiens étaient parfois confrontés à la violence et à l'humeur querelleuse de certains condamnés. Cela conduisait même parfois à des assassinats qui alourdissaient encore davantage l'atmosphère. À Nouméa, les forçats retournaient le soir à l'île Nou, aux collines alanguies qui fermaient presque une des rades du port. Derrière les reliefs étaient installés le pénitencier et ses lourdes bâtisses qui en faisaient un village fermé.

Nouméa n'était pas un port. On y appelait *wharfs* deux débarcadères en planches. Seuls les navires de petit tonnage, comme *La Marie*, pouvaient y aborder, tandis que les autres devaient s'affourcher à quelques encablures au large. Canots, baleinières et « pétrolettes » assuraient la navette, chargés d'hommes et de marchandises. Le quai lui-même, constitué de remblais de quelque butte disparue, devenait une fondrière les jours de pluie et disparaissait sous un nuage de poussière par temps sec. Mais il fallait vraiment être commandant à bord d'un bâtiment de la marine, et s'appeler Tardy de Montravel, pour avoir décidé péremptoirement de localiser là, la capitale de l'île. C'est vrai que la ville pourrait être plus facilement défendue en cas de besoin ; c'est vrai que le mouillage était idéal, à l'abri des vents ; c'est vrai que la rade était profonde. Mais l'eau, commandant ? Avez-vous pensé à l'eau ? Si le marin avait son eau de mer à portée d'encablure, la population, elle, devrait aller boire et faire toilette à dix kilomètres de là !

Nouméa n'était pas une ville. Ce n'était pas non plus un village. On eût dit plutôt un camp militaire abandonné par les soldats et réinvesti par des pionniers, des trafiquants et des marins. Parfois, de lourds bâtiments en brique dominaient ses rues de terre, tracées en damier, et les maisons basses en bois, aux toits de tôle. Les trottoirs en planche étaient protégés du soleil par des auvents soutenus par de fins piliers derrière lesquels magasins d'accastillage, de vêtements ou d'alimentation exposaient leur bric-à-brac. Les voies perpendiculaires au quai filaient droit pour aller butter sur les premiers contreforts des montagnes de la Grande Terre qui hérissaient à l'infini son épine dorsale de monstre antédiluvien. De belles demeures commençaient à surgir qui seraient bientôt agrémentées de terrasses persiennées. Elles s'abritaient derrière des jardins ombrés de niaoulis torturés, de palmiers paisibles et de banians solennels.

Des carrioles remontaient du quai, lourdes de sacs, de caisses ou de barriques. La vie naissait dans cette petite agglomération du bout du monde. Les voiliers commençaient à décharger de plus en plus d'outillage, de matériel nécessaire aux constructions et de grandes quantités de marchandises, qui n'allaient pas tarder à devenir indispensables puis vite insuffisants.

– Dépêchons-nous, dit Petersen à Dick. M. Higginson n'aime pas attendre.

– Higginson ? Bravo, Dick, dit Nicolas Hagen. Tu n'as pas choisi le mauvais cheval. On dit que c'est un homme généreux et entreprenant.

– Nicolas ! On se retrouve à l'Hôtel de France pour déjeuner, c'est entendu ?

– Ah oui, bien volontiers. J'ai tellement hâte que tu me racontes le grand homme et votre entrevue. Bonne chance ! À tout à l'heure. Je voudrais déjà y être.

Alors que Nicolas se rendait chez des négociants de la ville, les Mayers, dont il avait vaguement entendu parler aux Samoa, à moins que ce soit à Sydney, il ne s'en souvenait pas vraiment, Dick, lui, devait être présenté à John Higginson par Petersen, comme ce dernier le lui avait promis. John Higginson était l'un des deux armateurs de *La Marie*, en association avec les Établissements Ballande. Un peu par fanfaronnade, mais aussi pour aider le jeune Richard Pentecost et lui éviter toute bévue, Petersen lui expliqua en chemin qui était Higginson dont le nom se retrouvait dans toutes les conversations.

John Higginson avait commencé par se faire connaître dans le trafic maritime avec l'Australie, plus proche pour la Nouvelle-Calédonie que ne l'était la France. Il était évident que le coût et le temps d'acheminement des approvisionnements en provenance de l'Australie seraient nettement plus intéressants pour les Calédoniens, avait-il estimé d'emblée. Puis il avait vu arriver de l'île Bourbon des planteurs de canne à sucre qu'il se contenta d'observer dans un premier temps. Considérant que la culture et les récoltes n'étaient pas son fort, mais qu'il y avait peut-être de l'avenir dans cette activité, il choisit d'intervenir au stade suivant : monter une usine qui produirait, en aval des cultures, le sucre et le rhum. Et il fit en sorte que les détenus du pénitencier participent à l'opération. Cette main-d'œuvre assurerait au meilleur coût les récoltes de canne à sucre qui feraient tourner l'usine. Higginson se découvrait une vocation de spéculateur. Il était en train de trouver sa voie. Il commençait à se tourner, avec un flair unique, vers des activités où il sentait une source de profit rapide et intéressante. Il abandonnait allégrement celles qui ne présentaient plus pour lui un intérêt évident. Il sautait très vite sur toute nouvelle opportunité qu'il était un des premiers à détecter dans son ampleur, tirant leçon des échecs subis par leurs initiateurs. M. Higginson n'avait pas d'état d'âme. Il faisait des affaires.

Nicolas et Dick se retrouvèrent deux heures plus tard pour déjeuner.

– Alors, ton Mayers ? demanda Dick.

– Il m'a donné l'impression d'être un brave homme. Honnête et sincère derrière son comptoir d'accastillage. Il m'a demandé ce que je savais faire. Comme je cherchais ce que je pouvais bien lui répondre, il l'a fait pour moi : « Apparemment, jeune homme, vous ne savez rien faire ! J'aime votre franchise », a-t-il ajouté. Tu sais, Dick, c'est vraiment là que j'ai compris ce que signifiait « l'éloquence du silence ». Et Mayers a ajouté : « De toute manière, je ne cherche pas un expert, je veux des bras, de l'énergie, de la cervelle. Le reste suivra. Avez-vous tout ça, jeune homme ? Déjà pour gagner du temps si vous me disiez votre nom, cela m'éviterait de vous appeler sans arrêt " jeune homme " ; ce terme pourrait finir par prêter à confusion et je n'ai pas besoin de m'entendre rappeler tous les jours que je n'ai plus vingt ans. Mon miroir s'en charge. » Écoute, Dick, j'ai eu le sentiment que cet homme était prêt à m'aider à faire ma place ici. Tu vois, en venant te rejoindre, je me suis imaginé que, dans un an, mon nom serait à côté du sien sur son enseigne de boutique. Qu'en penses-tu ?

– Nicolas, tu sais bien que le commerce, ce n'est pas mon fort.

– Oui, c'est vrai. Et toi, comment ça s'est passé ? Comment est-il ?

– Cet Higginson, c'est quelqu'un ! Il doit avoir dans les cinquante ans. Élégant, crâne dégarni, petit de taille, moustache longue et fine taillée en pointe. Il a d'abord fait la grimace quand il a su que j'étais anglais. Normal, il est irlandais. Mais, bon, je lui ai expliqué que si j'étais venu, ici, si loin de ma patrie, ce n'était pas par dévouement envers la reine Victoria. Puis, il m'a parlé de nickel. Tu as entendu parler, toi, du nickel, je veux dire de la bouche d'un vrai exploitant, et apparemment pas n'importe lequel ? Il m'a expliqué qu'il avait commencé en rachetant les droits d'exploitation d'une mine à un certain Coste au Mont-Dore alors que les cours de ce minerai dont on savait peu de chose n'étaient pas encore connus à Nouméa. Il avait fait là une bonne, très bonne affaire. Il m'a expliqué qu'il s'était désintéressé de l'exploitation de la canne à sucre et de l'industrie sucrière parce que les sauterelles, ça, il n'avait pas prévu, et que la garniérite, ma foi... Le nickel de M. Garnier lui avait tout de suite semblé un minerai intéressant techniquement et... financièrement, a-t-il ajouté en confidence. Mais son affaire maritime tournait bien et il avait besoin d'hommes sur ses bateaux. Bref, il m'a demandé de naviguer pour lui.

– Dis tout de suite qu'il t'a demandé d'être blackbirder !

– Nicolas ! Il m'a demandé si j'acceptais d'être nommé second à bord de *La Marie*. Le recrutement n'est pas forcément du blackbirding. De plus, moi, ce qui m'intéresse c'est de naviguer. Alors, je vais naviguer !

– À votre santé, commodore Richard Pentecost !

– À votre santé, président Nicolas Hagen !

L'île Pentecost ne semblait que le sommet d'une chaîne montagneuse noyée dans l'océan. Les cimes disparaissaient sous le long et lourd panache de nuages sombres. On eût dit une éruption immobile de cendres figées sous la chaleur humide. Ses flancs, couverts d'une épaisse végétation, tombaient à pic, ne laissant à leur pied que peu de place, par endroits, à un mince cordon littoral envahi de cocotiers au-dessus du sable noir. Une puissante odeur d'humus mouillé émanait de l'île fantôme vaincue par les cyclones et les tremblements de terre qui l'agitaient sans répit. Lorsque la terre retrouvait le repos, les traces de ses soubresauts restaient la hantise des marins. De nouveaux hauts-fonds avaient jailli à la surface de l'eau ; la navigation devenait une affaire de devin.

La fonction de second de Dick, hors la manœuvre, avait consisté jusque-là, aux escales, à rester à bord aux côtés du capitaine, prêt à appareiller en catastrophe, tout en refoulant les piroguiers indigènes qui voulaient monter sur *La Marie*, soit pour négocier à leur propre compte, soit pour être recrutés. Parfois, on en acceptait un ou deux. Mais, le plus souvent, le pont leur était interdit. Car, pendant ce temps, Imbert et Watson étaient descendus à terre avec les matelots, dans les baleinières peintes en rouge. Là-bas, les indigènes les attendaient. Ils étaient nus, presque nus, leur pénis, emmailloté dans des feuilles, était remonté vers la taille par une liane tressée. Les baleinières revenaient à toutes rames, chargées d'ignames, de bananes, de taros, d'un ou deux cochons. Suivaient les pirogues qui transportaient des recrutés, jamais plus d'une dizaine d'hommes. On les faisait monter rapidement à bord. Leur installation était alors menée tambour battant et l'échelle de corde était ramenée dès que le dernier recruté mettait pied sur le pont. La peur d'une ruse meurtrière n'était jamais absente, ni d'un côté, ni de l'autre ; la méfiance, jamais endormie.

Cette fois-là, Petersen qui semblait préparer un bon tour déclara en riant :

– Pentecost, je vais vous présenter vos sujets pentecostiens. Vous allez descendre avec moi. Imbert et Watson resteront à bord.

– Capitaine, faites bien attention, s'inquiéta Imbert. C'est son baptême du feu, à Dick. C'est peut-être pas la bonne île pour recruter la première fois. S'il y a un incident et que Higginson apprend qu'on a inversé les rôles, ça risque de barder.

– Je sais ce que je fais, répliqua Petersen. Ce n'est pas plus dangereux ici qu'ailleurs. Il ne faut pas dramatiser. D'ailleurs, il y a longtemps que je ne suis pas descendu sur la plage.

– Justement, capitaine.

– Ça suffit comme ça ! Il faut bien que Dick débute un jour dans le métier, non ? Autant qu'il commence... aujourd'hui, chez lui, ajouta Petersen en riant. Et s'il apprend aussi vite à recruter qu'à naviguer, Higginson me félicitera.

– Et puis, ne t'en fais pas, Jerry, ajouta Dick, pour calmer la discussion engagée. Le recrutement, ça doit être comme au poker. Les débutants ont toujours des jeux d'enfer.

Jerry hocha la tête, pas tout à fait convaincu. À son tour conciliant, il ajouta tout de même :

– C'est vrai, je me rappelle, moi aussi, la première fois...

Le petit canon avait été braqué sur le rivage. Dick sauta dans l'une des deux baleinières, sa Winchester en bandoulière. Ils accostèrent en douceur. Alors que Dick sortait un coffre de dessous son banc de nage, les matelots retournèrent l'embarcation vers le large. Petersen avait déjà soulevé les couvercles des coffres et déballé sur le sable les rouleaux de cotonnades, des hachettes, deux vieilles carabines, des ceinturons de cuir, des paquets de tabac, des pipes et de l'alcool.

– Venez, Dick, ordonna le capitaine qui tenait une bouteille de gin à la main. Asseyez-vous près de moi. Buvez un coup.

– Là, maintenant ?

– Faites exactement ce que je vous dis. C'est un ordre.

Dick avala une prudente goulée :

– Mais... c'est de l'eau !

– Bien sûr. Videz la moitié de la bouteille, puis mettez-vous à chanter, comme si vous étiez saoul.

Dick s'exécuta et, l'inspiration prise au dépourvu, entonna à pleins poumons *God Save the Queen.* Petersen, qui avait vidé l'autre moitié de la bouteille, accompagna l'hymne à l'accordéon.

– Assez. Maintenant, levez-vous.

Petersen s'éloigna tout en ramassant quelques noix de coco qu'il plaça en tas. Puis il cria :

– Armez votre fusil. Vous allez vous exercer au tir à la noix de coco. Ne ratez pas la cible, hein ! Vous êtes prêt ?

Petersen jeta l'une après l'autre les noix aussi haut et aussi vite qu'il le put. La carabine à répétition de Dick fit merveille. Les six noix explosèrent toutes avant de retomber sur le sable.

– Qu'est-ce que je fais maintenant ?

– Chut ! Retournez-vous lentement, avec un grand sourire.

Derrière eux, surgis de la forêt, une vingtaine d'hommes à la peau brune, le pénis triomphant dans l'étui végétal, les regardaient, farouches, lance au poing, casse-tête à l'épaule. Derrière eux, des femmes en jupe de paille, portant des enfants sur le dos. Dick sentit son cœur battre plus fort. Était-il en train de feuilleter son atlas ? Petersen lui avait dit de ne pas bouger. Il resta sur place, observant.

– Ouf ! murmura Petersen. Elles sont venues, elles aussi.

Il montra un visage hilare, tendit les bras en avant, avança vers les insulaires en parlant bichlamar, ce drôle d'anglais que Dick avait commencé à apprendre avec Imbert pour professeur. Mais il ne quittait pas des yeux les Kanakas. Il riait très fort, envoyait des bourrades amicales à celui qui semblait être le chef, et l'entraîna vers les marchandises étalées. En passant, l'indigène s'arrêta devant Dick qui le dominait de la tête et des épaules et dit :

– Bon buveur, bon chanteur, bon tireur. Quel est ton nom ?

– Pentecost !

Le chef montra qu'il trouvait la plaisanterie bonne en tapant sur le ventre de Dick et se pencha sur l'étalage. Longtemps il examina le lot, objet après objet, touchant, prenant, posant, pendant que Petersen, tel un bateleur de foire, vantait la marchandise. Pendant ce temps, Dick se vit entouré par le reste du groupe, hommes et femmes, qui lui tâtaient les vêtements, touchaient son arme encore fumante. Leurs visages durs de tout à l'heure s'épanouissaient. Dick sentit ses muscles se détendre. Il caressa la joue d'un enfant, tapa sur l'épaule du plus musclé de ses interlocuteurs, s'essaya à lâcher quelques plaisanteries.

– C'est bien, c'est bien, l'encouragea Petersen en parlant à toute vitesse. Mais ne vous laissez pas complètement encercler. Mine de rien, reculez vers les baleinières.

Quelques matelots maréens, ayant observé de loin la scène, vinrent s'approcher de Dick qui sentit alors le cercle se desserrer autour de lui. La négociation dura encore une bonne heure. Le soleil n'était plus visible qu'au travers des branches de cocotier. Il ne fallait plus trop s'attarder. Le chef tout à coup s'était tu, et, s'approchant de Dick, il montra du doigt sa carabine. En échange de cinq hommes et de cinq femmes, c'était la carabine de Dick qu'il voulait et rien d'autre. Petersen, gardant encore sur le visage un semblant de jovialité, refusa. Mais Dick fit glisser l'arme de son épaule et la tendit au chef.

– Vous êtes fou, murmura Petersen.

– Ne vous inquiétez pas. Cran de sécurité.

Le Kanaka essaya de tirer. En vain. Avec douceur, Dick lui reprit l'arme, et lâcha, très vite, trois coups vers le ciel. Puis il expliqua :

– Cette arme, c'est comme ma femme. Elle n'obéit qu'à moi.

Le chef approuva d'un grand rire et félicita Dick en tambourinant sur son ventre.

– Pentecost ! Pentecost !

Tout alors se passa bien. Les recrutés que Petersen examina avec soin s'entassèrent dans les baleinières. Debout à l'arrière de l'embarcation, avec des gestes amples, Dick et Petersen saluèrent les insulaires étirés le long du rivage.

La Marie appareilla pour le Queensland. Ces dix nouveaux recrutés s'ajoutaient aux trente autres embarqués ailleurs ; la campagne, rapide, avait été fructueuse. Dick contempla les recrutés de l'île Pentecost à qui on avait distribué un bol de riz et du poisson avant de les faire descendre dans la cale rejoindre les autres. Puis il s'assit sur le pont, guettant l'évasion du soleil sous l'horizon.

Petersen avait attendu que *La Marie* ait appareillé, que les recrutés aient été tous enfermés dans la cale et que chacun soit à son poste pour faire appeler Richard Pentecost dans sa cabine.

Imbert et Watson n'en avaient pas été surpris. Ils savaient ce qui attendait Dick et en eurent vite confirmation lorsqu'ils entendirent la voix de Petersen qui, en franchissant les cloisons, n'en était pas moins véhémente.

– Mais qu'est-ce qui vous a pris, Richard ? Vous êtes fou ? Vous vous prenez pour qui ? Déjà le capitaine de *La Marie* ? Ou pour Dieu le Père ? Dès votre première descente, sans savoir qui vous rencontrez, sans me prévenir, vous faites votre intéressant. Vous jouez votre partition, seul. Vous me faites passer auprès de ces gens qui ont ma confiance pour un sans scrupule, un sans parole. Cette confiance, il m'a fallu des années pour l'acquérir. Et vous, vous débarquez en conquistador. « C'est moi, Richard Pentecost ! » Vous faites le malin devant toute une tribu, ridiculisant leur chef, lui faisant perdre la face... Qu'est-ce que vous dites ?

– Je ne pensais pas que...

– Quand on ne pense pas, on reste dans le rang. Si la cale n'était pas déjà pleine de ces hommes, je vous y mettrais volontiers et vous y resteriez jusqu'à Brisbane. Vous êtes encore trop jeune dans le métier pour improviser. Les réactions des indigènes vous sont inconnues. Il faut que vous appreniez que, si l'on doit montrer sa force, on doit aussi montrer du respect. Ne pas afficher ses faiblesses et sa peur, ce n'est pas pour autant braver inutilement le sort. Il faut veiller avec soin à préserver un équilibre. Oh ! il est fragile, cet équilibre, je ne dis pas. Mais, justement, il ne faut pas le gaspiller. Une force qui écrase, c'est ensuite un bain de sang assuré. Ils sont comme vous, les indigènes, ils ont de la mémoire. Croyez-en mon expérience. Alors, si vous voulez un jour pouvoir bercer vos petits-enfants, vous avez intérêt à être prudent. La prudence n'est pas l'absence de courage, c'est son intelligence.

Sous les étoiles, en plein océan, Dick revivait, une nouvelle fois, la scène du fusil avec le chef de « son » île. Avouerait-il un jour qu'il avait éprouvé un plaisir neuf, violent, sauvage à jouer avec le feu comme il l'avait fait sur la plage de l'île Pentecost ? Il n'avait pas, sur le moment, mesuré la portée de son geste. C'est vrai. Il n'avait défié que l'instant. Tout son corps avait ressenti et aimé le danger qu'il avait provoqué. Mais avec ce fusil, que risquait-il ? Il était le plus fort. Et Petersen n'exagérait-il pas, en dramatisant des conséquences possibles... plus tard ? Cette jouissance née du risque pris, la retrouverait-il s'il ne faisait que du recrutement longuement et patiemment négocié ? Ou bien serait-il entraîné à un blackbirding peu avouable pour retrouver l'intensité de ces sensations si rares qu'il venait de découvrir ? Où était la limite entre recruteur et blackbirder ? Dick ne répondit jamais à cette question. Il savait simplement que c'était cette vie-là qu'il voulait, excitante, dangereuse, toujours à la frontière de l'inconnu.

À Sydney, l'entreprise de David Gubbay prospérait. David se consacrait à son exploitation avec l'énergie d'une jeunesse bouillonnante de projets. Il avait dû engager de nouveaux employés. Ses bonbons étaient, disait-on, les meilleurs de la ville. Certains n'hésitaient même pas à dire de la Nouvelle-Galles du Sud.

Il habitait maintenant Burwood Road, une spacieuse maison qu'il avait choisie avec Matilda lorsque, rougissante, elle lui avait dit oui, qu'elle aussi l'aimait, qu'elle aussi souhaitait l'épouser. L'affaire avait été rondement menée et le mariage célébré au son de la cornemuse. Les garçons d'honneur, amis de Matilda, avaient sorti leur kilt des grandes occasions. Aux dragées se mêlaient les grains de riz, et aux rires, les larmes des parents de Matilda, émus, mais profondément heureux.

Avec son esprit pratique, David avait suggéré un voyage de noces à Melbourne, la rivale de Sydney. Ils avaient trouvé la ville hautaine. Elle semblait avoir un mépris à peine dissimulé pour cette Sydney qui jouait les filles impudiques tout en voulant donner l'impression de sortir d'un collège d'adolescentes de bonne famille. Melbourne était peut-être un peu jalouse de sa grande sœur qui la surpassait en notoriété et en joie de vivre. C'est vrai que le port de Sydney apportait à la ville son exceptionnelle animation. De nombreux immigrés, des étrangers de passage débarquaient de voiliers qui déchargeaient en même temps leurs cargaisons en provenance de Chine ou d'Europe. Mais de là à lui concéder une suprématie ! Ce n'était pas parce que Sydney essayait de se donner des allures de bourgeoise avec l'application stricte, rigoureuse et sans doute figée des rites londoniens que Melbourne serait impressionnée. La capitale de l'État de Victoria avait qualifié dédaigneusement Sydney de *sleepy hollow*, un trou endormi.

Mais qu'importaient à David ces rivalités de cités. Les enfants de Melbourne, comme ceux de Sydney, devaient aimer les bonbons et les pâtes de fruits. Le reste n'était que littérature. Il tirait par la main Matilda qui voulait bien le matin arpenter la ville avec application, mais visiter l'après-midi les *stores* pour y solliciter des commandes de friandises, ça non !

– David, je suis fatiguée.

– Bon. J'y vais seul.

– Mais, David, tu ne peux quand même pas me laisser pendant notre voyage de noces. Je vais m'ennuyer.

– Je suis venu à Melbourne pour faire des affaires et placer ma marchandise. Je ne compte pas y revenir de sitôt.

– Mais David, c'est notre voyage de noces. Tu l'as oublié ?

– Bien sûr que non. Mais on peut faire les deux. Il faut que je développe mes affaires. Je veux des enfants. Je veux beaucoup d'enfants. Je dois tout entreprendre pour pouvoir les nourrir et les élever dignement. Il faut dès maintenant que j'augmente mes revenus en vendant plus de confiserie. Melbourne va m'y aider.

Vexée que David ne l'associe pas à ses projets – « Je dois... Je vais... » –, alors que les enfants en question, c'est elle qui les porterait, elle voulut lui montrer qu'elle aussi existait. Elle le fit avec maladresse.

– Bon ! fais ce que tu veux. Moi, je sors de mon côté. Je vais me promener, je vais me distraire.

David la regarda, stupéfait. Comment pouvait-on lui parler de distraction et de promenade alors que lui pensait enfants, famille à créer, à protéger, à couver ? Il remontait seul les rues de Melbourne, troublé et préoccupé par l'esprit d'indépendance dont Matilda avait fait preuve et peut-être par son caractère qui se révélait un peu égoïste, pensa-t-il. C'était ça, les femmes ? Chez lui, il s'en souvenait très bien, à Hong Kong surtout, sa mère s'inclinait devant toutes les décisions de son père. Il les prenait seul pourtant. David n'avait pas aimé cette discussion... À moins que ce soit déjà une dispute ? Le fait est que ni l'un ni l'autre n'avait cédé. Il hochait la tête tout en marchant. Elle aurait quand même dû l'accompagner. Le chef de famille, c'était lui. Elle exagérait.

– Pour les enfants, David, tu le sais, je suis d'accord, lui avait dit Matilda en revenant à Sydney, consciente d'avoir fait montre d'un peu trop d'audace à Melbourne.

Elle avait sous-estimé la volonté et le caractère affirmé de son mari. Elle sentait qu'elle devait rattraper son caprice en jouant la conciliation et la tendresse. Mais David ne lui avait plus jamais demandé de l'accompagner en voyage lorsqu'il allait visiter ses clients. Il partait seul et ne racontait rien à son retour. La naissance d'Abdallah-David d'abord puis celle d'Albert-Victor le remplirent de joie.

– David, nous vivons les uns sur les autres ici maintenant. Ne pourrait-on pas changer de maison ? demanda un jour Matilda qui se souvenait de ses promenades de jeune fille courtisée à Paddington.

Le déménagement se fit très vite. Elle eut son jardin, son sycomore. Elle était heureuse. Mais plus pour longtemps. David commençait à rentrer tard. Le travail, disait-il. Les commandes de dernière minute de clients imprévoyants. Le contrôle des commis chargés d'aller vendre au bout de la ville. La mise au point de nouvelles douceurs pour Christmas. Ce qu'il ne disait pas, c'était sa rencontre avec Jane.

Alors qu'elle sortait de chez David Jones, magasin réputé pour ses tissus, les bras chargés de paquets, l'un d'eux avait glissé par terre. David passait à ce moment-là. Il ne lui laissa pas le temps de se baisser et lui tendit, souriant, son paquet. Jane fut flattée de cette courtoisie à laquelle elle était peu habituée. Elle regarda avec étonnement David et le trouva beau. Elle voulut prolonger ce moment qu'elle jugea rare et se lança dans une explication impossible de tissu bon marché alors qu'elle voulait justement recouvrir des coussins.

– Les enfants, vous savez ce que c'est, grimpent sur les fauteuils, les mains poisseuses et collantes de sucreries...

– Oh ! oui. Je sais cela, je fabrique moi-même des bonbons.

– Ce n'est pas possible !

– Si !

– Où ?

David expliqua à cette jolie brune, à la peau d'une blancheur presque transparente, où se trouvait sa fabrique de bonbons. Jane vint lui rendre visite de temps en temps puis de plus en plus fréquemment. Elle racontait à David ses angoisses et ses espoirs du jour, ne ratant aucune occasion pour dramatiser les situations, le prenant à témoin de ses bravoures de femme seule depuis que son mari l'avait quittée, lui demandant aide et protection. David avait craqué. Il l'avait d'abord écoutée avec sympathie, puis s'était surpris un jour à attendre impatiemment sa venue. Elle avait pleuré cette fois-là. Il avait essuyé son visage et puis il l'avait embrassée.

Dick ne cessait plus de naviguer. Il n'avait pas de port d'attache, pas d'autre maison que les bateaux sur lesquels il travaillait désormais comme subrécargue pour la compagnie de John Higginson et de Ballande. Il sillonna tout le Pacifique, de la Nouvelle-Zélande aux Salomon, de l'Australie aux Nouvelles-Hébrides. Partout, de la plus sauvage des Santa Cruz à cette métropole que devenait Sydney, tout le monde finit par connaître ce grand gaillard chaleureux et subtil. On le savait tout aussi capable de passer des nuits entières à jouer aux cartes avec des aventuriers en buvant du whisky dans l'atmosphère lourde de mauvais tabac d'un bouge de Brisbane que de parler poésie en jouant au cricket sur les pelouses de Wellington. Mais c'était à Nouméa qu'on l'appréciait le plus. Pourtant, ses voyages le conduisaient moins souvent qu'ailleurs en Nouvelle-Calédonie.

Dans la colonie française où l'instauration des réserves protégeait les Canaques de tout recrutement, planteurs et mineurs réclamaient désormais la main-d'œuvre des Hébrides, des *Islands* comme on disait. Mais celle-ci renâclait à venir en Nouvelle-Calédonie : « *Nouméa, no good, Nouméa, no pay.* »

Et il était vrai que les Hébridais, peuple d'agriculteurs, se sentaient mieux dans les plantations australiennes ou fidjiennes, à récolter la canne à sucre ou à faire le coprah plutôt qu'à manier la pioche dans les montagnes de la Grande Terre ou à garder les troupeaux sous la menace des tribus locales. Celles-ci, chassées de leurs territoires, surgissaient parfois des hautes vallées où elles étaient cantonnées et tuaient quelques têtes de bétail. Elles s'en prenaient aussi aux colons lorsque, en période de grande sécheresse, les bêtes conduites au pâturage piétinaient leurs champs d'ignames. Un cycle meurtrier s'enclenchait alors, les sanctions appelant des représailles, les vengeances conduisant aux assassinats. Un jour, ce fut le chef Ataï qui prit la tête de la révolte, elle fut réprimée sévèrement.

À l'exception de Nouméa, Dick Pentecost ne connaissait la Nouvelle-Calédonie que du large. Et c'est ainsi qu'il l'aimait. Il aimait sentir tout à coup, lorsque le navire glissait entre l'île Ouen et la Grande Terre, la protection des collines austères et belles comme une jeune veuve qui vous laisse un espoir, à sa levée de deuil. Puis sa jeunesse explosait dans une humeur rayonnante quand il apercevait devant lui la presqu'île de Nouméa. À chaque escale, il avait l'impression que la petite agglomération avait encore changé, encore grandi. Tout en restant une ville de garnison, elle se civilisait. Ou plutôt, peu à peu, les civils, les colons, les commerçants y bâtissaient des demeures à leurs nouveaux moyens et à leur fantaisie, avec de jolis jardins où les niaoulis argentés contrastaient avec des buissons de fleurs bien taillés. Des maisons surgissaient maintenant sur les marécages remblayés. La butte qui naguère protégeait le port avait disparu, laissant la place à un quai. Des fontaines apparaissaient au coin des rues. Des canalisations avaient été posées, amenant, de Yahoué, l'eau à Nouméa. Dick croisait de nouveaux visages et surtout de nouvelles silhouettes à la taille agréable et à la démarche dansante. Alors, il revenait sur ses pas et jouait à les suivre. Puis il passait chez Mayers s'informer auprès de Nicolas Hagen de ses chances à entreprendre la conquête de l'une ou de l'autre. Nicolas riait, hochait la tête avec indulgence, mais ne répondait pas. Il réservait ses appréciations et ses évaluations pour la soirée, faisant naître chez Dick une impatience affichée et amusée.

Dick remonta la rue de Magenta jusqu'à son hôtel, le Sébastopol. Le patron, M. Bataille, l'accueillit avec chaleur. Ce vieux colon était arrivé ici près de vingt ans auparavant. Il était devenu propriétaire de nombreuses concessions dans les « faubourgs » et avait ouvert, outre cet hôtel, un « cercle civil » pour faire pendant au « cercle militaire ». Ce club n'admettait, par cooptation, que des gens en vue de la colonie. Mais Bataille avait réussi à y faire entrer très vite la nouvelle vague de jeunes aventuriers débarqués dans les années 1875, dont Richard Pentecost et Nicolas Hagen.

– Je ne vous attendais pas si tôt, dit Bataille. Mais tant mieux. Higginson veut vous voir. Il a une mission pour vous, paraît-il.

– Une mission ? Diable ! Vous savez de quoi il s'agit ?

– Non. Il vous l'expliquera lui-même. En attendant, allez donc prendre un bain. Oui, monsieur Pentecost, nous avons l'eau courante, maintenant, à Nouméa. À propos, le prix de la chambre a légèrement augmenté.

Le Cercle civil faisait l'angle d'une des grandes transversales de la ville et d'une petite rue qui venait d'être creusée, dégringolant la colline. La véranda de cette maison d'un étage était entièrement fermée par des persiennes qui donnaient à l'endroit un côté secret, confidentiel, « privé ». En vieil habitué, Dick grimpa les quelques marches. Dans le demi-jour qui se glissait derrière les volets, des hommes en habits blancs, enfoncés dans des fauteuils d'osier, jouaient aux cartes. Ailleurs, à voix basse, mais en français, langue recommandée au Cercle, on parlait affaires.

– Eh, Richard !

Nicolas Hagen posa ses cartes face contre la table et se leva, bras tendus.

– – Je t'attendais.

– Dis donc, Nicolas, je n'avais pas remarqué, tout à l'heure. Ça nourrit, le coprah.

Dick tapota le petit ventre qui pointait au-dessus de la ceinture du colosse.

– Ah ! mon pauvre, c'est mon désespoir. Pourtant, je te le jure, je fais attention.

– Bien sûr, comme d'habitude. Menu de Nicolas Hagen au breakfeast : anchois, sardines, canard aux navets, rôti de bœuf, pommes de terre, haricots. J'en oublie ?

– Tu exagères ! J'ai supprimé les anchois. Ne restons pas debout. Assieds-toi pour que nous parlions. Et nous irons ensuite chez moi. Tu sais que je me suis fait construire une belle maison.

– Où ? Nabab !

– Boulevard Vauban. Ça y est, je convole ! Une superbe Australienne. Je t'attendais pour fixer la date de la cérémonie et t'avoir comme témoin. Tu es d'accord ?

– Non seulement je suis d'accord, mais je suis très honoré. Toutefois, dans l'immédiat... Higginson est là ? Il paraît qu'il me demande.

– Tu le trouveras probablement en haut. C'est en général là qu'il donne ses rendez-vous.

– Attends-moi. Je vais essayer de revenir le plus vite possible.

Tout en montant au premier étage pour rencontrer M. Higginson, Dick Pentecost admirait le Cercle civil agrandi. Dans un coin isolé de la véranda, John Higginson fumait un long cigare, à petites bouffées saccadées. Sous ses allures bourgeoises se cachait un homme d'action que ses amis appelaient « le Prophète ». Cette réputation était née de la rapidité avec laquelle il avait réagi en rachetant la première concession de mine de nickel à un propriétaire mal informé. L'anecdote était rappelée à tout propos par les gens voulant se montrer bien informés. Ils laissaient ainsi, à leurs interlocuteurs un peu naïfs, l'impression floue qu'ils fréquentaient intimement Higginson. Quoi qu'il en soit, cette première opération minière était à l'origine de sa fortune et l'avait projeté dans un monde qu'il pressentait source de profits inestimables. Il aimait se flatter de son association avec le Hollandais Hanckar. Elle avait été bénéfique pour les deux hommes. Les prospections effectuées le long de la côte est avaient mis en évidence des gisements de minerais d'une richesse prodigieuse qu'ils avaient immédiatement entrepris d'exploiter en recherchant par tous les moyens l'amélioration des rendements.

À chacune de ses escales, Dick en avait quelques échos. Et, à chaque escale, il se promettait d'interroger Nicolas pour en savoir plus.

– Pentecost, je suis content de vous voir. Asseyez-vous. On se connaît fort peu, mais il semble que tout le monde ait de la sympathie pour vous. Vous êtes devenu, en trois ans, l'un de nos meilleurs marins et de nos plus habiles recruteurs. On dit aussi que vous savez dialoguer avec les indigènes, trouver les mots qu'ils comprennent. Bref, ils vous ont adopté eux aussi. J'irai droit au but. Comment avez-vous réagi aux événements de Maré ?

– Monsieur, je n'y ai pas vraiment prêté attention. Je ne m'arrête sur cette île que le temps de livrer des marchandises et de charger leurs produits. Les bananes en particulier. Il y a eu d'ailleurs cette année une production de bananes incroyable. J'ai cru nourrir la terre entière. Vous savez, monsieur, tous mes matelots sont de là-bas. Alors je pense préférable d'éviter de me mêler de leurs histoires, d'autant que je ne comprends pas grand-chose à leurs querelles qui mélangent politique avec religion.

– Mais vous connaissez Luès Saïwéné, pourtant ?

– Un peu. Il y a un certain temps que je ne l'ai pas vu. Je pense que c'est un homme bien.

– Il pense la même chose de vous. Et il insiste pour que ce soit vous qui rameniez son grand chef Nidoish Naisseline à Netché.

– ... ?

– Comment ? Vous ignorez que « *the king of Maré* » avait été placé en résidence surveillée à Nouméa ? Je vois effectivement que la politique ne vous intéresse guère. C'est une affaire compliquée. D'un côté le pasteur Jones qui n'a pas perdu l'espoir que Maré fasse sécession et tombe sous la coupe anglaise. De l'autre, les missionnaires catholiques, dans l'est de l'île, qui multiplient les maladresses et montent, sans le vouloir, les tribus les unes contre les autres. Entre les deux, le résident français qui ne comprend rien à rien et souffre de la chaleur dans sa résidence. Il la trouve... tropicale. Là-dessus, quelques échauffourées, trois morts... Le gouverneur embarrassé a tout de même dû trancher dans le vif. Pour calmer les esprits, il a exilé à l'île des Pins les missionnaires maristes et leurs ouailles les plus virulentes. Il a fait venir, ici, sur la Grande Terre, le vieux Nidoish, en le mettant dans la prison de Yahoué. Son séjour a duré un an. Vous me suivez ?

– Pas vraiment, monsieur. Mais j'essaie.

– Ne vous faites pas plus bête que vous ne l'êtes, mon cher Pentecost. Enfin, bref ! ces incidents se sont déroulés il y a un an. Depuis les choses se sont tassées. Nidoish, qui nous a démontré la sincérité de ses sentiments profrançais, va être rapatrié. Mais il refuse de l'être par un navire de la Royale. Son peuple comprendrait mal qu'il revienne chez lui encadré par des militaires. Le gouverneur s'est donc adressé à moi pour que j'affrète un de mes bateaux. J'ai accepté cet honneur, évidemment. Là-dessus Luès, qui fait office d'interprète auprès du gouvernement, est venu me voir en insistant pour que ce soit vous qui rameniez le grand chef chez lui.

– C'est curieux. Je connais à peine Luès. Nous avons sympathisé lors de mon tout premier voyage. Depuis, nous nous sommes parfois entrevus lors de mes escales à Maré. C'est tout.

– Les Maréens ont une personnalité différente de celle des habitants des îles alentour. Ce sont d'habiles diplomates, des négociants hors pair... Mais leur île est isolée. Pas de mouillage, de rares terres fertiles. Ils voient Nouméa bouger, ils veulent suivre. Ils veulent ouvrir des comptoirs, essayer d'intensifier leur élevage ou diversifier leurs cultures. Mais ils ne veulent pas se sentir envahis par la France. Ils veulent garder leur identité tout en appréciant l'activité commerciale que la France pourrait leur apporter. Luès a sans doute vu en vous l'homme de la situation. Jeune, dynamique, sans préjugés et respectueux de leurs coutumes. De plus, vous êtes anglais. Cette « qualité » plaît au révérend Jones ; et vous naviguez sous pavillon français, ce qui n'est pas fait pour déplaire au gouvernement de Nouméa. Bref, je ne vous cache pas qu'aux yeux de tous, vous êtes apparu comme l'homme de la situation.

– En somme, Luès voudrait recruter le recruteur.

– C'est de l'humour britannique ? En fait, il y a un peu de cela. Luès est un fin observateur ; il a dû vite se rendre compte que vous contrastez singulièrement avec vos quelques compatriotes qui gravitent autour de la mission protestante de Maré. Et puis, la situation là-bas va se calmer définitivement. Le grand chef a compris, avec la petite démonstration de force de l'administration française, de quel côté était désormais son intérêt. Et il repart chez lui convaincu qu'il faut à présent séparer le pouvoir temporel du pouvoir spirituel. Ce voyage avec Naisseline peut être très important pour vous, Pentecost. Avec le grand chef et la sympathie de Luès, vous pourriez très bien envisager, si vous le souhaitez, de vous installer là-bas comme négociant. Ou du moins d'en faire votre port d'attache. Pensez-y.

Higginson se tut un instant. Voulait-il que cette suggestion fasse son chemin tout de suite dans l'esprit de son interlocuteur ? se demanda Dick. C'était en fait une autre idée qui venait de germer dans sa tête et qu'il était en train d'analyser en silence. Il tétait frénétiquement son cigare éteint et de sa main libre lissait sa moustache. Ceux qui connaissaient le Prophète savaient que cette attitude précédait un coup de génie. Soudain, il releva la tête et regarda, l'œil brillant, le jeune homme :

– Vous revenez de Nouvelle-Zélande, je crois ? Avec une cargaison de fraises, c'est cela ?

– Hélas, oui. Croyez-moi, monsieur, les fraises, c'est pire qu'une poignée de Tongiens embauchés pour le Queensland. J'ai passé mon temps à les surveiller, à les dorloter même. J'ai l'impression que désormais, pour la culture de fraises, je ne crains personne.

– Parfait ! Nidoish s'est découvert une passion pour ces fruits. Vous allez en emporter quelques cageots à Maré et vous montrerez aux indigènes comment les cultiver.

Dick, dérouté par ce coq-à-l'âne, éclata de rire :

– J'espère que vous plaisantez, monsieur, sinon je vous demande de penser à quelqu'un d'autre pour remplir cette mission.

– Non, ce n'est pas une plaisanterie, Pentecost. Pensez aux conséquences de cette initiative. Très sérieusement, votre avenir et celui de la France peuvent dépendre de quelques kilos de ce fruit savoureux.

Dick trouvait que c'était aller un peu loin. Il chercha un argument dissuasif et ne trouva que sa nationalité !

– J'ai un problème : je ne suis pas français.

– Vous le deviendrez, Richard, vous le deviendrez. Laissez à la Nouvelle-Calédonie le temps de s'habituer à vous. Et une fois que vous serez propriétaire... Bien, retournez au port, réarmez *La Marie*. Demain matin, Luès, son grand chef et quelques-uns de ses compagnons seront à votre bord. Restez à Maré le temps qu'il faudra. Vous avez toute ma confiance. Et... n'oubliez pas les fraises, Pentecost !

– Ça, monsieur, croyez-moi, je n'oublierai pas.

Higginson se leva, marquant la fin de l'entretien. En serrant la main de Dick, il ajouta :

– Vous irez loin, Richard, si vous ne faites pas de bêtises. Ah ! J'oubliais. Réservez votre cabine au grand chef.

Dick descendit l'escalier en grommelant :

– J'irai loin... j'irai loin... oui, dans les îles avec mon bateau et... j'irai dormir où, moi ? Perché sur le beaupré pour avoir plus d'air ? On m'enlève même ma cabine. Ce Pacifique, c'est incroyable. Et qu'est-ce qu'il imagine, le Prophète, que je vais me retrouver dans la peau d'un maraîcher ? « Richard Trevor Pentecost : Fruits et légumes ». Mais il se prend pour le Bon Dieu... lui aussi.

Nicolas Hagen leva les yeux de son éventail de cartes et essaya de deviner sur le visage de Dick si son entretien avec Higginson avait été agréable :

– Alors ? Ça s'est bien passé ? Es-tu promu pacha de la marine Higginson & Co dans le Pacifique ? Que t'a prédit le Prophète ?

– En fait de prédiction, il m'a... envoyé aux fraises !

Et, toujours complices, les deux jeunes gens éclatèrent de rire.

À soixante ans passés, Nidoish Naisseline dégageait encore une force physique impressionnante. Pourtant il était mince, son visage aigu d'oiseau de proie rayonnait d'une sorte de sérénité qui en imposait. Les épreuves par lesquelles il avait passé, la prison, les vexations dont l'avait accablé une administration française tatillonne et méprisante, ne semblaient pas l'avoir atteint. Il avait été, dans sa jeunesse, un guerrier impitoyable. Il était devenu sage.

– Il est des choses que vous autres, *gadas*, ne pourrez jamais comprendre, dit-il le soir à Dick au carré, pendant que *La Marie* doublait l'île des Pins, ajoutant dans un sourire : À Maré, nous appelons les Blancs « gadas ». Il poursuivit : J'ai contesté la loi française parce que je n'acceptais pas qu'elle décide de la délimitation de mes terres à sa guise. Je viens de subir une année de tribulations ; désormais, on m'appelle Hnawosse, « le Prisonnier », prénom que j'assume avec fierté et qui sera transmis à mes descendants. Pendant cette année-là, j'ai été exilé sur la Grande Terre. On ne sait pas ce qu'est l'exil tant qu'on ne l'a pas vécu ; tant que l'on n'a pas été arraché par la contrainte à son univers. L'exil, c'est se retrouver ailleurs, dépouillé de son passé, nu, privé de son identité, de ses paysages familiers. Tout a disparu, comme effacé. L'exil, c'est ne plus respirer sa terre mouillée par la rosée, c'est ne plus être réveillé par l'oiseau bavard de l'arbre voisin. L'exil, c'est ne plus entendre ses petits-enfants rire ou pleurer dans la case à côté, c'est ne plus les voir grandir, s'étonner, questionner, s'amuser. L'exil, c'est une couche froide, vide d'un corps de femme épanoui. L'exil, c'est la fleur qu'on ne voit pas éclore. L'exil, c'est l'horizon qui a sombré.

Après un long silence, Nidoish poursuivit :

– Préserver notre appartenance à la terre fait partie de la mission que mes ancêtres m'ont transmise. Nous, Maréens, voulons rester « les maîtres du sol et du temps ». Nous ne voulons pas nous laisser repousser de nos terres. Nous ne voulons pas d'un temps programmé en jours, en mois, en années.

Bien qu'il le possédât parfaitement, le vieux chef se refusait à parler anglais. Il n'utilisait que la langue de Maré, le *nengone*. Et Luès traduisait. Quand il avait vu arriver l'interprète, Dick s'était senti pris d'une joie qu'il ne comprenait pas et qui le surprenait confusément. Il dut se retenir d'embrasser Luès, comme un vieil ami perdu de vue depuis longtemps. Et Luès, sans doute, refréna aussi cet élan qui le portait vers Dick. Comme toujours, il masquait ses sentiments sous cette causticité très anglaise qui, sans qu'il s'en rendît compte, le condamnait à une certaine solitude. Et Dick qui, à l'imitation de son maître ès blackbirding, Petersen, jouait d'ordinaire avec les indigènes de la rondeur, de la truculence, des bonnes blagues et des grands coups de poing sur la poitrine, retrouva tout à coup sa réserve anglo-saxonne.

Les deux hommes se contentèrent d'une brève et machinale poignée de main, un « bienvenue à bord » d'un ton où toute chaleur était absente, mais souligné d'un sourire à peine esquissé. Puis Dick fit visiter le bateau à ses passagers, puisque, le temps de cette traversée, il avait été promu capitaine. Un capitaine sans cabine ! Lorsque Nidoish Naisseline était monté à bord, les matelots, tous de Maré, avaient formé spontanément une haie d'honneur au vieil homme de retour d'exil, en gardant respectueusement les yeux baissés.

Dick avait voulu que le dîner soit de qualité et qu'une tarte aux fraises soit servie au dessert. Le grand chef n'accepta qu'un verre de vin, dont il ne but que trois gorgées. Dick le questionna sur ses intentions une fois de retour chez lui. Naisseline affirma sa volonté de faire de Maré une terre française, à condition que la coutume et la religion du pasteur fussent respectées par les autorités. Dick était sous le charme du vieil homme dont le regard restait d'une attention exceptionnelle. Cependant ses yeux d'un marron comme délavé n'étaient que nostalgie, une nostalgie vertigineuse, insoutenable. Et la nostalgie n'est pas une couleur.

La Marie s'affourcha au large de Netché. En un rien de temps, la goélette fut entourée par une nuée de pirogues et la plage envahie d'une foule joyeuse, impatiente d'exprimer son profond respect à son grand chef. Le capitaine eut quelque mal à rétablir un semblant de discipline parmi l'équipage. Il dut lui-même, aidé par Luès, mettre deux baleinières à l'eau. Majestueux, ému, Nidoish s'installa dans la première avec l'équipage. Dick et Luès se retrouvèrent seuls avec Watson, le second. Ils durent charger la deuxième baleinière des marchandises destinées à la chefferie, dont les fameux cageots de fraises. Puis ils ramèrent vers le rivage. Dick était inquiet de laisser un seul homme à bord. Il s'en ouvrit à Luès qui le rassura :

– Nous ne sommes pas comme vos sauvages des Islands. Nous, Maréens, ne sommes pas des chapardeurs. Votre cargaison ne risque rien. Nous sommes des négociants.

– C'est bien ce qui m'inquiète, répliqua Dick en riant.

Il échoua leur embarcation sur la petite plage de sable blanc que dominaient les hautes cases rondes de la chefferie. Ils furent aussitôt entourés de femmes et d'enfants aux yeux démesurément grands, intimidés par le géant roux qui tentait de fraterniser avec eux. Luès donna aux femmes quelques ordres brefs. La baleinière fut déchargée de ses caisses. On les entreposa dans un bâtiment en pierre, non loin de là.

– Aujourd'hui, c'est jour de fête à Netché, dit Luès. Naisseline, le Prisonnier, l'exilé, est de retour. Regardez ce bloc de corail entouré de graviers... C'est la Watchal. Notre roche sacrée. Durant toute cette année où Nidoish était en prison, elle a pleuré chaque soir. Mais, aujourd'hui, la mer a lavé son chagrin. Elle est heureuse désormais.

– Dites-moi, Luès, ça sent le paganisme à dix pas, ce que vous me racontez là. Vous, le disciple du pasteur Jones ! Tiens, au fait, il n'est pas venu accueillir le grand chef, le révérend.

– Laissez Jones où il est, à Rô. Le révérend Jones est un homme de Dieu. Il a préféré, en homme d'Église, le remercier dans la solitude de la prière et laisser aujourd'hui le grand chef tout à son peuple.

Sur une vaste pelouse qui faisait office de place du village, hors du muret de corail blanc qui délimitait la grande chefferie, une longue table avait été dressée sous un auvent de feuillage. Et, sur un lit de rames de cocotier tressées, le repas avait été disposé. À côté des poissons fumants, s'étalaient des *bougnas* de poulet et de langouste agrémentés d'ignames mauves et blanches, de patates douces jaune curry. Plus loin, s'accumulaient toutes les variétés de fruits de l'île apportées par chaque tribu voulant célébrer le retour du grand chef.

Les femmes, en longues robes blanches aux motifs verts, avaient paré leur lourde chevelure de fleurs de frangipanier et d'hibiscus. Les hommes portaient sur leur tête des couronnes de fougères. Les enfants, déjà excités, en culotte ou en pagne, couraient entre les jambes des grands et se poursuivaient en riant, sous la surveillance de grand-mères placides et bavardes assises sur l'herbe ou sur des nattes. On aurait pu se croire dans une noce de campagne, dans le Sussex, s'il n'y avait eu la caresse de l'alizé, embaumée d'une odeur suave de coco. Le grand chef présidait en bout de table :

– Cap'tain Dick, dit-il en anglais, venez vous asseoir à mes côtés. Connaissez-vous mon fils Yeiwéné ? Et mon épouse ? Vous savez que mon épouse est la sœur de Luès ?

Dick regarda plus attentivement cette femme tranquille au sourire apaisé qui vivait ce moment avec une étonnante sérénité. Il fut alors frappé de voir comme en l'espace de si peu de temps Naisseline s'était détendu et son regard, adouci. Il s'installa à côté de lui et commença à manger d'un féroce appétit, ressentant lui aussi un soulagement imprévu d'avoir mené sa mission en douceur.

Nidoish raconta à sa femme la tarte aux fraises servie à bord et entreprit Dick sur la culture du fruit, tel un vieux fermier madré. Il avait déjà délimité le champ où pousserait son fruit favori. Dick de son côté, qui n'avait jamais taillé la moindre plante de sa vie, improvisa allégrement et assura que, finalement, il pouvait devenir indispensable dans ce travail délicat. Il parla, quoique dans un ordre fantaisiste, de terre végétale, de désherbage, d'arrosage, de binage.

– Et savez-vous aussi construire des maisons comme il y en a à Nouméa, cap'tain Dick ? demanda Nidoish étonné de renouer aussi vite et aussi simplement avec la vie d'avant son exil.

C'était ça. Il aurait dorénavant dans sa vie une période repère autre que celle de la récolte des ignames ou de la levée d'un deuil. Il dirait maintenant « avant que je sois exilé » ou « depuis que je suis rentré d'exil ». Son comportement en serait-il modifié ? Il était troublé tout à coup par cette notion de mesure du temps qui commençait à se préciser et à laquelle il n'avait jamais autant pensé auparavant. L'an dernier encore, ce n'était pas au début de l'année ou en fin d'année que la tribu plantait les ignames, mais au moment du passage des baleines. Il regarda Dick, songeur. Il n'avait pas entendu sa réponse à la question qu'il lui avait posée et n'osa pas lui demander de répéter. Il se promit de l'interroger un peu plus tard sur les maisons qu'il faudrait construire dans son île. Nidoish était heureux.

– Si vos fraises me satisfont, cap'tain Dick, je vous promets de vous allouer un grand terrain à Netché et vous y construirez votre maison. Ce sera notre témoignage de reconnaissance à votre contribution au bien-être des Maréens.

Le repas se prolongea tard dans la nuit. Il faisait doux. Chacun se levait de table pour un oui ou pour un non, s'asseyant à une autre place laissée vide par quelqu'un qui avait rejoint un groupe un peu plus loin. Les hommes se penchaient à l'oreille du grand chef pour lui chuchoter quelque confidence ou déjà quelque supplique. Nidoish répliquait alors de sa voix grave et douce ; un sourire amusé ne l'avait pas quitté de la soirée. Son épouse, fière et heureuse, lançait quelques plaisanteries de connivence contre lesquelles il bougonnait sans conviction.

Vers 10 heures du soir apparurent, encadrées par des hommes portant des flambeaux, une trentaine de jeunes filles vêtues de robes blanches qui s'installèrent en carré devant Nidoish. Un chant s'éleva, aigu, puissant et tendre. Sans en comprendre les paroles, Dick en ressentit des frissons qui le déconcertèrent. Il basculait dans un monde inconnu. La mélodie l'enrobait comme une caresse. Il eut le sentiment brutal et voluptueux d'avoir trouvé son île. Ce chant la lui faisait découvrir. Parmi les choristes, une jeune fille le regardait avec une grave intensité. Sa lourde chevelure, l'ovale de son visage d'ambre, si parfait qu'il avait envie d'en suivre la courbe de ses doigts, évoquaient en lui un vague souvenir. Après avoir promené son regard discrètement tout autour, il fut convaincu que c'était lui qu'elle fixait ainsi. Il eut l'impression qu'elle était seule à chanter et qu'elle ne s'adressait qu'à lui. Enfin les voix et l'accompagnement firent silence comme une vague qui se perd dans le sable. Nidoish avait perçu l'envoûtement dans lequel semblait être tombé Dick. Il ne voulut pas lui voler ce moment. Il se leva en silence. Dick, machinalement, en fit autant.

Les choristes se dispersaient. Dick, d'un pas hésitant, essayait de se repérer dans la nuit, espérant retrouver ce visage, cette silhouette. Une main se posa sur son épaule. C'était Luès. Et, à côté de lui, la jeune fille.

– Peut-être ne reconnaissez-vous pas Wadreng, ma jeune sœur ?

– Wadreng ? Vous ! L'enfant grimpée sur mon cheval et qui en a glissé avec tant de légèreté ?

Luès, appelé par le grand chef, s'éloigna. Dick réalisa tout à coup une évidence :

– Mais Wadreng, vous êtes alors aussi la sœur de Sophie, la femme du grand chef ?

– Bien sûr, confirma-t-elle en riant. Vous ne saviez pas ?

– Comment le deviner ? Découvrir déjà que tu es ma petite amazone... Tu as changé, Wadreng. Et tu es devenue très belle !

– Alors, tu ne m'as pas oubliée ?

Ils avaient adopté le tutoiement sans s'en être rendu compte. Tout aussi naturellement, il lui prit la main et ils se mirent à marcher.

– Je n'ai jamais arrêté de penser à toi depuis ce jour où tu m'as fait monter sur ton cheval. Quand tu venais sur ton bateau, à Rô, ou à Netché, moi, je me cachais et je te regardais travailler. Tu avais l'air tellement occupé. Et puis tu repartais. Et moi, je n'ai jamais osé me montrer. Je pensais que j'aurais pu te fâcher en venant te déranger. Mais j'étais triste, quand ton bateau s'éloignait, de ne pas l'avoir fait. Et je me disais : « La prochaine fois je lui parle. » Il y en a eu des prochaines fois ! Mais je restais cachée. Je t'ai attendu si longtemps.

– Viens, dit-il en l'entraînant vers la plage.

L'eau qui venait y mourir ressemblait à une présence discrète et consentante. Ils se regardèrent étonnés et furent tout à coup conscients de l'instant exceptionnel qu'ils étaient en train de vivre. Dick posa ses mains sur les épaules de Wadreng. Elle leva son visage. Il inclina le sien.

Le sable garda toute la nuit l'empreinte de leurs corps.

Les montagnes solennelles et austères de la Nouvelle-Calédonie avaient caché longtemps leurs richesses minières sous d'épaisses touffes de végétation.

Dick écoutait Nicolas lui raconter les grands bouleversements que vivait la Grande Terre avec la mise en exploitation des gisements exceptionnels de nickel qui avaient été découverts. La Nouvelle-Calédonie avait peu de plaines pour nourrir les hommes ; elle leur offrait aujourd'hui ses montagnes pour les faire vivre. On disait que les réserves de garniérite, ce minerai nickélifère, seraient probablement les plus importantes jamais recensées dans le monde. La ruée vers le nickel avait remplacé celle de l'or. Beaucoup voulaient en être. Les sentiers escarpés étaient sillonnés de prospecteurs, une pioche en main, appliqués à entailler toutes les pierres à reflet turquoise affleurant à la surface des roches.

La mise en chantier des mines de Boa-kaine, de Bel-Air et très vite de nombreux autres sites miniers créa sur la côte est une forte activité : hommes, chevaux, machines se relayaient pour acheminer le minerai en bord de mer, là où les grands voiliers venaient le charger avant de repartir vers les hauts fourneaux d'Australie, de France ou d'Angleterre.

Nicolas poursuivit son récit en parlant à Dick des travaux entrepris à Nouméa, à la pointe Chaleix, pour la construction d'une usine de fusion du minerai.

– Tu penses bien, continua Nicolas, que Higginson et son associé ont vite vu la plus-value, et par conséquent, les bénéfices, qu'ils en tireront. On dit même qu'ils se sont aussi associés avec Jules Garnier et un banquier parisien pour créer une société. Higginson et Hanckar ont dû, je pense, apporter les permis d'exploitation des gisements de Thio, Canala, Houailou et d'autres sites, Jules Garnier a probablement apporté sa technique de transformation de minerai et, pour sa part, le banquier doit logiquement... financer, conformément à sa vocation. On dit que le banquier serait Rothschild... la branche parisienne.

– La Société Le Nickel dont on parle sans arrêt, ça serait donc ça ?

– Tout juste. Il paraît même que Rothschild a aimé. Il aurait racheté aux deux pères fondateurs, trois ou quatre ans après, leurs actions. Il n'est d'ailleurs pas le seul.

– Mais l'activité minière, vue de loin, ne semble pas être une sinécure. À chaque fois que je débarque à Nouméa, j'entends parler de crise, de baisse des cours, de reprise, de remontée des cours. Enfin, c'est à n'y rien comprendre.

– Écoute, réfléchis deux minutes. Tout à coup, un beau jour, la Nouvelle-Calédonie découvre, dans ses montagnes, du minerai, commence à l'extraire et le met à la disposition de ceux qui en ont besoin. Ce n'est pas parce qu'elle propose ce nouvel approvisionnement que les besoins des utilisateurs vont tout à coup se mettre à augmenter. Alors, en attendant qu'on ait trouvé d'autres marchés, les tas s'amoncellent, soit en bord de mer, soit au Havre. Les acheteurs sont repus. Le minerai ne se vend plus, les cours baissent. La loi de l'offre et de la demande. Il faut trouver le moyen de fabriquer moins cher que les concurrents pour vendre à meilleur prix, écouler sa production et continuer à exister.

– Et, à ton avis, comment a fait Higginson pour produire moins cher ?

– Tu n'imagines pas ! D'après ce que l'on dit, il aurait passé, il y a quelques années de cela, un marché avec le responsable de l'administration pénitentiaire. Comme le sucre ne l'intéressait plus parce que cette activité périclitait, il a cédé son usine près de Bacouya à l'État, contre une main-d'œuvre sur mine de trois cents bagnards pendant vingt ans.

– Dis-moi, Nicolas, un négrier, je sais ce que c'est, mais ça, ça s'appelle comment ?

– Bon, Dick, laisse-moi continuer mon brillant exposé, tu me fais perdre le fil de ma démonstration en m'interrompant à tout bout de champ ! Je disais donc que les gagneurs sont ceux qui se placent le mieux sur le marché parce qu'ils en ont deviné à temps les faiblesses, qu'ils s'y sont préparés et qu'ils seront ensuite les premiers à rebondir dès que la crise s'effacera ; ils sauront aussi tirer profit des nouvelles techniques qui ne demandent qu'à s'ouvrir sur un nouveau marché, car, forcément, au bout d'un moment, ça redémarre. Ils sont prêts. Ils proposent le minerai à un prix plus attrayant que celui du voisin. Les stocks chez les utilisateurs ayant baissé, c'est à eux que l'on s'adresse en priorité. Parallèlement, les recherches dans l'industrie métallurgique ayant progressé, on trouve au métal des qualités fantastiques, l'utilisation décuple, les tas de minerai qui attendent en bord de mer ou ceux du Havre baissent. Et c'est reparti... Jusqu'au jour où des bruits alarmants annoncent qu'un autre pays découvre chez lui d'aussi beaux gisements.

– Où ?

– Je ne sais pas, moi ! On parle du Canada. On peut imaginer que les Canadiens ont découvert, à leur tour, chez eux, sous la neige, des gisements fabuleux. Ils vont extraire le minerai, le proposer sur le marché et crac ! À nouveau surproduction pour les besoins du moment. Et qui dit surproduction dit concurrence, chute des cours, récession et on repart dans les montagnes russes. Peut-être qu'un jour on arrivera à un équilibre, mais quand et comment ? Ça, c'est à voir. La loi de l'offre et de la demande, Dick. Je te l'ai déjà dit. Tout est là.

– Tiens, à propos de Canadien, j'ai entendu dire que M. Bernheim qui exploite de gros gisements sur la côte ouest, à Népoui, aurait cédé son affaire à International Nickel. C'est d'un compliqué... Moi je préfère la mer.

Négocier sa route sur l'océan paraissait à Dick beaucoup plus simple. Mais lui aussi commençait à sentir que même dans son métier de recruteur, la vie n'était plus comme avant. Il demanda à Nicolas de lui expliquer pourquoi le gouverneur avait décidé d'interdire à la Calédonie le recrutement de la main-d'œuvre hébridaise.

Nicolas adorait que Dick l'interroge. Lui, qui admirait tellement Dick et sa bravoure, avait l'impression, lorsque son ami le questionnait, de se sentir enfin son égal. C'était aussi l'une des raisons pour lesquelles il suivait attentivement ce qui se passait sur la Grande Terre pendant que Dick était en mer. Il voulait l'impressionner à son tour. Et il y parvenait. À la nouvelle question de Dick, il se frotta les mains de plaisir. Là aussi il pouvait répondre, mais il se demandait tout de même si Dick ne se moquait pas de lui. Aussi choisit-il la prudence.

– Comment, toi, toi qui es sûrement passé plus récemment que moi aux Hébrides, tu me poses cette question ? Dick, tu me fais marcher !

– Non, juré, explique.

– À force de faire venir des forçats...

– C'est le cas de le dire !

– Bon je reprends : le nombre de bagnards qui arrivent ici chaque année, depuis... 1864, je crois, représente aujourd'hui beaucoup de bras pour travailler. Alors ils ont trouvé préférable d'employer ces gens-là plutôt que d'en faire venir de l'extérieur. De toute manière, j'ai entendu dire que notre réputation d'employeurs n'est pas terrible : « *Nouméa no good, Nouméa no pay* »... Les volontaires ne sont pas légion.

Higginson, qui avait pour sa part jugé inacceptable la décision du gouverneur, avait cherché comment la détourner. Il trouvait inadmissible de devoir se priver d'une main-d'œuvre en tous points appréciable. Ses mines avaient besoin d'hommes. Extraire le minerai à la pioche, le déplacer en brouette, le trier, le tamiser, le charger à dos de mulet ou faire glisser les sacs sur des filins installés à flanc de montagne, le travail était énorme, la chaleur épuisante. Les Hébridais étaient précieux pour exécuter ces tâches.

Higginson éprouvait une grande fierté de sa nationalité française nouvellement acquise. Ayant épousé, en même temps que la France, ses amitiés et ses antipathies, il considéra qu'il devait faire quelque chose pour son nouveau pays. « Autant faire d'une pierre deux coups », pensa-t-il. Et puis il tirerait de cette opération une respectabilité qui n'était pas à négliger.

Il avait observé d'un œil soupçonneux les planteurs anglo-saxons, fidjiens et australiens acquérir de plus en plus de terres aux Nouvelles-Hébrides, dans les îles de Santo et de Vaté en particulier. La prise de possession de l'archipel par la *perfide* Albion était sournoisement en marche. Pour Higginson, c'était inadmissible. Les Nouvelles-Hébrides devaient revenir à la France, même si celle-ci minaudait en face de l'Angleterre. En métropole, il rencontra des hommes politiques, il fit le siège de ministères, il lança des campagnes d'information. Mais ces démarches ne suffirent pas à ébranler la France trop attentive aux humeurs de la Grande-Bretagne. Il décida donc de s'en charger, seul, ou presque.

Il débarque un beau matin à Port-Vila pour acheter l'archipel avec des fonds recueillis à Nouméa : les Hébrides devenant françaises, la population le sera aussi dans la foulée ; rien ni personne ne pourra plus alors s'opposer à la venue de la main-d'œuvre néo-hébridaise en Nouvelle-Calédonie. Il charge Alphonse Bernier d'inventorier les lieux les mieux adaptés à l'installation de planteurs qu'il fera venir de métropole. À bord d'un petit bateau, Bernier, aidé d'un équipage indigène, achète les terres en bord de mer, les plus faciles d'accès, et remonte jusqu'à Santo. De plantation en vallée, de forêt en cocoteraie, en l'espace de quatre ans, la moitié des Nouvelles-Hébrides devient la propriété d'une société fondée par Higginson et dont l'objectif est de redistribuer une partie des terres acquises sous forme de lots de colonisation à des immigrants français. Comme le gouverneur Feillet en Nouvelle-Calédonie, Higginson veut peupler « français » les Nouvelles-Hébrides. En métropole, il cherche des paysans prêts à le suivre dans cette aventure.

L'Angleterre s'en émut, la France la rassura.

La santé de David Gubbay n'était pas brillante. Il rentrait de Brisbane où il venait d'installer une succursale. Là-bas, une violente crise d'asthme l'avait très affaibli, l'obligeant à se reposer quelques jours avant de rentrer. Il avait eu peur, décidant qu'à son retour à Sydney il prendrait en compte les recommandations de son médecin et, aussi, qu'il avouerait tout à Matilda.

Elle s'inquiéta lorsqu'elle le vit. Sa mine ! Dans quel état il revenait ! Ce n'était pas raisonnable ! Elle allait s'occuper de lui et l'obliger à se reposer.

– Non, Matilda, ce n'est pas ça. Assieds-toi. Il faut que je te parle. C'est vrai j'ai eu une violente crise d'asthme, mais ce n'est pas tout. J'ai quelque chose à te dire. Je vais te quitter.

Matilda n'avait pas entendu les derniers mots, ou plutôt ils n'étaient pas arrivés jusqu'à elle. Comme si le flux des paroles de David avait été tout à coup arrêté par une paroi de verre. Le silence. Matilda réalisait lentement. Sur son visage la stupéfaction s'était superposée à l'inquiétude. Elle ne lui fit pas répéter ce qu'en réalité elle avait tout de suite compris. Elle se leva, les yeux déjà brillants des larmes prêtes à basculer et à glisser le long de ses joues. Elle demanda à David de surveiller les enfants et courut se réfugier dans le jardin. Insensible ce soir-là au parfum des roses de fin du jour, elle rappela à sa mémoire toutes ces années passées avec David, cherchant les failles qui finissent par créer, si l'on n'y prend pas garde, les gouffres que l'on ne peut plus combler.

Profondément blessée par cette rupture qu'elle n'avait pas vue arriver et qui se produisait relativement tôt dans le cours de sa vie,

Matilda eut l'impression que son cœur allait cesser de battre définitivement lorsqu'elle entendit David lui expliquer doucement qu'il garderait avec lui leurs deux enfants, Abdallah et Albert.

– Pourquoi ? lui demanda-t-elle atterrée.

– Il est nécessaire que des garçons soient élevés par leur père pour devenir des hommes, avait-il répondu immédiatement pour éviter une discussion qui, de toute manière, ne le ferait pas revenir sur sa décision.

– Mais, David, je pourrai tout de même les voir, lui avait-elle demandé, ajoutant tout bas, prête à toutes les concessions : De temps en temps.

– Cela ne sera pas possible. Je les emmène avec moi en Nouvelle-Calédonie.

– Mais pourquoi en Nouvelle-Calédonie ? Pourquoi si loin...

– Parce que là-bas je pourrai soigner mon asthme qui s'aggrave d'une façon inquiétante.

Quelques semaines plus tard, David se sépara officiellement de Matilda et embarqua avec ses deux fils pour Nouméa.

Son médecin lui avait expliqué qu'il existait là-bas une essence médicinale exceptionnelle tirée d'un arbre parent de l'eucalyptus, le niaouli. Cette essence fait miracle sur les bronches des asthmatiques. On l'appelle l'huile goménolée. Elle est produite dans le nord de l'île, à Gomen. En partant à Nouméa, David serait à la source même de son médicament et comme il parlait couramment le français quoique avec un léger accent, tout était pour le mieux. Et ce fut encore mieux lorsque arriva de Sydney Jane Grant, accompagnée de ses deux propres enfants, Emily et John Child, approximativement du même âge que les siens. Il l'épousa à Nouméa, un jour de Noël.

Stupéfié par la beauté insoupçonnée de l'île, David n'en finissait pas de l'admirer et de la raconter à Jane. Longiligne, altière, la Nouvelle-Calédonie semblait porter un jupon d'écume galonné de récifs majestueux qui la protégeaient de l'océan profond sur tout son pourtour. Son lagon d'azur, vaste comme une mer, caressait en toute quiétude ses rivages. La côte ouest sauvage offrait son littoral imposant au souffle des alizés qui mouraient en se blottissant au pied de la longue chaîne centrale. Des montagnes fortes, nimbées de reflets parme au couchant, sculptées d'arêtes dénudées épousaient les vallées tapissées de forêts verdoyantes. Puis, comme si ses montagnes lui étaient remparts, elles basculaient sur la côte est et recouvraient l'île dans un pêle-mêle de végétation tropicale jusqu'aux plages sablonneuses.

David ne se sentait pas dépaysé en Nouvelle-Calédonie. Autant Sydney lui avait paru une grande ville tournée vers la mer, autant Nouméa était une jolie main qui jouait à attraper le lagon. Ses doigts longs et potelés semblaient dessiner des plages, des baies, des péninsules et des isthmes rieurs.

La vie de la nouvelle famille Gubbay, riche maintenant de quatre enfants, Abdallah, Albert, Emily et John Child, s'organise. Cette fois-ci non plus autour de la fabrication de bonbons, mais autour de la production de savon.

Les noix de coco, lourdes de leur coprah, viennent des îles Loyauté si proches de la Grande Terre. Le petit atelier de transformation est installé contre la maison choisie près de la baie de l'Orphelinat, au bord de l'eau. Avec un bruit de craquements ininterrompus, un broyeur écrase et concasse les noix séchées. De l'huile recueillie se dégage une odeur rance et douceâtre qui envahit tout le quartier.

C'est David qui va réceptionner sur le quai les sacs de noix de coco. Il connaît les capitaines et les subrécargues de chaque cotre et de chaque goélette qui assure la ligne. Il s'informe auprès d'eux de la vie des îles, aux Loyauté, mais aussi aux Nouvelles-Hébrides. Cet archipel l'intéresse. Et puis, en assistant au débarquement des cargaisons, il repense à ses promenades sur les quais de Hong Kong. Il aime cette agitation d'allure brouillonne, mais en réalité parfaitement organisée. Il lui semble là aussi, en respirant le vent du large, humer une part d'aventures réservées à d'autres, ceux dont la santé ne semble pas être une menace et un risque supplémentaire. Il manifeste toujours un grand plaisir lorsqu'il aperçoit la haute silhouette de Richard Pentecost. Il attend que Dick descende à quai pour aller le saluer. Ils peuvent ensemble parler en anglais, la langue de leur jeunesse, que David a pratiquée d'abord à Calcutta, son lieu de naissance.

Mais il était dit que le tempérament des Gubbay était de faire commerce plus que de transformer. Après quelques années passées à traiter le coprah, David s'installa en pleine ville, rue de l'Alma, et ouvrit un comptoir proche de celui des Ballande et des de Béchade de Bordeaux et non loin de celui des Barrau venus du Havre.

Dans son magasin, les commis protégés du long tablier noir traditionnel transvasaient les marchandises de caisse en bocal, de baril en bouteille. L'alimentation n'était pas loin des outils de jardin, des pelles et des brouettes, les articles de quincaillerie sont juste en face des tissus, de la mercerie et des nouveautés. Les sacs de blé, de maïs, de lentilles côtoyaient les bocaux d'olives, les poissons fumés, les fromages sur marbre, les jambons séchés. L'entrepôt de ces marchandises et leur exposition supposaient une superficie conséquente du magasin qui avait entraîné une conception ingénieuse, sinon efficace, du système d'encaissement : *Lamson Paragon*. Un réseau de fils de fer aériens tendus au-dessus des têtes des clients permettait à l'employé d'expédier un petit wagonnet suspendu à sa roue, chargé, à l'aller, de l'argent et du ticket du client, puis, au retour, de la monnaie et du ticket de caisse rendus par la caissière. L'employé et la caissière actionnaient à l'aide d'élastiques en extension les wagonnets propulsés à vive allure dans leurs navettes. Les enfants adoraient contempler ce spectacle.

David portait une attention toute particulière aux vins qu'il faisait venir de métropole. Leur dégustation au bout du monde était peut-être une façon agréable pour les Calédoniens d'extérioriser leur appartenance à la France lointaine tout en jouant les connaisseurs. En tout cas, ce sentiment était le prétexte rêvé pour goûter ce qui était toujours annoncé comme le nectar des vignobles de leur pays d'origine. L'Anglo-Saxon David se demandait parfois si ces Français ne cherchaient pas à se valoriser aux yeux des étrangers en voulant être identifiés aux provinces réputées pour leurs coteaux ensoleillés chargés de pieds de vigne parfaitement alignés. La plupart des vins arrivaient en tonneaux de Bordeaux. Leur voyage à fond de cale des voiliers les bonifiait, disait-on.

Et, pour en préserver le bouquet, on ne les mettait en bouteilles que les jours où le temps n'était pas à l'orage. David avait aussi diversifié ses fournisseurs en commerçant avec Alger et la maison Sorensen qui lui expédiait du vin des grappes mûries au soleil de Mascara et lui envoyait également des olives, des épices et de l'huile de la plaine de la Mitidja, de la vallée du Chelif et du Constantinois. Il y avait même à la vente, sur une étagère, bien en rang comme des sentinelles vigilantes, de petits flacons d'huile goménolée !

Pour sa part, David expédiait du coprah et du café aux établissements Leenhardt à Marseille ou Raoul Duval au Havre.

David était devenu un commerçant important. Il ne dédaignait pas de s'habiller en costume blanc à gilet. Il vivait maintenant dans une belle demeure coloniale qui était entourée d'une large véranda, rehaussée et soutenue par des arches élégantes. Chaque jour, il se promenait le long du rivage dans son sulky tiré par un cheval de son écurie. David se félicitait d'avoir préféré le commerce à l'exploitation minière, tant les fluctuations des cours du nickel lui paraissaient dangereuses ; la courbe des revenus miniers prenait des allures de dents de scie qui rendaient à ses yeux cette activité suspecte. Et puis le gouverneur Feillet ne pratiquait-il pas une politique d'immigration suivie en faisant venir de France des paysans libres ? La population allait vite s'accroître. Tout cela était bon pour le commerce.

L'éducation des enfants se poursuivait sans heurt, mais, de l'avis de David, l'âge pour les garçons de recevoir une instruction plus anglo-saxonne était arrivé. De son passage en Australie, il avait gardé à l'esprit le nom de collèges déjà renommés, avec l'intention secrète d'y envoyer ses fils le moment venu. C'est ainsi qu'Abdallah entra à Fort Street School dans le quartier des Rocks à Sydney.

Le séjour d'Abdallah Gubbay à Sydney fut d'aussi courte durée que celui de son père débarquant de Calcutta : le temps de se familiariser avec le surnom que ses camarades australiens lui donnèrent : Dal.

Il était en effet très important d'éviter ces pertes de temps qu'un prénom de cinq syllabes peut provoquer lorsqu'il est prononcé au cours d'une partie de ballon ou dans des chuchotements interdits de dortoir. Abdallah ne trouva pas désagréable ce surnom qui claquait comme un fouet sur la croupe d'un cheval et lui éviterait dans le futur d'avoir à expliquer l'origine de son prénom. Il oublia vite qu'un jour au réfectoire il avait été hué pour avoir déclaré que Dal faisait à la réflexion *assez britannique.* Il aurait dû dire plutôt qu'il appréciait ce surnom *tellement australien.* On ne mélangeait pas les hémisphères dans le quartier des Rocks !

Dal venait de fêter ses seize ans lorsqu'il reçut un câble de son père lui demandant de rentrer à Nouméa : *Mon fils j'ai besoin de toi à Port-Vila.*

Port-Vila. Petite bourgade qui deviendrait bientôt capitale du condominium franco-britannique des Nouvelles-Hébrides. Cet archipel avait été découvert par hasard en 1606 par le Portugais Pedro Ferdinand de Queirós et son second, l'Espagnol Luis Vaez de Torres. Le navigateur, qui pensait avoir atteint le continent austral, débarqua avec ses marins sur une île qu'il baptisa Santo ou plus exactement « Terra Australia del Spiritu Santo ».

Mais Port-Vila était situé plus au sud, sur l'île de Vaté, où David Gubbay comptait déjà, parmi ses clients, un certain nombre de planteurs. Grâce à eux, il avait suivi de près l'anarchie qui régnait dans les relations incontrôlées entre les Mélanésiens, les planteurs et les blackbirders australiens ou calédoniens. Les mesures prises au fur et à mesure par les autorités françaises et britanniques avaient finalement conduit à la création d'une commission navale mixte chargée de protéger les Blancs, d'assurer le maintien de l'ordre, et par là même de mettre fin aux abus commis par certains blackbirders sans scrupules. Cette police maritime patrouillait l'océan sur des bateaux à vapeur. La fumée noire des cheminées grimpait si haut dans le ciel limpide et signalait si bien leur présence que les officiers ne relevaient que rarement des infractions sur les bâtiments arraisonnés... Mais David avait jugé les risques dans ces îles désormais limités et le moment venu d'installer une antenne là-bas. Dal était en âge de le seconder dans cette entreprise.

Partir à seize ans créer une succursale commerciale à des centaines de miles de chez soi, c'est tellement normal ! Personne ne discuta cette décision et Dal s'exécuta. Bardé de recommandations, de consignes et de directives, Dal arriva à Port-Vila. Au cours de la première semaine, il assista aux obsèques de cinq planteurs décédés de ces maladies tropicales où paludisme et dysenterie se disputaient les hommes affaiblis par de trop longs séjours sous ces latitudes ; la moiteur de l'air, les moustiques et une eau pas toujours saine décimaient sans difficulté la population venue d'ailleurs et qui s'épuisait à la tâche pour mettre en valeur des propriétés dont la prospérité était à créer.

« Finalement, les études avaient du bon », pensa-t-il. La vie d'adulte – surtout aux Hébrides – semblait présenter des risques qu'il n'avait pas soupçonnés.

Mais lorsque l'on a seize ans, tout est possible, même l'invulnérabilité. Dal apprit à parler bichlamar, que l'on appelait aussi *bêche de mer* ou *pidgin english*. Langue commune à toutes les îles de l'archipel, elle permettait à leurs habitants de communiquer entre eux sans difficulté. Pot-pourri étourdissant d'anglais, de français, de portugais et de polynésien, le bichlamar était une langue caméléon faite de métaphores, de périphrases. Elle s'adaptait et se transformait constamment. Elle était, par certains côtés, une langue « accordéon » qui soulignait l'importance d'une chose, en doublant le mot ; si on était anglais, on anglicisait, et si on était français, on respectait phonétiquement une consonance proche de la langue française. Pour exprimer une idée, il n'existait pas réellement de mot, alors on racontait son histoire. Le piano devenait « *something blon waïte man* [un truc de l'homme blanc], *big fella blak bonis* [une grosse boîte noire], *i gat full up toot* [avec beaucoup de dents], *kill'em toot blon kem* [quand on frappe sa dent], *em i cry* [il chante] ». Le brouillard devient en bichlamar la fumée du soleil, « *smoke blon sun* ». Quant au soutien-gorge, c'est un « *basket blon' titi* ».

Dal appliqua les consignes dictées par son père et mit en pratique ses conseils. Très vite il dut repartir à Nouméa pour rendre compte, exposer ses problèmes et recevoir de nouvelles directives. La ligne maritime régulière ne rendait pas possible ces aller et retour effectués en fonction des nécessités, ce qui conduisit Dal à acheter le *Snark*, un voilier qui avait appartenu à Jack London. Il avait trouvé beau ce deux-mâts qui balançait flegmatiquement ses hanches au mouillage.

– Attention aux récifs et aux hauts-fonds, petit, lui avait recommandé son père en ajoutant : Avec la mer, ça n'est jamais gagné et avec les patates de coraux qu'elle camoufle dans les parages, c'est encore plus dangereux. Sois vigilant, petit.

Vigilant, Dal le fut. Mais très vite il vécut sa première grande frayeur, un jour de cyclone, lorsque après un silence angoissant de tous les éléments, le vent commença à se lever et à souffler comme jamais il ne l'aurait imaginé. Le *Snark* était giflé et ballotté sur son bâbord puis sur son tribord, il piquait du nez dans les murs de vagues comme s'il sombrait. Les bois craquaient, la pluie cinglante et aveuglante ajoutait à la panique de l'équipage bousculé violemment dans un tangage indescriptible. Ce cauchemar durait depuis des heures lorsque tout à coup, étonnés, les hommes eurent l'impression que le calme et son silence étaient revenus. Dal comprit que le *Snark* se trouvait dans l'œil du cyclone et que cette accalmie serait de courte durée. Ne laissant pas à l'équipage le temps de souffler, il donna d'une voix sèche ses ordres comme un capitaine chevronné. Il savait que, pour maintenir le cap, il lui fallait un volontaire qu'il attacherait à la barre. Un garçon d'Ouvéa, aux muscles coulés dans le bronze leva la main. L'eau continuait à s'écraser violemment sur le pont. Le vent reprenait des forces. Ils avaient l'impression que tout l'océan cherchait à s'engouffrer dans la cale.

Douze heures durant, ils écopèrent à l'aide de récipients trouvés à bord. Douze heures durant, ils se relayèrent auprès du barreur enchaîné en essayant de lui faire partager par gestes leur espoir qu'ils s'en sortiraient. Tous étaient tellement appliqués, dans un automatisme devenu inconscient, à contrôler ce désordre de la nature que personne ne vit arriver l'accalmie au petit matin. L'épuisement des hommes avait alourdi leurs gestes. Lorsque enfin ils aperçurent l'une des îles Loyauté, ils jetèrent l'ancre comme on se débarrasse d'un mauvais sort, quittèrent le bord et se laissèrent tomber sur le sable tiède du rivage.

Ce drame évité était souvent évoqué chez David et Jane où personne ne savait que l'océan détestait être vaincu. Il livrait des batailles alors que les forces en présence étaient inégales. Mais il n'admettait pas d'autre vainqueur que lui. Il se moquait de la morale et de la justice des hommes. Il n'aimait pas être tenu en respect. Sa mémoire était phénoménale. Dans les profondeurs de l'océan rancunier, le nom des Gubbay était maintenant inscrit.

Le grand chef Nidoish Naisseline mourut trois ans après son retour à Maré. À tous les chefs de l'île, catholiques et protestants confondus, à ceux de Lifou et d'Ouvéa venus le saluer une dernière fois, il avait dit :

– Ne vous laissez pas abuser par les apparences du monde et n'accordez pas une place primordiale à la richesse. Écoutez plutôt la parole de Dieu. Sages et hommes de paix, vous serez ainsi reconnus dans vos chefferies.

Son fil Yeiwéné fut appelé Dokucaas, « le Chef unique ». Mais la mort de Nidoish ouvrit une ère de désordres, d'échauffourées, d'algarades, d'incendies et de bétail tué.

Le pasteur Jones et le père Beaulieu pensaient chacun de leur côté que leurs ouailles se menaient une guerre sainte. L'administration française était persuadée qu'il s'agissait de conflits territoriaux entre les diverses grandes chefferies qu'ils considéraient, à tort, comme de petits royaumes féodaux. Les cartes d'état-major furent déployées, l'évêché consulté, les marins alertés. Seuls les Maréens connaissaient l'origine lointaine du conflit qui remontait à la guerre contre les Eletoks. Les vainqueurs n'avaient pas eu le temps de se répartir, par palabre, les territoires conquis, car les Blancs étaient arrivés trop tôt. Il fallait être étranger à Maré pour ne pas savoir qu'il s'agissait de querelles de bornage entre clans, entre familles même. Les grands et petits chefs n'auraient dû avoir qu'un rôle d'arbitre.

Devant cette situation, il revenait à Yeiwéné d'analyser le poids des forces en présence. Dokucaas savait que l'armée française était bien plus puissante qu'une poignée de Si Gwama, courageux certes, mais armés de vieilles pétoires et de sabres d'abattis. Il avait gardé en mémoire le temps où son père avait été envoyé en exil à Nouméa et il devait surtout épargner à son peuple ce que les tribus de la Grande Terre subissaient. Il fallait que les hommes de Maré puissent rester « maîtres du sol et du temps » comme le rappelait souvent de son vivant Nidoish.

D'un côté, le pasteur Jones, colosse de Dieu, ne pouvait accepter que son œuvre, bâtie en trente ans de lutte et d'évangélisation, fût réduite, du moins il s'en persuadait, à néant. Il avait fait de Maré son île, voulant que les rudes et puritaines lois de sa religion pèsent sur chaque destin. Il se refusait à comprendre que son rêve n'était pas celui des Maréens. Il avait perdu ses repères en ayant voulu fondre en un seul pouvoir le temporel et le spirituel.

De l'autre côté, Luès. Il avait pris de l'assurance aux côtés de Nidoish et se démarquait maintenant du pasteur Jones. Mais il n'avait pas eu le temps de convaincre le grand chef des vertus d'une constitution « à l'anglaise » dont il aurait été le Premier ministre tout-puissant, imprimant, avec le temps, sa marque politique à la vie de l'île. Aujourd'hui, interlocuteur privilégié du gouvernement français, il découvrait comme une révélation les lois de la laïcité de Jules Ferry. Il s'en imprégnait et y prenait l'inspiration de ses ambitions : il rompit avec Jones et demanda l'expulsion des missions catholiques de l'est de l'île. Il tenta d'entraîner Dick dans sa course vers le pouvoir. Mais celui-ci fuyait comme la peste ces histoires de politique et de religion qu'il avait toujours jugées incompatibles. Et puis, il était trop occupé par les deux amours qui portaient sa vie haut vers le bonheur : Wadreng et la mer.

Ces trois années de tumulte dans l'île de Maré furent pour Dick les plus insouciantes de sa vie. Ses escales à Netché devinrent de plus en plus nombreuses. Au conseil de la grande chefferie, les anciens s'en inquiétaient, même. Le pasteur Jones y était pour quelque chose. Il reprochait implicitement à la sœur du petit chef des Si Waek de vivre hors des lois du mariage. Et de ce qu'il appelait la « conduite de Wadreng » il avait fait un moyen de pression dans ses rapports avec les autorités coutumières.

Luès se décida enfin à pousser son ami au mariage. Dick ne se fit pas prier.

Les noces de Richard Trevor Pentecost et de Wadreng Saïwéné, tante de Yeiwéné Dokucaas Naisseline, eurent lieu un peu plus tard dans la maison du pasteur Cru, un Français, qui avait été imposé au district de Guahma, par les autorités françaises. Dick était allé rendre visite au pasteur Jones pour le prier de venir célébrer leur union. Il avait été très mal reçu.

– Depuis trois ans, Richard, votre conduite est inqualifiable. Je vous observe. Vous n'êtes qu'un païen préoccupé par l'argent et le plaisir. Voilà, Richard. Vous n'êtes qu'un homme vivant pour son bon plaisir. Je ne me ferai pas votre complice. Non seulement je me refuse à célébrer votre mariage, mais je me refuse à y assister. J'ai appris d'autre part que vous avez déposé une demande de naturalisation française, est-ce vrai ?

– C'est exact.

– C'est le comble. La coupe est pleine. Ôtez-vous de ma vue, renégat.

Stupéfié par cet entretien, Dick regarda le pasteur Jones comme s'il le découvrait et, sans un mot, remonta à cheval. Il choisit un trot léger qui convenait à son humeur amusée.

Sans relater exactement à Wadreng les propos du pasteur Jones, il lui dit simplement que le pasteur ne viendrait pas, ajoutant en souriant, pour effacer toute trace de contrariété sur le visage de Wadreng :

– De toute manière, ce n'est pas lui qui se marie, c'est toi avec moi ; et moi avec toi. L'important est donc que nous soyons là tous les deux le jour de notre mariage !

Dick avait fait venir à Maré son ami maçon qui habitait sur la côte ouest de la Grande Terre. Il voulait agrandir et aménager la maison qu'il habitait avec Wadreng. Avant leur mariage, Dick avait déjà vécu avec Wadreng dans l'une des deux chambres. L'autre était alors occupée par Liz et Judith, les autres sœurs de Luès. Entre les deux, un salon dont la porte donnait sur l'allée principale. Toutes les pièces étaient peintes à la chaux, même la cuisine, séparée de la maison pour éviter que les odeurs ne se répandent dans les pièces de séjour.

Les sœurs de Wadreng déménagèrent, mais elles revenaient souvent. La maison était toujours bruyante de leurs rires et de leurs bavardages. Il y avait un va-et-vient permanent de plats chauds apportés dans des feuilles de bananier, de letchis, de mangues ou autres fruits juste cueillis, de couronnes tressées, d'enfants qui surgissaient en quête de caresses ou de douceurs.

La maison dominait une ancienne enclave du clan des Si Waek à côté de la chefferie Naisseline. L'endroit s'appelait Wébénéde, « là où l'on tape sur la mer pour attraper le poisson ».

Par la fenêtre, Dick pouvait regarder à loisir les femmes aux robes retroussées jusqu'à la ceinture, frappant l'eau de leurs bâtons pour faire jaillir les éclairs argentés des poissons affolés qu'elles pêchaient. Le fils du banquier de Brighton allait-il planter des fraises, surveiller la rondeur des letchis, l'arrosage des goyaviers ou construire des maisons et finir sa vie au sein de la tribu des Si Gwama, comme tout le monde l'espérait ?

Il naviguait. Son bateau allait d'île en île, chargé de coprah, de taros et d'ignames, chargé de travailleurs aussi, résignés ou insouciants. À Netché, Wadreng, sa femme, attendait un enfant, « l'enfant de Dick », aimait-elle à préciser avec une fierté avouée dans un sourire radieux. Mais elle cachait sa tristesse de ne pas voir Dick plus souvent, de le savoir si loin, si longtemps. Elle cachait ses larmes dans l'ombre, la nuit, hors des regards des siens et de ceux de la tribu consciente de sa solitude. Wadreng rêvait de voir Richard, ayant posé son sac comme il le disait, assis dans son grand fauteuil à bascule, sur la terrasse, face à la mer. Il fumerait sa pipe, ferait couler, avec méticulosité, l'absinthe sur le sucre, dans la cuillère percée, en sifflotant un petit air joyeux. Elle se tiendrait derrière son fauteuil, les mains posées autour de son cou. Puis, avec Luès et Nicolas Hagen, ils parleraient longtemps ; de ces conversations d'hommes dont les femmes ignoraient tout, qu'elles feignaient en tout cas d'ignorer.

Le dimanche, ils iraient ensemble au temple de Netché. Les femmes la regarderaient avec envie, son bras posé sur celui du géant roux aux yeux d'argent. Ensemble, ils seraient heureux de la promesse qu'elle portait en elle. Ensuite, après le prêche, tandis que Wadreng papoterait, assise sur la pelouse, avec les vieilles l'inondant de conseils, lui irait parler avec les hommes pour trouver de nouveaux équipages. Ces moments-là étaient si rares. Elle ne les vivait que lorsque Dick était en escale, déjà prêt à appareiller. En réalité, elle l'attendait, comme elle attendait son enfant.

Dick naviguait, c'était sa passion. Une passion qui s'était intensifiée depuis son mariage ; auparavant, lorsqu'il était seul, toutes les escales se valaient. Chacune avait son piment, sa saveur particulière. Nouméa pour les retrouvailles entre amis, les potins de la ville, les nouveaux visages, Brisbane pour décrocher de nouveaux contrats, pour la tournée des bars mal famés, et les Nouvelles-Hébrides surtout, pour leurs plages noires et les dangers qui y rôdaient, la peur tenace qui nouait son ventre, le coup de fouet de l'aventure qui le cinglait sans cesse et l'enivrait bien plus que l'alcool le plus âpre.

Maintenant, il avait Maré, il avait Netché, il avait Wadreng comme port d'attache. Il était resté très étonné lorsqu'un jour, pour la première fois, il avait dit à son commanditaire, indiquant la route qu'il prenait : « Je rentre chez moi. » Cette sensation nouvelle avait une douceur dont il prenait tout à coup la mesure. Il découvrait le plaisir de dire « je rentre chez moi ». Et il le répétait pour lui seul, en silence, secrètement. L'approche du rivage, la certitude d'apercevoir la silhouette de Wadreng sur la plage, prête à serrer ses bras autour de son cou, c'était à chaque fois la fin de ses tourments obscurs. Ses doutes s'estompaient faisant place à la certitude du bonheur simple, là, immédiat, qu'il avait trouvé. Les Londres et les Brighton de sa jeunesse étaient loin, sa famille habitait maintenant Chicago. Que ferait-il à Chicago ?

À chaque retour d'expédition, Wadreng, timide et tendre, l'attendait sur la grève. Puis elle le halait vers la maison en riant de sa nonchalance feinte. Elle voulait qu'il découvre tout, tout de suite, les rideaux accrochés aux fenêtres, les fleurs écloses autour des buissons, la lourdeur des fruits dans le goyavier, le lit prêt pour le bébé. Wadreng, c'était la sérénité de l'aventurier enfin apaisé. Quelques jours se passaient ainsi. Puis la mer le reprenait.

Emely Pentecost naquit le 18 décembre 1884. Toutes les sœurs de Wadreng étaient venues l'aider. Mais Wadreng souffrait. Elle souffrait de l'absence de Dick qui recrutait dans les Islands. Il ne revint à Netché qu'une semaine après la naissance de l'enfant. Il s'émerveilla en découvrant cette boule chaude et remuante et songea qu'Emely avait, de l'autre côté des océans, une aïeule qui s'appelait Brenda. Ce fut le deuxième prénom que l'on donna à Emely. Tout le temps que dura son escale, Dick, en contemplation devant sa fille, ne s'en détacha pas. Il sentait qu'un nouveau lien, beaucoup plus fort que tous les autres, le ramènerait quoi qu'il arrive à Maré. Il construisait la vie de ce bébé dont il imaginait déjà la silhouette adolescente. Il en oubliait Wadreng et ne s'inquiéta pas outre mesure de la voir encore très affaiblie.

Puis il appareilla à nouveau, à la barre de sa goélette, une goélette qui n'était toujours pas la sienne. À chaque retour, ses premiers mots étaient pour Emely qu'il voulait tout de suite dans ses bras. Il comprenait maintenant Nicolas Hagen, intarissable sur son fils Tiby lorsque Dick passait à Nouméa. Son ami n'aurait pas toléré que Richard ne s'intéresse pas aux premières chutes, aux premiers mots de Tiby, « enfant exceptionnel », disait Nicolas en ajoutant : « Ce n'est pas parce que c'est le mien... » Nicolas à son tour se moquait de Richard et de son comportement de papa gâteau.

Et puis, Dick de nouveau appareillait. Il voulait désormais gagner assez d'argent pour acheter son propre bateau. Sa femme et sa fille devaient aussi avoir leur avenir assuré. Yeiwéné Naisseline lui proposa un terrain derrière sa grande chefferie où il pourrait aisément monter un comptoir. Le premier commerce de l'île. Certes, Imbert, Watson et les autres avaient eux aussi monté leur négoce, à Rô, mais ce n'était qu'un endroit où l'on entreposait du coprah, des bananes et des cochons en transit. Dick ne répondit pas à cette proposition. Il repartit en mer. Cela dura deux ans. Et Wadreng lui annonça qu'elle attendait un nouvel enfant. Mais elle n'avait plus cette allégresse rayonnante qui la rendait si belle quand elle attendait Emely. Qu'était devenue la gracile amazone, la joyeuse compagne qui se pendait à son cou et le faisait valser quand il revenait d'une dangereuse traversée? Elle était toujours lasse, silencieuse, effacée devant les étrangers.

La campagne avait été bonne. C'était le capitaine Gaspard, un rugueux, qui avait mené *La Marie* dans les Islands. Mais le vrai patron, c'était Dick, le représentant de Higginson lui-même. Il avait recueilli, aux Santa Cruz, une cargaison inattendue de bois de santal que l'on croyait épuisé et un lot de biches de mer, ces sortes de boudins noirs, inertes et gélatineux, dont les Chinois étaient friands. Sur cette cargaison, Dick toucha à Nouméa sa part. Elle était importante.

Higginson le fit venir dans son bureau et lui dit :

– Richard, quand vous rangerez-vous enfin?

– Jamais, John, jamais. Marin je suis, marin je resterai. Dans deux saisons, j'aurai de quoi m'acheter enfin mon propre bateau. Et je serai mon maître à bord...

– Vous savez que je vends la moitié de ma flottille aux Ballande? *La Marie* comprise. Et je cède le personnel avec... Vous allez changer de patron, Richard... Venez travailler avec moi; j'ai d'autres projets.

– Ne le prenez pas en mal, John. Mais si le directeur de Ballande veut bien de moi, qu'il me prenne.

– Vous êtes un drôle de type, Dick. L'argent, vous vous en moquez, le négoce, où pourtant vous êtes doué, ne vous intéresse pas. Vous, c'est la mer, l'océan. Je vois qu'il est inutile d'insister. Alors, c'est dit? Vous vous laissez enrôler chez Ballande?

– Oui. Ce qui m'importe, c'est de naviguer... J'aime la mer.

Cette fois-là, à son retour, il n'y avait, pour l'accueillir sur le rivage, que Luès, tout de noir vêtu, et le révérend Cru. Où étaient Wadreng et Emely? D'ordinaire, à chacun de ses retours, c'était la fête. Cru s'avança vers lui, solennel :

– Monsieur Pentecost, il faut que je vous parle. Votre femme, Wadreng...

– Wadreng ?

– Votre femme, monsieur Pentecost, n'est plus. Elle a rejoint le Seigneur dans l'éternité. Il y a de cela trois jours, en mettant au monde un enfant qui est parti avec elle...

Dick, en silence, se retourna vers l'océan. Il s'étonna que l'éclat du soleil soit si vif et se demanda pourquoi la lumière ne s'était pas drapée de noir. Il ne sentit pas les bras de Luès l'enserrant avec une force extraordinaire.

– Dick, mon ami, mon frère, ta fille Emely t'attend, te réclame.

– Je prie pour vous, mon fils, lui dit doucement le révérend Cru.

– C'est un peu tard, révérend, il eût mieux valu prier avant, pour que votre Seigneur garde Wadreng en vie. Vos prières ne la ressusciteront pas.

– Votre femme est morte de votre absence, de vos vagabondages.

Luès, autoritaire, fit signe au pasteur de s'en aller. Les deux amis se retrouvèrent seuls.

– Viens. Je te raccompagne chez toi.

– Où est Emely ?

– Dans ta maison avec ses tantes Liz et Judith. Elle ne risque rien.

– Pourquoi risquerait-elle quelque chose ? Le... départ de sa mère ne suffit-il pas ?

– Il se passe des choses graves à Maré. Le pasteur Jones a été expulsé en Australie. Plusieurs clans et tribus qui ont pris son parti se sont repliés dans les terres. Nous attendons des renforts français de Nouméa. Mais ne t'inquiète pas pour ta fille. Mes sœurs et les sœurs de Naisseline veillent sur elle. Wadreng aussi.

– Wadreng, mais ?...

– Elle veille sur sa fille, du grand fleuve sous la mer.

Ils pénétrèrent tous les deux sur l'esplanade sacrée de la grande chefferie entourée de ses murets blancs. Luès parla longtemps à son ami immobile et silencieux. Puis ils reprirent leur marche. Des ombres les croisaient, glissant à petits pas sous les cocotiers échevelés. Arrivé chez lui, Dick repoussa son rocking-chair et demanda à voir Emely. Luès partit. Dick veilla jusque tard dans la nuit.

C'était la première fois que la mort le frôlait. Au petit jour, il se déshabilla, descendit sur le rivage et se mit à nager de toutes ses forces. Il atteignit ainsi la plage de Netché, s'adossa contre un bloc de corail et pleura. Puis il retrouva son calme. Il reprit un crawl vigoureux pour rentrer chez lui et assister au réveil d'Emely.

– Je la sens mal, celle-là. Je la sens mal !

Jerry, machinalement, tripotait la crosse de son revolver. Il regardait Dick du coin de l'œil. Comme il avait changé, le « petit », depuis la mort de sa femme. Et là, cette campagne de recrutement, menée comme une histoire de fou... Cent quatre-vingts hommes embarqués en deux voyages. *La Marie* bourrée jusqu'au bastingage de travailleurs plus ou moins volontaires. C'était contre toutes les règles. Et le capitaine Poulot qui ne disait rien. Mais que cherchait Dick ? Plus rien n'avait de sens. Au passage, il avait vendu à Vila deux Canaques qui croyaient partir travailler à Nouméa. Quand ils s'en étaient aperçus, ils avaient violemment protesté en disant qu'ils ne voulaient pas y rester. Malgré ces premières contestations, Dick, faisant la sourde oreille, avait envoyé les autres à la plantation de la Compagnie des Hébrides. Quand ils s'étaient aperçus qu'on les avait bernés, ils avaient eux aussi violemment protesté et hurlé qu'ils ne voulaient pas. Vila avait très mauvaise réputation et puis, rester aux Hébrides, ce n'était en quelque sorte qu'un transfert, alors que le Queensland apportait à ces hommes une vie nouvelle et bien différente. L'équipage aussi grognait ; il accomplissait les manœuvres le visage fermé, avec des gestes brusques qui n'étaient pas dans ses habitudes. Ça sentait la mutinerie.

– Dick, écoute-moi. Laissons tomber... La baie de Léké, crois-moi, je la connais. Faut s'en aller d'ici... On a assez de monde à bord, non ?

– Contente-toi de faire ton travail. J'ai promis deux cents hommes, je ramènerai deux cents hommes à Nouméa.

– Mais c'est notre peau qu'on risque. Et puis, ce n'est pas très légal, tout ça. On dit que le lieutenant Doze te colle aux fesses sur la Dives. Il veut te faire sauter, Dick. Il déteste les Anglais. Il va constituer un dossier contre toi et te faire poursuivre en justice. Fais attention !

– Il pourra toujours essayer de me rattraper. Prends ton coffre, Jerry, on ne va pas attendre cent sept ans sur cette plage. Viens, on va essayer de dénicher leur village, à ces bougres-là. J'ai besoin de vingt hommes, moi. Les vingt derniers pour boucler mon contrat...

– Dick, on va se faire massacrer !

Dick Pentecost se tourna vers les rameurs des baleinières, ses fidèles Maréens, et leur fit signe de les suivre.

– Tiens, qu'est-ce qu'il fait là, celui-là ? demanda Jerry.

Un jeune indigène, nu, le visage peint en noir, l'étui pénien dressé jusqu'au nombril, sortait de la cocoteraie.

– Eh, masta ? *me want'em come.* Je suis partant ! Je peux monter à bord ? Je sais naviguer, tu sais. Combien tu paies ?

– Elle se cache où, ta tribu ? lui demanda Dick en guise de réponse.

– Récolte de taros, masta. Ils vont venir bientôt.

À cette réponse qui ne prêtait pas à suspicion, Dick lui dit de monter à bord d'une baleinière et d'attendre.

– Ça sent mauvais, Dick, gémit plus fort Jerry. Partons. Ce type-là est franc comme un cheval qui recule.

Dick ne répondit pas. Il ne voulait pas encourager Jerry dans ses craintes, mais il sentait confusément qu'il n'avait pas tort. Il avança plus lentement vers la cocoteraie, essayant du regard de fouiller les ombres portées des troncs alignés. Ses Maréens le suivirent. Jerry hésitait.

– Bon sang. Le voilà qui fout le camp, cria-t-il brusquement. Dick, il fout le camp avec ta Winchester !

– Tire, répondit Dick, abats-le, comme un lapin. Mais tire donc !

Lui-même sortit son colt, lâcha trois coups... Mais le voleur avait disparu dans les bois. Il vida à l'aveugle son barillet, rechargea fébrilement et laissa son bras, armé du revolver, se balancer inutilement. La silhouette de l'homme n'était plus visible depuis longtemps. Il ne cacha pas sa colère à Jerry. Il servait à quoi, Jerry ? Pourquoi n'avait-il pas tiré ? Ce n'était pas un métier d'enfant de chœur. L'ordre de tirer, c'était pour tirer. S'il avait des scrupules, qu'il aille servir la messe. Qu'il dégage. Et il fit un grand geste du bras :

– Allez, suivez-moi, tous, on va le récupérer, ce fusil !

Les treize Maréens brandirent leurs pétoires et leurs sabres d'abattis. Jerry, indifférent à la colère de Dick, tenta de retenir son ami par la manche :

– Tu fais une folie, Dick, partons d'ici.

– Tu me suis, Jerry, ou je te fais sauter la tête !

Jerry haussa les épaules en signe de fatalisme, mais répondit :

– Je te suis, Dick. Pour te protéger. Mais ce n'est pas comme ça que tu ressusciteras Wadreng...

À son tour, Dick haussa les épaules. Ils escaladèrent la brousse le long d'un joli sentier soigneusement ratissé. Là-haut, cachées sous les arbres, quelques cases s'accrochaient au flanc de la montagne. En voyant surgir, en contrebas, les quinze hommes farouches, armes brandies, les femmes en robe de paille saisirent leurs enfants et coururent se disperser dans la montagne. Les hommes, eux, étaient partis chasser le cochon sauvage. En un clin d'œil, le village fut désert.

– Brûlez-moi tout ça, hurla Dick, brûlez-moi ce village de voleurs ! Tuez leurs poules et leurs cochons !

Lui-même se précipita, épaule en avant, contre une petite case. Sous son poids, la frêle habitation vacilla. Il alluma son briquet. Des flammes jaillirent. De case en case il propagea le feu, réduisant en cendres dix-sept habitations en l'espace de quelques instants. Pendant ce temps, ses marins poursuivaient les poulets et, d'un coup de sabre d'abattis, leur coupaient le cou. Jerry lui-même se laissa envahir par cette folie meurtrière, lui, le vieux Jerry, le paisible père de famille de Rô, lui, le sage planteur de bananes et de maïs, un goût de sang lui montait à la bouche. Jerry retrouvait les violences vécues dans sa jeunesse, lorsqu'il se lançait dans des expéditions de représailles sous les ordres de Jack, une vraie terreur. Il fallait tout détruire, tout casser, tout brûler.

Puis ils redescendirent vers le rivage, la tête basse, amers et graves. Ils n'osaient pas se parler. De temps en temps, l'un d'eux jetait un regard rapide sur Dick qui marchait devant, hagard.

Sur la plage, il y avait deux pirogues échouées.

– Cassez-moi ça ! ordonna Dick.

Les deux fines embarcations à balancier furent vite démantelées à coups de hache. Les bouts d'épave partirent au gré des vagues. Quand Dick remonta à bord, le capitaine Poulot le questionna :

– Ça s'est mal passé ? Pas eu de perte ? Que dois-je mettre dans le livre de bord ?

– Un fusil volé. Représailles justifiées. Ça suffira. Cap sur Nouméa, maintenant.

Dick s'isola dans le carré, en face de Jerry qui le contemplait d'un air apitoyé.

– Ne me regarde pas comme ça. Sors le whisky. Buvons, Jerry. Mais pour une fois, tais-toi, mon vieux, tais-toi...

L'affaire fit grand bruit à Nouméa. Le lieutenant Doze, arrivé sur les lieux du drame quelques heures après, écrivit un rapport véhément auprès du gouverneur estimant que *La Marie*, « naviguant sous pavillon français avait déshonoré la République. Que le subrécargue anglais Dick Pentecost et l'autre anglais Gery [sic !] s'étaient comportés comme des négriers ».

Dick et Jerry s'étaient réfugiés à Maré. Là, ils étaient intouchables. D'ailleurs, l'administration n'avait guère envie d'envenimer les choses : on venait d'expulser le pasteur Jones. Ses fidèles, qu'on appelait déjà le « parti de la brousse », avaient quitté leur tribu et s'étaient repliés au cœur de l'île. Au bout d'un mois, l'affaire de la baie de Léké, dans l'île de Santo, fut étouffée. D'ailleurs, il n'y avait pas eu mort d'homme...

Dick Pentecost regardait la mer. Une branche de manguier lui cachait une partie de la vue et il se disait qu'il faudrait un jour qu'il la coupe. Il était vautré dans son fauteuil à bascule, dans sa chambre, les pieds posés sur le chambranle de la fenêtre. De l'autre côté de la cloison, une vieille femme de la tribu des Si Waek s'activait aux tâches ménagères, en chantonnant doucement un air qu'une dizaine d'années auparavant les déportés communards de la Grande Terre avaient répandu partout en Nouvelle-Calédonie :

Et quand reviendra le temps des cerises, les gais rossignols,
les merles moqueurs...

Il aimait cette chanson-là, sa nostalgie, ses espoirs. Il la sifflota un peu. Puis il constata que son verre était vide. Alors il se tourna vers le guéridon, prit un sucre qu'il posa dans la cuillère, au-dessus du verre. De l'autre main il saisit la bouteille d'absinthe et déversa la liqueur verte qui, peu à peu, dissolvait le morceau brun et emplissait le verre.

Mais il est bien court, le temps des cerises...

Depuis combien de temps n'avait-il pas pincé une cerise entre ses lèvres ? Il se souvint du bosquet blanc qui, à la fin du printemps, enneigeait la pelouse de Samerton. Plus tard, au cœur de l'été, une servante, perchée sur un tabouret, allait cueillir les petites balles de sang enfouie dans cette tonnelle naturelle. Elle se dressait si haut que sa blouse se relevait et que le petit Richard lui voyait les mollets.

Cueillir en rêvant des pendants d'oreilles...

Cela faisait près de deux mois que Dick s'était enfermé dans sa maison de Wébénéde. Sa maison... Celle de Wadreng plutôt, et de ses sœurs. Lui n'avait été, du temps de leur union, d'abord qu'un amant puis un mari de passage. S'il avait su rester, s'installer ici, peut-être Wadreng ne serait-elle pas morte. Comment ne s'était-il pas rendu compte de sa langueur grandissante, de son visage au pauvre sourire ? Comment avait-il pu laisser la petite amazone fuir ? Sa passion de la mer, du danger, de la violence l'avait-elle aveuglé à ce point ?

Quand l'incident de la baie de Léké fut presque oublié, Dick Pentecost descendit à Nouméa, comme passager, à bord de l'*Aurora*, un caboteur qui desservait les Loyauté et la côte est de la Grande Terre.

Sachant que sa réputation était devenue sulfureuse et que le Cercle lui avait été fermé, il alla voir d'abord son ami Nicolas puis Higginson. Les explications furent orageuses. Mais l'un et l'autre lui promirent d'intervenir en sa faveur et de lui trouver dans l'immédiat une mission qui le réhabiliterait aux yeux de Nouméa. Il repartit à Maré dix jours plus tard, propriétaire et capitaine du bateau de ses rêves, *Le Pétrel*, un joli cotre à vapeur de trente tonneaux, rapide et fin comme l'oiseau de mer dont il portait le nom. Il était enfin son propre patron. Il avait pris pour second Edouard Watson, jeune métis vif et passionné par la mer. Mais il lui fallait aussi des contrats et il savait qu'il n'en obtiendrait qu'après les interventions de ses amis.

Sa fille Emely recevait à l'école de Netché la même éducation que les enfants du clan de Naisseline et des autres chefs. De ses voyages tant sur la Grande Terre qu'en Australie, où il allait parfois, il rapportait toujours des cadeaux pour elle et ses cousines, mais aussi des outils, des cochons, des ânes et des chèvres pour la grande chefferie. C'était sa manière à lui de répondre à l'hospitalité des Maréens, et de respecter la coutume. La paix était revenue à Maré. Pour imposer Netché comme la véritable capitale de l'île et des Loyauté, Yeiwéné multipliait les fêtes où il invitait tout autant les fonctionnaires de Nouméa que les négociants en vue. Le grand chef et Luès continuaient à pousser Dick

Pentecost à monter un comptoir. Mais lui, toujours, voulait repartir vers ses Islands.

Dick avait changé : à quarante ans bientôt, ses traits s'étaient alourdis. Il semblait plus massif, plus sûr de lui aussi. L'œil très pâle avait des éclairs de dureté. Une barbe drue et courte qui se piquait de poils blancs envahissait ses joues. Grâce aux interventions de Higginson et de Nicolas Hagen, il put revenir au Cercle civil. Sa récente naturalisation française y était peut-être aussi pour quelque chose. Mais il se considéra vraiment sorti de sa disgrâce lorsqu'on lui demanda de piloter le ketch *La Rosette*, placé sous les ordres du commandant Le Pommelec à qui avait été confiée une mission scientifique et hydrographique. Il s'agissait de relever les mouillages de l'archipel de Santa Cruz et de chercher les vestiges du naufrage de La Pérouse qui avait eu lieu un siècle plus tôt aux Salomon.

Les îles Salomon avaient été découvertes au XVIe siècle par un Espagnol de vingt-cinq ans, Alvaro de Mendana. Depuis cette époque, plusieurs navigateurs les avaient côtoyées, perdues, longées ou, pour éviter leur reconnaissance officielle par des explorateurs étrangers, en avaient caché la situation. C'était d'ailleurs pour les retrouver que le navigateur Queirós avait reçu le commandement d'une escadre composée de deux galions, le *San Pedro* et le *San Pedrico* et d'une « chaloupe anglaise », *Los Tres Reyes*. Le Portugais ne retrouva pas les îles Salomon, mais il découvrit par hasard, avec Torres, les Nouvelles-Hébrides. Au fil des siècles, c'était comme si les Salomon, immuablement, sortaient de l'eau lorsque des explorateurs croisaient au large, puis disparaissaient de leur vue lorsqu'ils s'en approchaient. La légende de richesses fabuleuses existant dans cet archipel grandissait à chaque expédition et rendait les rivalités entre pays explorateurs plus âpres encore. Des cartographes français, penchés sur des mappemondes dessinées dans chaque pays d'Europe, les comparèrent. Ils eurent l'idée de faire des recoupements entre les territoires connus, les archipels présumés, les îles soupçonnées. Ils comparèrent les relations de voyages des navigateurs portugais, espagnols ou anglais et réussirent ainsi à définir la position des îles Salomon. Louis XVI donna mission au comte de La Pérouse d'aller vérifier. Mais après son passage à Botany Bay en Australie, on perdit sa trace. Louis XVI fit demander de ses nouvelles. On apprit des années plus tard que les frégates de l'expédition, *L'Astrolabe* et *La Boussole*, avaient été malmenées par un cyclone sur des récifs situés entre Santa Cruz et les Nouvelles-Hébrides. L'expédition s'était perdue à Vanikoro.

Richard Pentecost était fier d'avoir participé à cette nouvelle reconnaissance des épaves des deux frégates. Il avait eu le sentiment d'effectuer un pèlerinage sur un lieu sacré où des frères d'armes, navigateurs comme lui, avaient péri. La mission avait été un succès. Le rapport du commandant Le Pommelec sur Richard Pentecost ne fut qu'éloge.

Emely retenait ses larmes lorsque *Le Pétrel* s'effaçait à l'horizon. Son père était devenu un véritable dieu qui disparaissait souvent au bout de l'océan et surgissait longtemps après, comme un petit point qui grandissait dans la lumière du matin. Il déversait sur elle des trésors merveilleux, puis la faisait rire aux larmes avec ses histoires et ses mimiques.

Dick savait que Mary Naisseline, la fille de Yeiwéné, prenait un soin jaloux d'Emely comme elle l'aurait fait de sa propre fille. Elle regardait toujours d'un œil faussement complaisant, mais réellement attentif, les femmes de la tribu qui cherchaient à plaire à Emely ; elle s'arrangeait pour trouver un prétexte qui pouvait les éloigner rapidement.

À son dernier passage à Maré, Dick s'était étonné de retrouver en Mary l'allure fière de Wadreng, son sens des responsabilités, sa sensibilité, son intelligence. Il reconnut volontiers que c'était une belle jeune femme et qu'Emely était heureuse auprès d'elle et d'Héléna, la fille adoptive de Mary. Mon Dieu ! Comment n'y avait-il pas pensé plus tôt ? Dick eut soudain l'impression que les huit années qui avaient suivi la mort de Wadreng avaient été un long tunnel dont il ne gardait, finalement, que des souvenirs flous. Il prit son cheval et partit au galop chez son ami Luès.

– Je veux épouser Mary, lui dit-il lorsqu'il le vit.

– Enfin ! Tu as mis du temps pour te décider. On désespérait.

– ... ?

Dick réalisa tout à coup combien, au cours de ces huit années, le clan Naisseline avait pris soin de lui sans qu'il en prît conscience. Sa vie d'automate était terminée. Il voulait vivre, et vivre maintenant pour les siens.

La noce fut l'occasion d'une fête comme Maré n'en avait pas vu depuis longtemps et dont les préparatifs durèrent plusieurs semaines. Le résident français était assis à la place d'honneur, près de Yeiwéné et de Dick. Les amis de Nouméa étaient aussi venus nombreux. On admirait le gargantuesque appétit de Nicolas Hagen qui avait voulu s'asseoir à côté du témoin des mariés, M. Rousseau, l'instituteur, à l'œil brillant et malicieux. Des goélettes, des cotres, des vapeurs bouchaient presque la rade. Et au milieu de la nuit, un chœur polyphonique de deux cents jeunes filles chanta. Emely en faisait fièrement partie. Ce concert faillit se terminer par un incident diplomatique, quand elles entonnèrent le *God Save the Queen.* Luès dut calmer le commandant qui considérait la chose comme une injure faite au drapeau tricolore. Quant à Dick, tout fraîchement naturalisé, il grattait sa barbe carrée en essayant de cacher son fou rire et en évitant de regarder Nicolas Hagen. Celui-ci cherchait maladroitement à noyer l'incident en racontant des histoires que personne n'écoutait.

Finalement, cette confusion dans les hymnes nationaux fut mise sur le dos des Wakuarori qui n'y étaient pour rien, mais dont la réputation était devenue très pratique lorsqu'un incident surgissait qui pouvait conduire à des dissensions regrettables. Cette tribu était l'objet de sempiternelles plaisanteries. On disait qu'ils faisaient tout à l'envers : sortir sous la pluie dans des vêtements de beau temps, oublier la bague de la fiancée le jour du mariage, construire une pirogue à grands frais alors que la chefferie était à l'intérieur des terres. Tous les convives en rajoutaient sur la distraction de ce clan, à commencer par les Wakuarori eux-mêmes. Il était donc normal, expliqua-t-on au commandant, qu'ils confondent les hymnes anglais et français... Le résident trouva l'explication finement diplomatique, l'accepta diplomatiquement à son tour et se détendit. Il entra même dans le jeu en disant qu'en France il y avait aussi des « tribus » qui avaient la même réputation. Le vieil Imbert ajouta qu'en Grande-Bretagne, les Écossais... mais il reçut sous la table un grand coup de pied de Dick. Il était temps de discuter de la saveur des bougnas au poisson et de la comparer à celle des bougnas au poulet. Les avis étaient partagés, ils furent vite passionnés.

Mary Naisseline ne voulut garder de cette grande fête que le souvenir du géant roux à ses côtés. Elle l'avait tellement admiré et aimé en cachette depuis qu'elle était adolescente.

Le lendemain de la noce, on baptisa leur maison, une demeure comme on en voyait à Nouméa, trois belles pièces, dont un grand salon qui tenait toute la façade. Tout autour, une véranda spacieuse. En dessous, une cave dont Dick avait mené lui-même les travaux : sur ce terrain en pente, creusé dans le corail, elle était fraîche, et le vin y prenait une rondeur de chanoine, prétendait-il. Cette comparaison en avait laissé plus d'un poliment étonné. La maison avait été baptisée Samerton, comme le lieu de naissance de Richard

Pentecost, quelque part dans la campagne anglaise. Autour, un beau jardin dominé par un banian ; derrière, une sorte d'entrepôt qui deviendrait le vrai premier magasin de l'île, comme la grande chefferie l'avait souhaité. On y vendrait, outre des fruits, des légumes, de la viande et des conserves, de l'accastillage, des outils, des tissus, des vêtements. C'était Mme Mary Pentecost qui s'occuperait du *store*, car, à nouveau, cap'tain Dick était en mer... Mais Dick essayait maintenant de raccourcir la durée de ses campagnes. Il aimait rentrer à Netché.

Emely courut à perdre haleine jusqu'à la maison :

– Maman Mary, *Le Pétrel* est là. Papa est de retour.

Mary Pentecost regarda sa fille adoptive avec un semblant de sévérité :

– Emely, où étais-tu encore ? Et est-ce une tenue pour la fille de Richard Pentecost ? Tu es écorchée de partout ! Tu as vu tes pieds ? Va vite te laver si tu veux que ton papa t'admire lorsqu'il arrivera. Mets ta robe rose pour être belle. Tes sœurs sont déjà prêtes. Vite, dépêche-toi.

La petite fille de treize ans, tout excitée, disparut dans la chambre des enfants. Mary avait une tendresse toute particulière pour celle qu'elle appelait son aînée. Ses côtés garçon manqué l'amusaient. Elle secoua la petite cloche accrochée à l'arrière de la maison. Du jardin, ses nièces et sa fille adoptive Héléna accoururent. Ballah, la fille de Dick et de Mary, trois ans à peine, trottinait sur leurs talons. Et Emely, dans sa belle robe rose, tout enturbannée de fleurs et de fougères, sortit de la chambre des enfants, droite, grave comme une princesse. Son père était de retour.

Mary aligna la petite troupe sur la véranda, rectifia leur coiffure, et lissa leur robe. D'ici on ne voyait pas la mer, mais elle savait que son mari surgirait d'un instant à l'autre sur le chemin pentu. Elle décrocha son accordéon, vérifia qu'Emely n'avait pas oublié son harmonica et Héléna sa guimbarde. Alors Mary compta « un, deux, trois », et un air joyeux s'éleva qui évoquait les mélodies des baleiniers chantant à la manœuvre. Il y avait bien parfois une ou deux petites voix en retard sur l'ensemble ou quelques désaccords dans le chant. En réalité, ces petits couacs ajoutaient au charme de l'accueil et Dick s'en délectait en les percevant alors même que la troupe surgissait. Dick était en tête, gigantesque, massif, tout vêtu de blanc, son coffre sous le bras gauche. Il agitait bien haut sa main droite. Le suivaient ses marins et enfin la carriole chargée de ballots et tirée par le petit *joneki* gris aux grandes oreilles qui semblait marquer le rythme de ses sabots.

Dick posa un baiser sur le front de Mary, prit Ballah dans ses bras et la fit sauter très haut vers le ciel. Les cris de Ballah étaient perçants et joyeux. À côté, Emely contemplait son père, les yeux écarquillés, la bouche entrouverte, sachant que son tour viendrait d'être serrée dans ses bras. Elle frissonnait pourtant d'émotion en imaginant qu'il ne l'avait peut-être pas vue et qu'il lui tournerait le dos pour rentrer dans la maison sans l'avoir embrassée. Ce moment d'incertitude avait quelque chose d'angoissant et en même temps de délicieux qui lui plaisait profondément.

Enfin l'instant attendu et un peu redouté surgit comme s'il avait été imprévisible. Son père remit Ballah à Mary et se pencha vers Emely pour l'envelopper de ses bras puissants. Un frisson de joie indicible parcourut Emely. Elle fondit de bonheur à cette minute qu'elle aurait voulue sans fin.

Les matelots qui avaient regardé la scène avec un air attendri déchargèrent les marchandises et, sur les ordres de Mary, les rangèrent dans les rayonnages du magasin. D'autres ballots et caisses furent entreposés sous un auvent, derrière la porcherie. Puis Mme Pentecost sortit une petite caisse en fer pour payer les six hommes et les deux femmes qui composaient l'équipage du *Pétrel*.

Le déroulement des rites du retour reprit avec leur immuable ordonnancement. Alors que les enfants étaient assis par terre, sur les escaliers de la véranda, Dick ressortit de la maison, s'installa dans son rocking-chair et appela Emely. Elle savait qu'il lui demanderait si elle avait bien travaillé en classe et si son instituteur M. Rousseau était content d'elle. Il l'interrogerait, faussement sceptique, sur ses bonnes notes, les faisant répéter, comme incrédule, pour entendre Emely les lui redire avec la tranquillité d'une enfant consciencieuse mais ravie. Emely attendait que des mains de son père surgisse le cadeau attendu. Pourvu qu'il ne se soit pas trompé. Avant son départ, elle lui avait fait comprendre, avec timidité, mais une certaine coquetterie d'enfant se sachant aimée, qu'elle rêvait d'un coffret argenté, avec une image en couleurs sur le couvercle, pour y mettre ce qu'elle appelait ses bijoux... Ce soir, elle mettrait son coffret près de son oreiller, contre sa joue ; et il en serait ainsi tous les autres soirs.

Richard Pentecost était assis à sa place, sur la natte, dans la grande case de palabre. Il y régnait une odeur de feuilles et de bois brûlé. Cela faisait longtemps que l'on parlait. Chacun des conseillers avait donné son point de vue, une fois, deux fois, à son tour. Les paroles montaient en spirale. On pouvait penser que la même opinion était répétée inlassablement mais, peu à peu, le sens s'était modifié et les points de vue différents se rejoignaient doucement. Les mots se frottaient les uns aux autres jusqu'à ce que les idées s'emboîtent et ne fassent qu'un tout, qui appartenait à chacun, mais aussi à la communauté, comme la terre.

Cette fois il s'agissait de « faire voyager » Henri, le fils de Yeiwéné Dokoucaas Naisseline qui serait grand chef quand son père aurait rejoint ses ancêtres et le royaume de Jéhovah, dans le grand fleuve qui coulait sous l'océan jusqu'aux cieux. Henri avait une vingtaine d'années, il avait reçu la meilleure instruction à l'école de Tadine puis au collège de Nouméa. C'était incontestablement un Naisseline, avec son étrange regard voilé, la douceur de ses gestes, sa voix fluide et lente, son front haut, et surtout cette espèce de force intérieure, cette beauté de l'homme sûr de son pouvoir, mais aussi conscient d'en être dépositaire. Il devait le mériter, à chaque instant. Son père était comme cela aussi et son grand-père Nidoish et l'ancêtre Yei.

Le jeune homme avait souvent de ces impétuosités fulgurantes qui bouleversaient les tabous et faisaient grommeler les anciens. Mais tous les Naisseline avaient été ainsi au temps de leur jeunesse. Pour le moment, Henri, passionné de sport, avait créé des équipes de cricket. Il voulait absolument que toute l'île en profite. Ç'avait failli très mal tourner, à coups de batte entre enfants de deux tribus rivales. Le commandant français, l'instituteur Rousseau, le pasteur Delord et le père Beaulieu avaient dû unir leurs efforts pour que ce match ne dégénère pas en bagarre rangée. Puis « le dauphin » s'était intéressé à l'enseignement. Henri déclara un jour qu'il voulait devenir instituteur : le premier instituteur de Maré. Il était temps de le faire voyager.

Long voyage en vérité. À bord du *Naisseline*, grand bateau fleuron de la flottille de Maré, on se dirigerait d'abord vers Sydney. Henri pourrait aller rendre visite, avec Luès, au pasteur Jones qui avait été expulsé de Maré depuis plus de dix ans déjà. Puis on caboterait d'île en île avant de traverser le Pacifique, jusqu'à San Francisco. Après, Henri et sa suite se rendraient en France, afin que Maré soit dignement représentée à Paris au rassemblement de tous les peuples du monde qui fêtaient ensemble le mille neuf centième anniversaire du Christ...

Tout le monde avait approuvé Dick quand il avait suggéré l'itinéraire. Car c'était Richard Pentecost qui avait été désigné capitaine du *Naisseline*, puis le mentor du jeune Henri durant la traversée des États-Unis et ensuite en Europe. Lorsque Dick proposa que le fils d'Imbert et Edouard Watson l'assiste dans ce voyage, tout le monde approuva, comme si cela n'avait aucune importance.

C'est ainsi que Dick eut, pendant plusieurs mois, la chefferie de Netché comme armateur. L'escale à Sydney lui permit d'accompagner Emely, ses sœurs et cousines au collège où il les avait inscrites plus d'un an auparavant. Devant la grille de l'établissement à l'austère allure victorienne, il dit à Emely :

– Tu vois, pour une fois, c'est toi qui me quittes. Prends bien soin de tes sœurs et de tes cousines. Tu es la plus grande, la plus sage... Et je trouve que tu es la plus belle aussi. Je veux être fier de toi.

Pendant ce temps Henri et Luès étaient partis rendre visite au pasteur Jones, comme cela avait été envisagé. À leur retour à l'hôtel ils retrouvèrent Dick qui les attendait :

– Le vieil homme n'a pas voulu me voir, dit Luès d'une voix bizarre, moi qui l'ai tant défendu.

– Moi, ce fut tout juste. Je suis rentré seul dans sa maison. Il fut d'abord aimable, car il ne m'avait connu que très jeune. Mais il s'est mis en colère lorsque je lui ai demandé de recevoir Luès et de lever la malédiction qu'il avait portée sur lui et sur mon père. Il s'est mis à marmonner ; j'ai eu l'impression qu'il ne comprenait plus ce que je lui disais. Il répétait qu'à Rô il possédait des propriétés immobilières, des petites plantations, du bétail et qu'il voulait les récupérer.

– Le vieil Écossais est encore bien vivant ! s'exclama Dick.

– Je l'ai salué avec le plus grand respect et je suis sorti.

Puis Henri se tourna vers Luès et lui dit en *nengone* que le comportement de Jones lui avait semblé anormal et qu'il faudrait charger quelqu'un de Maré, vivant à Sydney, de prendre régulièrement de ses nouvelles.

– Finalement, dit Luès, je ferais bien comme toi, Dick, commande-moi aussi un whisky. J'aimerais goûter.

Après la Nouvelle-Zélande, ils visitèrent Wallis, s'arrêtèrent aux Tonga, firent escale à Tahiti. À leur retour, Dick et Henri furent fort évasifs quand leurs épouses les questionnèrent sur leur séjour là-bas. Ils abandonnèrent le *Naisseline* au quai de San Francisco sous la surveillance d'Edouard Watson ravi, traversèrent les États-Unis en chemin de fer jusqu'à New York. C'était cela, America ! Un paquebot les emporta en moins de trois semaines à Londres. La petite expédition se sépara : Luès et Henri partirent à la maison mère de la London Missionary Society. Dick, avec une impatience teintée d'appréhension, fit un pèlerinage dans le Somerset. Enfin leur périple se termina à Paris durant l'Exposition universelle. Luès, gourmand de toute chose, accumulait dans son coffre les cadeaux qu'il offrirait à son épouse et à ses enfants, bijoux, robes et livres, surtout des livres et des cartes postales. Il songeait déjà à sa famille, à son clan, à sa tribu extasiée voyant se déverser au pied de sa maison, qu'il baptiserait London, ce qui ressemblerait à tous les trésors de la terre...

Le *Naisseline* revint à Maré près d'un an et demi après son départ... Une bouffée de tristesse envahissait les voyageurs, comme si la nostalgie était la douleur du retour et non celle du partir. En passant au large de Tadine, Dick avait aperçu le vapeur *Le Cagou* que Nicolas Hagen avait fait construire quelques années auparavant. Son vieil ami serait peut-être à Netché pour l'accueillir. Mais il lui sembla, en contemplant le rivage, que la foule n'était pas aussi dense et aussi joyeuse qu'il l'avait espéré. Luès et Henri semblaient eux aussi avoir eu cette même impression. Comme d'habitude, pourtant, et sans que l'on comprît pourquoi, il semblait que, par un étrange instinct, les tribus avaient su, bien avant que le bateau n'apparaisse à l'horizon, qu'Henri Naisseline était de retour. Les peuples qui n'avaient pas entretenu cet instinct avaient dû concevoir le sémaphore pour le remplacer.

Le sable de poussière de corail parut à Dick plus blanc. Il en avait même oublié la douceur sous ses pieds. En quelques enjambées, il avait rejoint Mary. Henri s'avança dignement vers son père dans la foule qui s'écartait devant eux. Luès, lui, fut immédiatement pris à part par le pasteur Delord. On ne chantait pas. Il y avait derrière les embrassades un malaise diffus. Pourtant des tables avaient été dressées sur l'esplanade vers lesquelles le cortège se dirigea, tandis que pirogues et baleinières faisaient la navette avec le bateau. Elles déchargeaient sur le sable les trésors rapportés de l'autre bout de la terre, sous l'œil vigilant d'Imbert et de Watson. Tout à ses retrouvailles avec sa femme, Dick avait oublié ses mauvaises impressions. Puis, selon la coutume, il s'approcha du grand chef Yeiwéné pour lui présenter ses propres dons, après qu'Henri l'eut fait et Luès...

– Luès... Où est-il passé ?

– Sa femme est morte il y a trois semaines, murmura Mary à son oreille. Le pasteur Delord vient de le lui annoncer. Il doit être parti se recueillir sur sa tombe.

– Il faut que je le rejoigne, déclara Dick.

Mais Mary l'en empêcha. C'eût été un grand manque de respect envers Yeiwéné, son père et chef. La coutume se fit, avec discours et réponses, présentation des cadeaux, puis festin.

Un jeune homme aborda Dick Pentecost :

– Capitaine, je suis le fils de Nicolas Hagen.

– Vous lui ressemblez. En arrivant, j'avais aperçu son vapeur. Je pensais le trouver là. Comment va-t-il ?

– Il est décédé l'an passé. En tant que fils aîné, je prends la relève.

Mort le grand Nicolas ? « *Taking stock !* » Le défi qu'ils s'étaient lancé à Nouméa, les grands rires et les parties de cartes acharnées en toute mauvaise foi non dissimulée... Et tous les autres, Higginson parti en France, malade, et maintenant Luès qui avait perdu sa femme. Richard Pentecost avait quarante-cinq ans. Sa vie s'était diluée dans les sillages de ses campagnes, il ne l'avait pas vue se dérouler et Dick se sentit soudain très vieux.

Un homme surgit à bout de souffle en criant :

– Au secours, au secours ! Luès est devenu fou, il essaie de déterrer sa femme. Venez, venez tous...

Ce fut une course effrénée jusqu'au cimetière de Rô. À l'entrée de cet endroit inondé de soleil où régnait une douceur sucrée, comme si les morts et les vivants s'étaient réconciliés ici, autour des tombes blanches et joliment fleuries, le gardien, affolé, gesticulait à l'entrée. Son nez saignait. Il expliqua que Luès était arrivé à cheval et, après avoir frappé le vieil homme qui tentait de le raisonner, il s'était acharné sur la dalle de son épouse défunte. Son fils l'avait rejoint avec dix personnes de son clan. Il avait réussi à entraîner son père qui hurlait comme un énergumène, lançant des menaces de mort contre le pasteur Delord qu'il accusait d'avoir tué sa femme avec ses remèdes. Selon toute vraisemblance, ils étaient partis à Rô.

Les vieux démons de Maré semblaient se réveiller. À Netché, le conseil des anciens ne savait que faire. La grande chefferie vivait sous la surveillance du gouvernement de Nouméa qui se méfiait de Maré comme de la peste. Le moindre incident, et l'armée débarquait à Netché, nouveau prétexte pour remettre en cause les partages territoriaux qui après de très longues négociations avaient enfin été mis en place. Le conseil, ne voulant plus revivre ce cauchemar, réussit à convaincre le commandant résidant dans l'île de ne pas parler de « l'incident Luès » à Nouméa et de régler localement l'affrontement inévitable qui allait se produire avec Luès à Rô.

Luès et son fils avaient constitué, à Rô, une « armée ». Ils avaient rameuté quelques anciens du « parti de la brousse », puis recruté, au hasard de leur errance sur le plateau, tous ceux qui se considéraient laissés pour compte comme les petits chefs de tout le nord et le nord-est de l'île, amers de ne pas figurer officiellement dans les districts tracés par les autorités françaises, ou dont un père avait été déporté aux Marquises ou à Poulo Condor, en Indochine. Ils avaient aussi rameuté les protestants qui étaient restés fidèles au révérend Jones et les catholiques victimes sans le savoir des conflits qui avaient lieu à vingt mille kilomètres de là, entre les tenants du « petit père Combes » et les congrégations...

Au bout d'une semaine, Rô et ses alentours se transformèrent en un véritable camp retranché. Luès régnait sur cette tribu hétéroclite, dans la gigantesque maison qu'il s'était fait construire durant son absence.

Il fallait en finir vite. Le bataillon des soldats français en garnison à Tadine se mit sous les ordres d'Henri, nommé chef de guerre par le conseil. Celui-ci ceignit le sabre qui avait appartenu à son grand-père Nidoish, quand il avait été couronné *king of Maré*. Ce qui ne l'empêcha pas de prendre également l'une des belles Winchester toutes neuves que son beau-frère, Dick Pentecost, lui avait offertes. Les deux troupes constituées marchèrent alors sur Rô. Cette démonstration de force suffit à faire rendre les armes à ceux qu'on appelait la « tribu des fous ». La guerre s'acheva avant d'avoir commencé. Les hommes de Luès se rendirent devant le temple construit par le pasteur Jones, trente ans auparavant. Ne manquait à l'appel des vaincus que Luès et son fils Louis. Ils s'étaient barricadés dans leur maison.

Dick et Henri décidèrent d'y partir seuls pour les raisonner. Les deux hommes s'avancèrent sous la cocoteraie. Et Dick se demandait en voyant grossir cette demeure comment il n'avait pas vu plus tôt, lors de la construction, que son beau-frère de Rô était déjà rongé par sa folie des grandeurs. Luès avait voulu bâtir un véritable château, du moins à proportion de son village. Adossée à la falaise, cette demeure en gros moellons, était percée de grandes fenêtres. Sur le côté, un escalier extérieur menait à l'étage, par un balcon, comme les cottages du sud de l'Angleterre. Devant la porte d'entrée à deux battants, un perron qui s'ouvrait sur un jardin aux allures de parc miniature. Les persiennes étaient closes. L'endroit avait été baptisé London.

– Luès, mon frère, appela Dick. Je t'en prie, ouvre-moi. Parlons tous les deux. C'est fini. Nous comprenons la douleur qui t'a frappé. Ouvre !

De l'autre côté de la maison, un volet claqua.

– Il s'enfuit par-derrière, dit Henri. Je le vois. Il grimpe la falaise...

Et le jeune chef épaula son fusil.

– Ne tire pas, cria Dick. Je vais le rattraper seul.

Il s'enfonça dans les buissons, puis grimpa péniblement la roche. Il aperçut Luès à demi caché dans une grotte à flanc de falaise.

– Luès, tu ne vas pas me tirer dessus ?

– Tu es seul ? Il n'y a pas de Naisseline avec toi ? Aucun de ces Si Gwama que le révérend Jones a maudits ?

– Laisse-moi venir te voir. Je suis seul.

L'arme se baissa. Luès apparut en entier et lui fit signe d'approcher. Il saisit la main de Dick pour l'aider à grimper. Et Dick garda cette main dans la sienne. Ils s'assirent, jambes pendantes dans le vide. Là-bas, derrière les arbres, l'océan se cassait de vagues blanches. Ils restèrent longtemps silencieux. Enfin, comme Dick s'apprêtait à parler, Luès prit les devants :

– La malédiction de Jones pèse sur moi et sur moi seul. Pourquoi a-t-elle épargné Henri Naisseline ? Moi, je ne voulais que le bien de l'île. Et si Dieu a voulu que je vive à Londres, que je connaisse le monde, c'était pour qu'à mon retour je lave mon peuple du paganisme, des démons et de l'ignorance. Moi seul pouvais le faire. J'étais chrétien. J'aurais pu être le roi de Maré. Je suis le fils spirituel de Jones, le fils de Jéhovah. Je veux aller rejoindre mon père à Sydney. Mais pourquoi m'a-t-il abandonné ?

Il se dressa d'un bond et s'adressant à Dick, mais sans le voir :

– Crois-tu qu'ils me crucifieront ? Je suis prêt au martyre ! J'appelle le martyre !

– Où est ton fils, Luès ?

– Vous êtes tous mes fils et moi je suis le fils du Père. Père, pourquoi m'avez-vous abandonné ?

Et il retomba dans un grand abattement.

– Viens, Luès, viens apporter la paix à Maré.

Et Dick reprit la main du fou qui pleurait maintenant. Ils redescendirent de la falaise avec difficulté. Devant le château de Luès, Henri Naisseline les attendait. Dick lui fit signe de les précéder. Il soutint Luès durant cette marche jusqu'au temple. Quand ils arrivèrent devant le temple, la foule s'écarta en silence. Yeiwéné se détourna avec dégoût, remonta à cheval et partit, suivi de son escorte. Le pasteur Delord s'avança à bras ouverts à la rencontre des deux hommes. Alors Luès, jusque-là masse inerte et tremblotante, se dégagea brusquement de l'étreinte de Dick et sauta à la gorge du pasteur en hurlant :

– Assassin ! Assassin !

Il fallut trois soldats pour dégager le pasteur qui n'arrivait plus à respirer et pour ligoter le forcené qui hurlait encore :

– Le coq a chanté trois fois, renie-moi, Maré, renie-moi. Et vous, soldats de Rome, crucifiez-moi...

On le jeta dans une charrette qui partit pour Tadine. Dick et Rousseau relevèrent Delord étourdi. L'instituteur, le pasteur et le marin revinrent au pas vers Netché en parlant de Luès et de sa folie. Et le petit enseignant, ballotté sur son âne, le crâne protégé du soleil par son casque colonial blanc, méditait à voix haute, en roulant doucement les « r » comme dans son Poitou natal :

– Au fond, Luès a voulu tout savoir, tout absorber. Il a superposé, sans priorité, dans son esprit, deux cultures, la sienne et celle de l'Europe, sans avoir pris le temps de réfléchir à ce qui était conciliable. L'amalgame confus n'a pas été heureux.

– Sans doute, répliqua Delord, d'une voix rocailleuse de Cévenol, droit sur sa mule, la barbe épanouie. Mes prédécesseurs missionnaires, héros et parfois martyrs, ont pour leur part pratiqué l'évangélisation comme on pratique ici l'agriculture, par la technique de la terre brûlée. C'est une alchimie bien délicate que de mélanger les races, les croyances, les religions, les peuples.

Dick Pentecost, qui n'avait jamais pu se départir de son accent britannique, dont il jouait même parfois, bougonna :

– À qui le dites-vous, révérend ! Il y a des moments où je me demande si je suis anglais, français ou canaque...

– Vous êtes marin, répliqua Rousseau avec malice.

– De toute manière, reprit Delord, si l'harmonie arrive un jour dans ces îles, ce sera grâce aux femmes...

Rô resta longtemps un lieu maudit. Ne vivaient plus là-bas que les enfants des baleiniers, des santaliers et des blackbirders. Le temple du pasteur Jones fut abandonné un temps par les fidèles. Et du château de Luès, dont le toit fut arraché par un cyclone, ne restèrent plus que des murs noircis envahis par les ronces. Luès fut envoyé à Lifou où il mourut quelques années plus tard.

Dick ne se remit jamais de l'exil infligé à son beau-frère. Luès était celui qui, après sa première traversée, l'avait accueilli à Maré avec une amitié fraternelle. La grande chefferie n'avait pas compris à quel point, à son retour d'Angleterre, Luès avait souhaité la servir pour le bien de son peuple. La grande chefferie avait trouvé suspecte sa fonction d'interprète officiel tant pour les Français que pour les Anglais. Cette réputation d'intellectuel l'avait isolé des siens qui, sans le rejeter vraiment, ne l'avaient plus reconnu comme un des leurs. Il avait été l'un des tout premiers à s'ouvrir à l'Occident. Mais c'était encore trop tôt, les esprits n'y étaient pas préparés. Dick regrettait qu'il n'ait pas été le contemporain d'Henri Naisseline. Rien de tout ceci ne serait arrivé. Dick garda cette blessure secrète.

Port-Vila, planté dans un décor aux allures d'opérette, glissait en pentes douces vers un rivage en arc de cercle qui s'ouvrait d'abord sur une anse turquoise dessinée comme le pied d'un éventail, cintré de chaque côté par deux avancées de terre. Puis l'océan reprenait au-delà sa liberté pour s'étaler largement vers le bleu profond de l'horizon. Les ruelles herbeuses serpentaient et dégringolaient des collines touffues dont les arbres servaient d'ombrelles aux maisons coloniales qui parsemaient leurs flancs.

À son réveil, tôt le matin, Dal Gubbay contemplait ce paysage aux couleurs de porcelaine avant de se lancer dans une série d'abdominaux qu'il jugeait indispensable pour le maintien de sa forme. De ses parents, de son passage en Australie, Dal avait hérité ce je ne sais quoi d'anglo-saxon qui privilégiait tout autant le sport que les études, le flegme que l'humour. Il était en quelque sorte l'archétype du Britannique arrivé comme par accident sous les tropiques. Grand, mince, le teint clair et le cheveu noir, son profil assyrien faisait merveille sous un casque colonial d'une blancheur toujours éblouissante. Il possédait un cheval qu'il montait chaque jour. Son grand bonheur était de l'entendre hennir de satisfaction lorsqu'il le rejoignait après s'être entraîné aux avirons, le soir, dans la baie de Vila, à bord du *Gladstone Skiff.*

Ce mode de vie en agaçait plus d'un à Vila ; en particulier ceux qui ne concevaient le sport qu'autour d'une table de poker et qui évitaient toute déshydratation en se désaltérant au whisky une grande partie de la nuit, à titre préventif. Ces soirées se déroulaient invariablement au Cercle, genre de club franco-britannique où planteurs et résidents de Vila se retrouvaient le soir. Dal y venait aussi, mais surtout pour apprendre les événements du jour rapportés par les uns et les autres.

– Dal, venez boire un verre avec nous, lui proposa un soir avec insistance et agressivité un planteur plus éméché que de coutume.

– *No, thanks*, répondit Dal en reprenant une conversation interrompue.

– *Come on*, insista l'homme. Vous vous conduisez en femmelette avec vos *drinks* légers.

– D'ailleurs, la preuve, enchaîna son voisin, il rame dans la baie, mais il n'oserait jamais de nuit la traverser à la nage.

– Peuf! reprit un troisième, ce n'est rien, cette baie, il vaudrait mieux qu'il nous montre s'il est capable de nuit de traverser un lagon plus large... avec des petits courants... Erakor, par exemple !

D'un seul coup, tous les regards s'étaient tournés vers Dal, comme interrogatifs. Un silence attentif avait fait place au brouhaha habituel.

– Je ne vois pas l'intérêt de ce défi stupide, répondit Dal, mais, si vous y tenez... Allons-y, messieurs.

Quelques instants plus tard, la lune éclairait une procession hétéroclite, qui à cheval, qui en sulky, qui en carriole. Elle se dirigeait vers le lagon d'Erakor, hors de Port-Vila, avec une impatience et une excitation incontrôlées.

En s'approchant de l'eau lisse comme une plaque d'acier, Dal ne put s'empêcher d'admirer le long du rivage les palmes argentées des cocotiers qui se balançaient doucement à l'air tendre de la nuit, faisant écho aux reflets de la lune sur le lagon.

Tout de même ! Choisir le lagon d'Erakor, grand ouvert sur l'océan et sur les requins, c'était sévère, et témoignait sûrement du degré de jalousie ou d'alcool que ces imbéciles recelaient en eux. Dal ne s'entraînait pas impunément chaque jour pour échouer sur un défi pareil. Finalement, il allait considérer cela comme un test d'endurance. Il fallait qu'il réussisse.

Probablement conscient tout à coup du risque inutile qu'ils faisaient courir à cet homme, les instigateurs de cette traversée se taisaient. Certains, pas encore dégrisés, remontaient ostensiblement leurs épaules pour laisser croire au dérisoire de l'entreprise et riaient en quêtant l'approbation des autres par des interpellations qui se voulaient complices.

Dal retira ses vêtements, les posant au fur et à mesure sur le sable, et entra lentement dans le lagon jusqu'à ce que l'eau arrive à la hauteur de ses cuisses. À ce moment-là, il s'immergea complètement et commença à glisser, comme une lame couperait la surface de l'eau. Grâce à la lumière blanche de la lune, sa tête restait visible. Confiant dans sa résistance, Dal crawlait régulièrement, se demandant s'il rencontrerait ou non un requin égaré dans les parages. Et dans ce cas, que se passerait-il ? Il n'entendait pas sur le rivage l'échange de phrases entre ceux qui préféraient déjà dégager leur responsabilité dans cette aventure et ceux qui affichaient un optimisme irraisonné. Quelques-uns étaient remontés à cheval pour longer le rivage, d'autres avaient mis à l'eau une petite embarcation pour rejoindre la tribu d'Erakor et attendre le nageur de l'autre côté.

Le sillage laissé par les battements de pied de Dal permettait de suivre sa progression. À mi-chemin de la course, la tension avait atteint une intensité que les parieurs n'auraient jamais avouée. Du silence installé s'élevait par moments un raclement de gorge ou le frottement assourdi d'une noix de coco tombant sur le sable. Ces bruits familiers donnaient aux témoins un sentiment confus de honte pour avoir jeté ce défi. Dal continuait sa progression avec une énergie comparable à celle dont il avait fait preuve en se mettant à l'eau. Il approchait du rivage. Il sentit enfin le sable des hauts-fonds en tâtonnant avec ses pieds, passa une main sur son visage et sortit de l'eau lentement comme il y était entré. Au silence incertain et comme suspendu, succéda un hourra de soulagement lancé plus bruyamment encore par ceux qui avaient défié Dal.

Le lendemain matin, tout Port-Vila racontait l'exploit qui n'allait pas tarder à prendre des proportions homériques puisque au fil des jours, la distance parcourue doublait puis triplait. Quoi qu'il en soit, Dal acquit une aura qu'il mesura à la façon dont on le saluait maintenant dans la rue. Et très vite toute l'île porta un respect avoué à cet homme secret à l'allure finalement *assez britannique*.

Dal Gubbay avait acquis, sous la conduite de son père, une expérience remarquable dans de nombreux domaines. Il avait la responsabilité de la maison de commerce General Store ouverte à Vila à l'image de celle de Nouméa et qui appelait une vigilance extrême tant les colons s'y approvisionnaient « en coup de vent » en précisant encore plus hâtivement « qu'ils paieraient à un prochain passage » ces outils, produits alimentaires et marchandises diverses qu'ils venaient de prendre. Beaucoup s'enlisaient dans des dettes qu'ils ne pourraient plus honorer.

David et Jane, à Nouméa, étaient conscients de la lourde responsabilité qu'ils avaient confiée à leur fils aîné aux Nouvelles-Hébrides. Jane le rappelait souvent à son mari. Elle avait supplié David de le faire venir à Nouméa, sous prétexte d'assister aux fêtes organisées par les autorités à l'occasion du cinquantenaire de la prise de possession de la Calédonie par la France.

– Il ne faut pas oublier qu'un jeune homme a aussi besoin de distractions, dit-elle à David en conclusion, puis, fine mouche, elle ajouta : J'ai entendu dire que la fête durerait plusieurs jours. Tout le monde va descendre de brousse et au magasin il y aura du travail. Dal pourrait t'aider.

Tout en feignant l'hésitation et la réflexion David réalisa qu'il ne demandait qu'à se laisser convaincre. Et puis, il n'osait pas reconnaître qu'il aimait discuter avec Dal de l'archipel cher à Higginson.

– Tu penses vraiment que... ?

– David, tu sais aussi bien que moi comme Dal adore les chevaux. Il paraît que des concours hippiques et des courses sont organisés. Fais-lui, fais-nous ce plaisir. Et puis les enfants le réclament. Nous ne le voyons pas si souvent, David. Dal nous manque.

Les membres du Conseil municipal se frottaient les mains. Un large sourire barrait leur visage. M. Loupias, le maire de Nouméa, venait de les féliciter au nom de M. le gouverneur Picanon et au nom de la population tout entière pour l'organisation remarquable de la semaine de réjouissances qui avait été programmée à l'occasion de ce premier cinquantenaire. Les Nouméens s'étaient régalés de concours équestres, de raids, de courses hippiques, de régates et même d'une fantasia !

La fantasia avait été le « coup de génie » du maire. Il se promenait un soir quelques semaines plus tôt dans les rues de sa ville, en soulevant son chapeau, comme à son habitude, pour saluer chaque administré qu'il croisait. Il était alors passé à côté de Mokhrani qui surveillait les allumeurs de réverbères dont il avait la charge. Au milieu de la nuit suivante, déjà fort préoccupé par l'organisation de la fête et son animation, le maire s'était redressé tout à coup sur son lit en secouant sa femme vigoureusement :

– Lève-toi, j'ai une idée. Va allumer la bibliothèque !

– ... ?

Le lendemain Mokhrani, convoqué à la mairie, avait rencontré le maire.

Il avait regardé en silence M. Loupias, heureux que lui et les siens soient sollicités pour participer à la fête. Mais il avait senti sourdre du plus profond de lui-même une nostalgie qu'il s'était jusque-là interdite. Tout à coup revenait à sa mémoire, comme une déferlante inattendue giflant violemment des rochers, le souvenir de son arrestation et de celle de ses compagnons près d'Alger. C'était en 1871. La révolte menée par son frère le bachagha Mokhrani qui, lui, avait été tué au cours de l'assaut violent contre les troupes françaises, avait été un échec. Assimilés aux déportés politiques, Mokhrani, Aziz, le fils du cheik El Haddad et d'autres Kabyles avaient été envoyés à l'île des Pins. Libéré depuis quelques années, Mokhrani n'avait pas demandé à retourner en Algérie. Et aujourd'hui, M. le maire voulait que lui et les siens participent à la fête !

Il l'avait préparée, sa fantasia ! Avec quelle méticulosité ! Avec quel soin ! Le choix des chevaux avait fait l'objet d'interminables discussions, chacun prétendant avoir le meilleur. Dans la plaine des Gaïacs, Mokhrani et ses compagnons s'étaient souvent retrouvés pour entraîner leur monture. Et il avait souri discrètement lorsqu'il avait vu le maire feuilleter un livre de reproduction des tableaux de Delacroix pour que Mokhrani s'inspire des costumes dessinés par le peintre. Il fallait faire vrai.

– Ne t'inquiète pas, monsieur le maire, on a l'habitude. Et ça, sur ton livre, c'est marocain. Je vais expliquer aux femmes le burnous, elles vont coudre.

Cette fête avait été voulue grandiose par les autorités pour distraire une population qui venait de traverser de nouvelles épreuves, dont une épidémie de peste n'était pas la moindre. Le succès avait dépassé tous les espoirs des organisateurs.

Dal n'avait pas osé raconter à ses parents la traversée nocturne du lagon d'Erakor, mais il leur dit qu'il avait été pressenti pour être nommé président, non seulement de la Société des courses, mais également de la Société de culture physique. Il reprit la mer quelques jours après cette semaine de réjouissances où il avait pu contempler à loisir les plus beaux chevaux de Calédonie, assister aux exhibitions et, le soir, danser au bal que tout le monde avait attendu avec une excitation de collégiens. Cap sur Port-Vila. Son bateau était chargé de marchandises, outillages, graines, tissus, vaisselle, accastillage pour approvisionner son General Store dont les résultats avaient été appréciés par son père.

Dal avait l'habitude, à chacun de ses retours aux Hébrides, de se rendre au club de Vila où il donnait des nouvelles de Nouméa et apprenait les événements qui s'étaient produits dans l'île. Le club, c'était vraiment le rendez-vous privilégié des planteurs, des commerçants, des fonctionnaires, liés par des conditions de vie rudes et difficiles, dans un climat perpétuellement chaud, d'une humidité épuisante qui transformait la moindre blessure en risque grave pour la santé de celui qui en était victime. Ouvert largement pour provoquer des courants d'air la plupart du temps inexistants, éclairé à la lumière pâlichonne et vacillante des lampes à pétrole, le cercle tenait du club anglais des Indes britanniques dans sa recherche de tenue de bon aloi et du saloon dans les événements que l'on y vivait parfois. Les informations s'échangeaient sans discrétion. On y discutait, finalement avec sympathie, de la vie des plantations, du passage des bateaux des Messageries ou de celui des goélettes des recruteurs, de l'impression donnée par les nouveaux débarqués riches de leur famille et de leurs projets. On y entendait les mises en garde sur les épidémies de paludisme redoutables, on parlait cours du coprah, affrètement, approvisionnements, prêts bancaires, difficultés de recrutement de main-d'œuvre, parfois de drames vécus par certaines familles, des tribus voisines, des décès et des naissances. Celles-ci étaient toujours accueillies avec attendrissement et fierté : elles étaient signe d'espoir en l'avenir. Chacun connaissait les conditions de vie des autres, une entraide pleine de pudeur les soudait entre eux tacitement et les rendait solidaires dans l'adversité comme dans le bonheur.

Dal avait discuté avec son père de projets à réaliser à Vila, en particulier la construction d'un hôtel qu'il voulait à tout prix appeler Hôtel moderne et dont la petite capitale avait grand besoin. Il aimait l'imaginer, en avait dessiné les grandes lignes qu'il reprenait et rectifiait chaque jour. Il travaillait tard le soir et, cette fois-là, mit un certain temps avant de renouer avec les rendez-vous du club. Puis, l'habitude d'y faire un tour le reprit jusqu'à ce qu'un fameux soir il effectuât, avec tous ceux qui étaient présents, le plus beau vol plané jamais réalisé dans la région.

Ce soir-là, un colon, peut-être ruiné, sûrement éméché, en tout cas très déprimé, avait voulu provoquer l'attention des habitués et exprimer sa détermination *d'en finir* en sortant de sa poche un bâton de dynamite enroulé dans un papier brun. Les planteurs, qui étaient habitués à utiliser ce genre d'explosif, l'allumaient toujours avec beaucoup de précaution. Ils savaient, par expérience, que le laps de temps entre l'allumage et l'explosion n'était pas prévisible car les longueurs de mèche étaient rarement les mêmes. Ces bâtons dont la fabrication relevait de l'artisanat avaient déjà provoqué de graves accidents. Il n'était pas rare de croiser aux Hébrides des manchots qui avaient été surpris à la pêche par la simultanéité de l'allumage et de l'explosion. Ce soir-là, au Cercle, le planteur malchanceux et malheureux décida d'allumer et de laisser tomber le bâton de dynamite au milieu des joueurs en criant à la cantonade qu'il souhaitait en finir une bonne fois pour toutes avec une existence ô combien cruelle. Son voisin de table, aux réflexes encore vifs, attrapa le bâton et le jeta par une des fenêtres ouvertes. L'assistance soulagée avait bien conscience qu'elle venait d'échapper au pire lorsque, atterrée, elle vit un chien, habitué des lieux, apparaître dans la salle, la queue frétillante et le bâton de dynamite serré entre ses mâchoires. L'affolement fut indescriptible. Tout le monde sauta par la fenêtre la plus proche. Une partie du bâtiment explosa.

Au dénombrement des rescapés, on enregistra le nom du colon artificier.

Cette fois, Dick Pentecost se le jura, c'était sa dernière campagne. Quand il reviendrait à Netché, il poserait son sac, il s'occuperait de son négoce et de ses filles. Cinquante et un ans ! Certains de ses amis de jeunesse étaient morts. D'autres, devenus planteurs aux Hébrides ou armateurs à Nouméa, coulaient des jours paisibles au milieu de leur famille.

Et puis, il avait des projets pour Maré. Il voulait en faire un verger. Développer la culture des oranges, des mandarines, des bananes, des fraises, des mangues et même du café qui était devenu depuis quelques années une des richesses de la colonie. La grande chefferie soutenait son projet avec enthousiasme. Elle voulait intéresser à l'aventure toutes les tribus et tous les clans. Déjà *Le Pétrel* de Richard et *Le Cagou* de Tiby Hagen déchargeaient les belles récoltes de Maré sur le quai de Nouméa.

Oui, ce serait sa dernière campagne. Dans une semaine, de retour à Maré, Dick Pentecost poserait son sac. L'exil de Luès, la prospérité du *store* de Samerton mené d'une main de fer par Mary, la maison résonnant sans cesse de cris et de rires d'enfants avaient émoussé sa perpétuelle soif de navigation et d'imprévu. Ses périples sur mer aujourd'hui lui pesaient. Les escales à Nouméa surtout l'ennuyaient depuis la mort de son ami. Une fois marchandises et voyageurs débarqués, il n'avait qu'une hâte, « revenir à la maison », comme il aimait maintenant le dire.

Il s'était pris d'amitié pour le fils Hagen qui s'appelait Nicolas comme son père, mais que les Maréens avaient surnommé Tiby, sans qu'on sût vraiment pourquoi. Le surnom lui était resté. Le jeune homme ressemblait d'une manière frappante au défunt. Plus grand, plus subtil aussi. Dick se sentait des responsabilités vis-à-vis de lui. Et il finit par le considérer un peu comme le fils qu'il n'avait pas eu.

Tiby poursuivait ses études en Australie quand Nicolas Hagen était mort. Sa mère l'avait fait revenir pour lui succéder. Tiby avait dix-huit ans. Il avait retrouvé sept frères et sœurs dont le plus âgé n'avait que neuf ans, et une mère qui vivait dans le culte de son mari :

– Comme tu lui ressembles... si ton père était encore là...

L'associé de son père, Albert Thévenet, devenu le tuteur des enfants, joignait sa voix à celle de Lucie dans le rappel permanent du père. Seul Dick avait un comportement naturel avec le fils de son ami de jeunesse. Il n'éprouvait jamais le besoin de lui rappeler inutilement qu'il n'était que son fils. Mais le comportement de Lucie était en réalité celui de l'épouse souhaitant parler au moindre prétexte de son mari disparu. Elle témoignait ainsi d'une mémoire sur laquelle le temps n'aurait jamais prise.

Tiby venait souvent à Maré, car il avait repris en charge la compagnie de navigation inter-îles de l'entreprise familiale. Dick l'hébergeait à Samerton. Là, le jeune homme se sentait déchargé du lourd fardeau de sa famille et de ses affaires. Il retrouvait une sorte d'insouciance et un rire sans retenue. Mary le choyait comme son fils. Dick, par ses mille et une histoires, lui en apprenait bien plus sur le Pacifique que tous les livres dont le jeune homme était friand. Les filles, adoptives ou pas, des Pentecost lui faisaient fête. Seule Emely, l'aînée, le fuyait. Et plus elle fuyait, plus Tiby se sentait attiré vers elle.

À bord du *Pétrel*, Richard Pentecost, accoudé au bastingage, souriait en pensant qu'un jour ou l'autre, le plus tôt serait le mieux, Emely et Tiby pourraient se marier. *Le Pétrel* longeait maintenant l'île Pentecost. En voyant se dérouler les sombres montagnes, Dick sourit sans mélancolie à ses rêves d'enfant. Et il pensa avec tendresse à Emely. Vingt ans déjà, des yeux doux et rêveurs, des pommettes hautes, des lèvres sensuelles. L'ovale de son visage était le même que celui de Wadreng, sa chevelure avait la même opulence que celle de sa mère. Ses poses de jeune fille timide contrastaient avec ses manières énergiques, volontaires et actives de la femme des îles travaillant aux champs. Son éducation anglo-saxonne lui avait appris l'ordre, la méthode, la rigueur du raisonnement. Elle était armée pour devenir une maîtresse femme..., songea Dick en retournant dans sa cabine, son « bureau », disait-il souvent.

Tout à l'heure, ils jetteraient l'ancre devant Maevo, pour y recruter les cinq ou dix travailleurs dont les plantations de Nouvelle-Calédonie avaient besoin. Après, ce serait fini. Il mettrait cap sur Nouméa, déchargerait sa cargaison d'hommes et reviendrait à Maré. La veille, il avait feuilleté une nouvelle fois le carnet où il avait noté, depuis qu'il naviguait, le nombre de marins tués dans les Islands : cent soixante-quatre ! Il ne voulait plus tenir cette comptabilité. Il ressortit sur le pont. Watson avait déjà jeté l'ancre à Ditarara. Watson était devenu irremplaçable. Ses manœuvres étaient toujours irréprochables. Le bon geste, au bon moment. Il ferait un bon capitaine pour *Le Pétrel*. À terre aussi, il avait le comportement souhaité. Ça amusait Dick, parfois, de voir Edouard négocier, en plaisantant et en rigolant, avec les indigènes ; il employait, d'instinct, les mêmes trucs et les mêmes formules que lui. Alors que Petersen s'était retiré à Santo, fortune faite, Watson, le père d'Edouard, était mort quelques années auparavant. Dick avait tout naturellement adopté son fils, même si Edouard Watson était déjà père de famille.

Cela faisait longtemps qu'il n'avait pas mouillé devant cette anse de Maevo. Presque deux ans. Depuis cet étrange voyage... Il fut étonné de la précision de ses souvenirs. Cette fois-là, il était arrivé en fin d'après-midi à l'heure où le crépuscule flamboyait et où se détachaient dans le ciel, en ombres chinoises, les silhouettes des cocotiers échevelés. L'obscurité était proche. Accoudé au bastingage, il s'était laissé aller à rêver et avait vite été surpris par la lumière extraordinaire de cette nuit de pleine lune.

Humant le vent de la terre en admirant les cocoteraies visibles comme en plein jour et la plage éclairée, parsemée de lourds tamanous suspendus au-dessus de l'eau, il revécut chaque minute de cette nuit incroyable qui débuta lorsqu'il entra mettre de l'ordre dans sa cabine et se versa son traditionnel whisky avant le repas du soir. Il venait juste de s'asseoir lorsqu'il entendit des bruits de pas précipités sur le pont. « *Masta, masta, you come i gat devel.* » Il sortit de sa cabine, décidé à calmer cette agitation et à ne pas céder aux peurs ancestrales néo-hébridaises de diables rôdeurs. On s'empressa de lui montrer du doigt, au loin, une masse difforme, énorme et blanche, qui dodelinait en avançant sur la plage. Impossible de discerner ce que c'était. Il s'ensuivit un affolement grandissant parmi l'équipage, tous voulaient que Dick donne l'ordre d'appareiller. Un diable dans les parages, c'était de mauvais augure. Dick, agacé, essaya de les raisonner et dut se résoudre à descendre à terre avec Edouard. Ils furent stupéfaits de constater que l'énorme masse claire n'était autre qu'une truie blanche gigantesque aux mamelles prodigieuses traînant à terre. L'incident clos, l'équipage, tranquillisé, se mit à plaisanter de sa méprise. Dick rejoignit sa cabine. Quelques instants plus tard, on le rappela sur le pont. Une pirogue conduite par deux pagayeurs venait d'accoster le long du *Pétrel.* De sa coque une silhouette féminine avait surgi comme une sirène sortant de l'eau. Elle s'adressa à l'homme de quart d'une voix chaude et insistante. Elle se disait femme de chef et demandait avec fermeté à parler au cap'tain Dick. Elle affichait un aplomb qui seyait au rang qu'elle disait occuper.

Dick accepta, donna l'ordre de la faire monter à bord et l'attendit à l'intérieur de son carré. « Encore une femme en fuite », avait-il pensé en haussant les épaules. Il fut stupéfait lorsqu'il la vit : elle était d'une rare beauté, fruit d'un mélange de sangs mélanésien et polynésien comme ces îles de l'est en connaissent parfois. Un pagne coloré soulignait ses reins. Son buste nu, satiné, magnifique, était orné de colliers traditionnels, faits de gros coquillages et de nacres polies reliés entre eux par une fine liane tressée. Ses cheveux noirs, ondulés, flottaient sur ses épaules rondes et lisses. Son visage aux traits réguliers avait des reflets d'ambre. Avec un grand naturel et sans attendre d'y être invitée, elle s'assit lentement, légère comme un félin.

Dick la revoyait comme si cette scène s'était déroulée la veille. Il entendait encore le bruit des coquillages sur sa poitrine se heurtant entre eux à chacun de ses mouvements. Fasciné, il l'écouta. Dick l'Américain devait l'aider à fuir son vieux chef de mari car elle aspirait à retrouver son amant sur une plantation à l'est de Santo. Sous le charme, l'intrépide marin, le recruteur adroit, perdit toute prudence. Pour éblouir à son tour, il voulut montrer qu'à bord il était seul maître après Dieu. Faisant jouer sa carrure athlétique, buvant sec comme il se doit, jovial et familier, prêt à plaisanter pour séduire, il la régala d'histoires magnifiques et de son regard bleu acier. Aucune rudesse d'allure, aucun cynisme grossier et brutal n'entachait Dick. Alors elle se détendit puis se cala au fond de la banquette, creusant les coussins derrière ses reins. Avec sa vitalité débordante, cap'tain Dick s'extériorisait en gestes chaleureux, inconscient d'une naïve et pourtant évidente fatuité, oublieux des conseils mille fois répétés du commandant Petersen. Tout en l'écoutant, elle réajustait son pagne, touchait un de ses colliers, laissant glisser une de ses mains sur ses épaules comme une belle chatte qui fait sa toilette et qui, de temps en temps, lève la tête pour apprécier l'effet produit. Elle était sûre de l'émoi qu'elle provoquait en lui. Subtile comme les femmes des îles, rompue à la survie par l'observation minutieuse du comportement des hommes, elle attendait et savait déjà qu'elle tenait sa victoire.

Après cette belle nuit, Dick confiant dans son prestige et sa réputation de recruteur chanceux transgressa les lois coutumières de l'île et refusa fermement de rendre cette femme au chef venu tôt le lendemain la réclamer. L'indignation et la colère de l'homme dans la pirogue furent grandes. L'intransigeance de Dick, aux yeux de tous les villageois, portait atteinte à son prestige. Le rapt, l'offense, l'orgueil blessé criaient vengeance.

Dick crut-il l'histoire oubliée en revenant deux ans plus tard ? Sans doute l'avait-il classée au nombre de ces mille et un incidents inhérents au recrutement dans les Islands, qui s'oubliaient avec quelques cadeaux et caisses d'alcool dont sa cambuse était amplement pourvue. Ses passages antérieurs à Maevo avaient été marqués de fêtes et d'orgies où les bouteilles de whisky et le gin coulaient à flots. Il pensa que seuls ces souvenirs-là étaient restés dans les mémoires. Malgré sa longue pratique des gens des îles, ou plutôt à cause d'elle, il manqua totalement de clairvoyance et de la plus élémentaire prudence. Il allait payer cher cette méprise.

Les baleinières étaient déjà sur le rivage. Dans sa lunette, Dick voyait que les négociations se passaient normalement. Watson revint à bord :

– Quatre hommes et trois femmes recrutés. Il est entendu que j'irai les chercher demain. Les primes à verser ne sont pas exorbitantes. Un des chefs m'a dit que cela faisait longtemps qu'ils n'avaient pas vu un bateau. Ils n'ont plus de tabac, plus d'allumettes... Ils auront tout cela demain, avec le troc. Comme vous me l'aviez dit, je leur ai promis des *trade-boxes* bien pourvues.

La nuit fut calme.

Au matin, Edouard Watson, le marin originaire d'Aoba, le recruteur Waning et les hommes d'équipage partirent vers le rivage. Les deux femmes, restées à bord, lavaient le linge à l'arrière. Une pirogue toucha la coque. Dick, occupé à surveiller la plage, ne l'avait pas vue approcher. Il se pencha, surpris. Il y avait deux hommes à bord qui remontaient lentement leurs rames dans la coque. Cette placidité effaça chez Dick le vague soupçon qui s'était éveillé en lui. Il fut complètement rassuré lorsque l'un des deux hommes lui demanda s'il pouvait les emmener à Nouméa où ils souhaitaient travailler pour gagner d'autres grades.

Dick les invita spontanément à monter. Mais, alors qu'ils mettaient pied à bord, il songea :

– Je me conduis comme un débutant. J'ai oublié de leur demander de laisser leurs fusils dans la pirogue.

Au même moment une agitation bruyante sur la plage lui fit tourner la tête. Une centaine d'indigènes, surgis de la cocoteraie où ils devaient se tenir cachés, entouraient les baleinières. Dick eut le temps de voir que ses équipiers étaient pris à bras-le-corps et jetés à la mer. Il ne sentit pas arriver le coup violent que l'un des deux hommes lui donna sur la tête.

Sur le rivage, la confusion était totale. Six hommes d'équipage essayèrent de fuir à la nage pour regagner *Le Pétrel*, mais trois d'entre eux furent tués presque aussitôt. Les hommes de Maevo qui étaient montés à bord des baleinières avaient tiré sur eux avec leurs fusils. Un quatrième, blessé, fut ramené à terre par les assaillants et achevé d'une balle en plein front. C'était un indigène de Maré, un fidèle de Dick. Le second, Edouard Watson, poursuivi de très près, nageait avec une énergie décuplée lorsqu'il reçut un coup violent dans les reins. Il redoubla d'effort, plongea et ne sortit la tête de l'eau que beaucoup plus loin, espérant s'être approché du *Pétrel*. Ce qu'il vit ne lui laissa plus d'espoir. À bord, un indigène était affublé de la tenue de Dick. Comprenant qu'il s'agissait d'un leurre, Watson vira sous l'eau et reprit la direction de la terre, mais à l'écart du rivage où se jouait le drame. En sortant de l'eau, épuisé, il se cacha dans les buissons avant de se diriger jusqu'à la mission qui se trouvait à une heure de marche. Un autre membre de l'équipage qui avait aussi échappé au carnage le rejoignit. Un troisième marin qui avait regagné la terre ferme resta caché, seul, jusqu'à la tombée de la nuit. Originaire d'Aoba, il devina où il pourrait trouver une pirogue qu'il mit à l'eau pour rejoindre *Le Pétrel*. Il pensait encore retrouver Dick et ceux qui étaient restés à bord ou qui avaient pu le rejoindre. *Le Pétrel* dérivait lentement. Le pont était encore rouge de sang.

À la mission, c'était la consternation. Le pasteur envoya, à la demande de Watson, un indigène se renseigner auprès de la tribu des assaillants sur le sort de Dick et des autres marins. Ce qu'ils apprirent au retour de l'homme les glaça d'horreur. Dick, inconscient après le coup reçu sur sa tête, avait été déshabillé et garrotté. Ses pieds aussi étaient liés par une corde. Alors qu'il reprenait ses esprits, il avait reçu une volée de coups de poing et de coups de pied. Les indigènes tournaient autour de lui en dansant et en chantant avec des intonations féroces et triomphantes. Le pire se préparait. Il eut lieu à la tombée de la nuit lorsque le chef de la tribu se détacha du cercle, s'avança vers Dick et donna le signal de la curée. Dick Pentecost, encore en vie, fut découpé. Ses morceaux furent partagés. C'est à terre qu'ils furent mangés.

Les traînées de sang sur le pont avaient conduit le garçon d'Aoba jusqu'au carré. Un désordre indescriptible y régnait. Le saccage avait été complet. Les boiseries arrachées, les sacs éventrés. Le silence était amplifié par le grincement des membrures et des poulies. Le gui était brisé et traînait contre le flanc du navire avec la grand-voile. Le marin ne perdit pas de temps. Il hissa le foc et la trinquette, puis se précipita avec des gestes saccadés vers le gouvernail. Péniblement il fit virer *Le Pétrel* et l'orienta à bâbord.

Ce fut le patron de *La Julia*, Pierre-Marie Bladinières, qui repéra le cotre à la dérive, drapeau en berne, le lendemain matin. En recueillant à son bord le marin rescapé, il apprit le drame et la mort tragique du cap'tain Dick, ce baroudeur, ce vieux marin, leur maître à tous.

Quelques jours plus tard, Watson et l'indigène d'Aoba furent ramenés à Nouméa à bord de l'aviso transporteur qui patrouillait aux Hébrides, *La Meurthe*. À Nouméa, les deux hommes furent interrogés longuement sur le drame par les autorités. Puis ils furent autorisés à repartir à Maré, sur *Le Néo-Hébridais* appartenant à la firme Hagen Frères. Tiby était à bord. Il tenait à annoncer lui-même la mort de Dick à Mary et à Emely. Il voulait en atténuer le récit et l'annoncer comme un accident au cours duquel Dick n'aurait pas souffert.

Quand Emely vit arriver le bateau de Tiby, son cœur ne bondit pas de joie. Ce n'était pas *Le Pétrel* qui rentrait et elle n'avait pas aperçu la silhouette de Dick sur le pont. Mais elle ressentit un grand froid.

La jeune femme n'arrivait pas à lutter contre les cauchemars qui hantaient chacune de ses nuits : son père si grand, si fort, absent pour toujours ? Comment était-il mort ? On lui cachait quelque chose. Elle en était sûre. Personne ne voulait lui dire la vérité. Ce n'était pas possible ! Son père allait surgir un matin, il lui prendrait la main et ensemble, avec Ballah, ils repartiraient à Sydney. Emely reprendrait ses cours de piano et son père remonterait à bord du *Pétrel*, comme d'habitude pour une dernière campagne dans les Islands. Et tout serait comme avant.

Emely ne supportait pas qu'on lui parle de son père. Elle s'irritait de voir ses petites sœurs et cousines s'amuser dans le jardin. Elle avait choisi de s'isoler hors de la tribu et partait à pied tous les jours aux champs. Elle travaillait sans relâche, renouait avec ce lien ancestral quasi charnel qu'est la terre. Elle déversait toute sa hargne, son désespoir, piochant, binant, ratissant, creusant, semant, s'épuisant. Elle rentrait le soir ivre de fatigue. Cette terre la purifiait et l'aidait à survivre.

Aux yeux de tous, elle n'était qu'énergie, puisée et rendue à la terre qui la consolait en lui offrant ses fruits généreux : des ignames plantureux, des maniocs et des taros impressionnants et ces autres légumes craquant de fraîcheur, carottes, salades, concombres ou tomates. Puis, peu à peu, pour le plaisir et les couleurs, elle planta des fleurs, des lys, des impatientes, des pervenches, des freesias... Un soir, alors qu'elle redescendait de son champ les bras chargés d'amaryllis blancs striés et ourlés d'orange qu'elle voulait offrir à Mary, elle vit sa mère d'adoption, ses sœurs et quelques voisins assis autour de la grande table dressée sous l'auvent dans le jardin, à côté du banian. Ils écoutaient en riant Tiby raconter encore l'une de ses aventures. Il était assis dans le fauteuil de son père et riait d'un rire aussi formidable que celui de Dick. Tout à coup, elle aima ce rire. Tiby, qui avait suivi des yeux l'arrivée d'Emely, bondit de son siège et lui demanda s'il pouvait l'accompagner dans la maison pour l'aider. Elle accepta, lui sourit, heureuse, découvrit-elle tout à coup, de pouvoir ainsi lui exprimer sa reconnaissance pour les attentions et la sollicitude dont il avait fait preuve avec tant de discrétion depuis l'annonce de la mort de son père. Dans son trouble, Emely avait oublié de donner à Mary les fleurs qu'elle avait cueillies pour elle. En riant, elle revint sur ses pas les déposer sur la table, devant Mary.

– Tiens, lui dit-elle, elles sont pour toi.

– *Ouanatchor...*

Dans un souffle timide, Emely avait murmuré ce mot à l'oreille de Tiby. C'était comme une caresse, celle d'une vague apaisée glissant le long d'un bloc de corail.

– Que dis-tu ? demanda Tiby.

– Je dis : « mon bien-aimé » en maréen, *ouanatchor.*

– *Ouanatchor*, reprit Tiby en posant sa main sur le visage d'Emely.

Tiby venait deux ou trois fois par mois à Maré sur un gros vapeur, *Le Cagou,* ou l'un des quatre autres bateaux de sa flottille. Il débarquait les marchandises diverses pour le *store* de Samerton et emportait maïs, café, cochons, parfois du santal, mais surtout des fruits et des légumes destinés à Nouméa qui en manquait cruellement, malgré une colonisation agricole qui n'arrivait pas à s'imposer sur la Grande Terre. Maré était aussi devenue une escale commode dans ses aller et retour vers les plantations qu'il avait acquises aux Hébrides. Comme Dick, comme son père Nicolas, Tiby allait s'aventurer plus loin à l'est, les Wallis et les Salomon. À cette différence près qu'il n'oubliait jamais d'envoyer à Emely et à Mary une carte postale de Vila, Fidji ou Sydney.

Lui aussi recrutait, mais, depuis la mort de Richard Pentecost, le temps des blackbirders était terminé. C'était maintenant une affaire qui se traitait directement entre l'administration, les armateurs et les employeurs. La maison Ballande, en premier lieu. Après une campagne de presse menée en France par un ancien fonctionnaire et qui évoquait le « nouveau trafic du bois d'ébène », le gouvernement de la Nouvelle-Calédonie avait ordonné une surveillance accrue des conditions d'embauche. On devait emmener un contrôleur à bord qui appliquait strictement les consignes. Il fallait donner une nouvelle image de la colonie, plus attrayante, plus morale, plus républicaine afin d'attirer les colons « libres », maintenant que le dernier convoi de forçats « transportés », le « robinet d'eau sale », comme avait dit le gouverneur Feillet, avait été fermé. Mais le robinet d'eau propre, les colons volontaires, « libres », coulait difficilement, même si déjà plus de trois cents planteurs cultivaient un peu partout sur la Grande Terre le café, grande affaire agricole de ce temps-là.

La culture du café, comme l'extraction minière, demandait de la main-d'œuvre. La SLN pour sa part avait obtenu l'autorisation de faire venir pour travailler sur ses mines des Indochinois dans un premier temps, et ensuite un contingent de Japonais. Les contrats étaient de cinq ans. L'ouverture sur une immigration asiatique existait maintenant. Dans les Islands, le recrutement était de moins en moins bien vu. Surtout par les planteurs qui, eux aussi, avaient besoin de main-d'œuvre.

Cela n'empêchait pas Tiby comme ses prédécesseurs d'attirer les indigènes à bord de sa goélette par la magie de son art de convaincre, sa jovialité et quelques tours de force, comme de s'attacher une ceinture en cuir autour de la poitrine et de la casser d'une seule et puissante respiration.

– Tu peux faire ça, toi ? demanda Emely à Tiby. Je ne te crois pas.

– Tu veux que je te montre ? Tout de suite ?

– Non, merci ! Et puis je n'ai pas envie d'être recrutée, moi.

– Dommage. Mais je trouverai bien une autre Maréenne. Peut-être même plus jolie que toi.

– Est-ce possible ?

Enfin, pour la première fois, elle plaisantait, elle riait.

Il n'y avait que huit ans que Tiby était arrivé d'Australie et déjà on le connaissait jusque dans le plus petit atoll du Pacifique. Sauf dans les Tonga, qu'il évitait avec soin.

– Pourquoi pas dans les Tonga ? demanda un soir Emely. Papa y est allé. Il paraît que c'est très beau, là-bas.

Après un court instant d'hésitation, Tiby se décida à raconter :

– Un jour, j'arrive à Tonga-Tapu. Sur la plage, on m'accueille, on m'embrasse. « Tiby, vive Tiby ! » Leur chef m'invite à partager son dîner, un grand *kaï-kaï* en mon honneur, le soir même. Heureusement que j'ai des polyglottes à bord : un de mes marins, qui parlait le tongien, m'a retenu par la manche avant que je ne me rende au village : « Masta Tiby, ne va pas là-bas. Tu sais ce qu'il y aura à manger, ce soir, au *kaï-kaï*? – Du cochon ? du chien ? Comme d'habitude », ai-je répondu. Alors mon marin s'est mis à rigoler très fort. Il n'arrivait même plus à parler tellement il riait : « Ce soir, tu te trompes, il y aura du Tiby au menu. Ils te trouvent très appétissant. Ils ont déjà allumé le feu... » Jamais de ma vie je n'ai fait appareiller aussi vite, poursuivit Tiby. L'équipage n'a pas arrêté de rire pendant toute la traversée du retour.

– Oui, et puis tu aurais pu leur donner « la gratte », à ces pauvres cannibales.

Cette fois, Emely éclata franchement de rire.

Tiby avait un charme fou. Irrésistible, il savait faire rire les femmes. Emely avait été séduite, il y avait de cela bien longtemps déjà. Elle ne s'était nullement offusquée des souvenirs de Tiby aux Tonga. Elle l'écoutait sans lassitude lui parler de ses grands projets dans les Islands. Il s'exprimait avec tant de fougue. Son enthousiasme était communicatif. Il était chaleureux, persuasif. Des idées, ça, il en avait. Trois à la seconde au moins et Emely souriait. Elle le voyait, à Maré, disponible pour chacun. Un conseil, un coup de main, un sourire. Mais sa passion, c'était quand même le piano. Il s'accompagnait lui-même lorsqu'il chantait. Et il réservait à Emely les vers de Goethe qu'il lui récitait avec un naturel désarmant. Et si Emely essayait de lui rappeler que la vie n'était pas qu'un jeu, il lui répondait invariablement :

– *He who loves not wine, women and song, he is a fool, all life long.*

Et alors on entendait en écho Emely traduire cette phrase en français en même temps qu'il la disait en anglais, :

– Celui qui n'aime ni le vin, ni les femmes, ni le chant sera un sot toute sa vie.

Tiby aurait pu ajouter la littérature et l'histoire. Il passait pour un remarquable conteur. Ses connaissances de l'histoire du Pacifique et des coutumes locales impressionnaient tous ses interlocuteurs. Bibliophile de renom, sa bibliothèque rassemblait tout ce qui avait été publié ou paraissait sur le Pacifique. D'une activité débordante, homme d'affaires infatigable, Tiby, après avoir fondé ses comptoirs aux Nouvelles-Hébrides, voulait en créer dans tout le Pacifique. Il aimait le risque, mais il savait le calculer.

Depuis la mort de Dick, le poids des responsabilités à Samerton avait rendu Mary nerveuse et ombrageuse. Edouard Watson, toujours fidèle, l'aidait autant qu'il le pouvait et continuait à ravitailler le *store* de Mary. Il avait pris Emely la volontaire et Ballah la douce sous sa protection. Elles avaient aussi grandi sous le regard attentif et solidaire de la tribu. Très proches l'une de l'autre, les deux sœurs se sentaient complices en tout.

Maintenant, lorsque le bateau de Tiby apparaissait au large de Netché, Emely sentait son cœur battre plus fort. Un jour il vint la voir par surprise dans son champ. Emely pudique, souriante et soudain heureuse, lui fit découvrir son royaume. Elle lui montra son champ, ses fleurs, sa cabane sous les manguiers. Tiby prit alors sa main et entra avec elle dans le refuge. Il se fit grave, la dénuda silencieusement et caressa longuement sa peau ambre doré. Comme jadis Wadreng puis ensuite Mary, Emely sut qu'elle attendrait chaque jour, elle femme de la terre, l'homme nouveau qui venait de la mer. Elle l'attendait et elle travaillait. Car, pendant que les hommes palabraient ou naviguaient, la vie des femmes était rythmée par les travaux des champs et ceux des maisons. Tout le lundi se passait à Samerton, à nettoyer, faire la lessive dans les grands baquets fumant d'eau bouillante que l'on remuait avec un bâton. Puis il fallait ratisser les allées du jardin, ramasser les feuilles. Tout devait être propre et net. Le mardi, tandis que Mary ouvrait le store, Emely montait sur le plateau, avec ses sœurs et ses cousines, escortant l'âne chargé de provisions pour toute la semaine. Elle y avait son champ qu'elle bêchait avec soin et deux arbres sur lesquels parfois les femmes de la tribu venaient chercher les feuilles pour y faire cuire le poisson. Elle avait accroché à une forte branche de manguier une balançoire où les petites filles s'amusaient pendant qu'elle labourait ou récoltait. Le soir, elles couchaient toutes ensemble dans la cabane.

Tiby et elle se retrouvaient en cachette sous ce toit de feuilles et à l'abri de quelques planches.

Puis, le samedi, la petite troupe redescendait au village. Car il fallait à nouveau nettoyer la maison, mais aussi préparer les repas du soir et du lendemain, jour de prière. Elle faisait chauffer les pierres du four. Tout était ainsi prêt pour ne pas transgresser les règles du dimanche qui interdisaient ce jour-là de travailler et exigeaient que les feux soient éteints à l'heure de la prière. Le *centary*, le policier, pour y veiller, faisait une tournée attentive du village. Gare à l'amende et à la remontrance du pasteur en cas de non-respect de ces règles strictes !

Emely et Tiby croyaient s'aimer en secret. Mais déjà tout Netché était au courant. Mary savait que leur mariage aurait fait profondément plaisir à Dick. Elle fermait les yeux et ne prêtait aucune attention aux propos recueillis au *store* ou dans les réunions de femmes. Elle entendait dire souvent : « Ce ne sont pas des *abrutis*, ces hommes de la Grande Terre. Tiby a choisi la plus belle fleur de Maré. »

Emely aussi souhaitait Tiby pour époux ; elle l'espérait, mais elle savait cet espoir fou. Ils avaient partagé leurs deuils respectifs, leur éducation australienne, leur amour du piano. Elle savait que Tiby n'était heureux qu'à travers les îles, naviguant de l'une à l'autre, pour ses affaires sans doute, mais aussi pour son bonheur. Elle se sentait très proche de lui. Pourtant, elle pressentait que sa vie ne serait pas cette ligne droite et simple dont elle rêvait.

Le 10 février 1908, Emely Pentecost, à l'âge de vingt-quatre ans, mit au monde un beau petit garçon blond qu'elle baptisa Richard en souvenir de son père. Dire que ce fut avec une grande joie que Netché et la tribu accueillirent cette naissance serait exagéré. D'autant plus qu'un bruit était arrivé de Nouméa annonçant que Tiby allait épouser là-bas une femme blanche qu'on disait très belle et riche. On désapprouvait maintenant la conduite d'Emely.

Tiby, homme léger, grand charmeur, mais sincère, lui avait bien dit : « Je t'aime, nous avons un enfant, je ne t'abandonnerai pas. » Le rêve qu'elle avait caressé d'une vie à ses côtés s'était définitivement évanoui. Et qu'avait-elle osé espérer ? Elle, petite métisse de Maré. Dans la toute-puissante Nouméa, la bonne société respectait des règles d'alliance. Beaucoup de portes lui auraient été fermées. Tiby était promis à un avenir brillant. Il avait retrouvé les siens. Elle l'avait aimé d'un amour sans espoir.

Emely, déjà blessée, lasse de faire subir à Mary, à sa sœur Ballah et à ses cousines, l'ostracisme plus ou moins avoué des habitants de Netché, décida de s'en aller avec son fils. Elle était une Saïwéné et ses racines étaient à Rô.

Lorsque toutes ses affaires furent prêtes, elle alla dire adieu à Mary qui la serra tendrement contre sa poitrine et prit le petit Richard dans ses bras pour un dernier câlin. Elle voyait partir la jeune femme et son bébé avec une peine immense et plaignait en silence Emely. Elle savait que celle-ci avait aimé en Tiby toutes les qualités de Dick, sa bonté, son humour, son intelligence, sa sensibilité. Emely saurait d'instinct transmettre à son petit Richard le meilleur des Hagen, et c'est en lui qu'elle puiserait sa propre force, se persuadait-elle. Les Watson, les Robertson, les Imbert et leurs familles étaient là pour l'accueillir et l'aider dans sa nouvelle vie à Rô.

Tiby continuait d'envoyer de charmantes cartes postales, mais il ne réapparut que six mois plus tard à Maré, toujours aussi joyeux, généreux, gentil avec chacun.

– Ce Tiby, tout de même, c'est un homme, disaient les vieilles femmes, après qu'il eut envoyé un compliment et posé de gros baisers sur chaque joue.

Ce fut Mary qui l'accueillit à Samerton. Elle se tenait derrière son comptoir, droite et vigilante. Le visage fermé. Elle avait sa mine des mauvais jours et les quelques clientes présentes jugèrent tacitement préférable de les laisser en tête à tête.

– Eh bien, te voilà, Tiby, on ne t'attendait plus. Aurais-tu oublié que tu as un enfant et qu'Emely est seule pour l'élever ?

– Justement, Mary, je viens les voir. Je veux être sûr qu'ils ne manquent de rien. J'ai hâte de voir le bébé. Mais, tu sais, les affaires m'ont retenu, les voyages m'ont retardé... Regarde ce que je t'ai rapporté. Une caisse ultramoderne où mettre ton argent. Tu appuies sur le clavier, trois plus quatre égalent... et hop ! le total est affiché. C'est mieux que ton boulier. Je te l'ai rapportée de Sydney...

– Je te remercie, Tiby, dit Mary sans sourire. Pour l'instant, ce n'est pas la caisse, le problème. Je suis contente de te voir, ajouta-t-elle, parce que j'ai besoin de te dire ce que je pense. Tu as laissé Emely et son enfant, votre enfant, sans prendre aucune disposition qui puisse la rassurer sur son sort et celui du petit Richard... Je trouve cela très inconséquent de ta part. Ce n'est pas bien, Tiby, ce que tu as fait. Je tenais à te le dire. Est-ce vrai cette rumeur de mariage avec Mlle Guiraud ?

– Oui, écoute, Mary, c'est compliqué tout ça. Mais où est Emely ?

– Elle est partie.

– Partie ?

– Tu sais que le pasteur condamne ce genre de situation. Ç'a été très éprouvant pour Emely toutes ces critiques, tous ces sous-entendus. Elle a préféré se retirer à Rô, avec Richard.

– J'y vais.

– Tiby, laisse Emely en paix ; elle a assez souffert comme ça.

– Je sais, Mary. Je pars tout de suite.

– Non, je n'ai pas fini. Il faut qu'Emely et son fils puissent vivre convenablement. J'en parle en connaissance de cause. Tu connais toutes mes difficultés depuis que Dick n'est plus parmi nous.

– Emely peut compter sur moi, Mary, je te le promets.

Il trouva Emely chez elle à Rô. Elle ne lui fit aucun reproche. Elle le laissa admirer son fils et le prendre dans ses bras. Tiby fut surpris de se sentir ému et intimidé. Avec maladresse, il le berça et improvisa une mélodie d'une douceur extrême où Emely perçut la profonde tendresse qu'il portait déjà à l'enfant. Elle regardait Tiby de ses yeux immenses aux reflets dorés. Aucun reproche dans ce regard, seulement beaucoup d'amour.

Puis, la voix hésitante, Tiby tenta d'expliquer son futur mariage... les raisons qui le poussaient à vingt-sept ans à s'établir dans la société calédonienne et à fonder sa propre famille. Emely savait tout cela. Déjà elle était résignée. Devant les autres, et surtout devant Mary, elle n'avait rien montré de son effroyable déchirement. Le fossé entre leurs deux vies était impossible à combler. Il s'engagea dans la promesse de toujours veiller sur elle et sur leur enfant.

Il se tenait debout devant la porte, prêt à partir. Mais, en voyant le pauvre sourire d'Emely, il ne put se résoudre à la quitter. Il l'entraîna vers sa chambre, embrassa son visage au goût salé de larmes et la serra contre lui. Elle l'aima, mais ce ne fut plus de la même façon éperdue et confiante qu'au temps de Netché. C'était Emely Saïwéné Pentecost la métisse, seule, forte de ses racines maréennes, qui se laissa envahir par lui.

Quelque temps après, elle lui envoya une carte postale sous enveloppe. Elle lui apprenait qu'elle était de nouveau enceinte.

Le mariage de Nicolas « Tiby » Hagen et de Marthe Guiraud fut un grand moment de la vie nouméenne.

La cathédrale Saint-Joseph, plantée au flanc d'une colline dominant la ville, avait été construite par les « travailleurs transportés », les bagnards. Elle embrassait de ses deux tours Nouméa, ses baies et ses îles sentinelles, tendrement, sans solennité excessive, avenante et simple. Depuis dix ans maintenant, avec son austérité presque romane, Saint-Joseph semblait montrer à la ville, par l'exemple, que Nouméa était sortie de son adolescence brouillonne. Elle devrait désormais être sage, paisible, ouverte, travailleuse, en un mot respectable. Et Nouméa se pliait volontiers à ces exigences. Elle qui avait été tirée au cordeau par la rigueur d'un officier traçant sur les mangroves une cité de garnison en damier devenait une petite cité industrieuse et commerçante.

Dans la vallée de l'Orphelinat fumait la haute cheminée d'une conserverie. Car Nouméa maintenant s'avançait le long de sa presqu'île, vallée après vallée, baie après baie, presque jusqu'à la pointe, à l'autre bout de l'anse Vata, devenue lieu de promenade des dimanches. Et l'on passait devant le Rocher à la voile posé sur la mer, pour un dernier adieu aux bateaux emportant les amis vers la France. Mais il y avait surtout le passage des cap-horniers, chargés du minerai de nickel qu'ils allaient déverser au Havre. Ces grands et superbes voiliers dont le fleuron, un cinq-mâts, s'appelait *France*, tentaient à chaque voyage de battre un record de vitesse en se comparant aux nouveaux venus ou aux étrangers. Deux mois et trois semaines... deux mois et douze jours. Chaque jour gagné sur la mer était une victoire qui s'inscrivait dans les mémoires, s'ajoutant aux prouesses des marins pris dans les bourrasques, les tempêtes, les violences des caps Horn ou de Bonne-Espérance ou les temps plats et chauds des tropiques. Le *France* échoué une nuit sur les récifs, à l'ouest de la Calédonie, avait en quelque sorte annoncé le déclin de cette armada dont la raison d'être commençait à s'affaiblir.

La longue pratique du trafic maritime sur l'Amérique du Sud de l'armateur bordelais Louis-Armand Ballande avait conduit ses voiliers à naviguer jusqu'au Pacifique et, de là, vers les nouveaux archipels de présence française. Son fils André avait repris le flambeau, multipliant la flotte bordelaise, intensifiant son trafic, développant en pionnier des activités agricoles et commerciales aux Hébrides et en Nouvelle-Calédonie où il s'était également intéressé aux mines.

À Doniambo, aux portes de Nouméa, André Ballande mettait en chantier l'installation de hauts fourneaux pour la transformation du minerai de nickel en mattes, comme le faisait la SLN à Thio sur la côte est. Sous cet aspect de lingots couleur de plomb et au poids comparable, le métal brut supplantait en valeur le minerai jusque-là exporté vers l'Europe. Son volume réduit modifiait aussi les données et le coût de son acheminement.

Le port de Nouméa, avec ses darses tendues comme des bras vers l'île Nou avait encore gagné sur l'océan. Les gros paquebots pouvaient désormais accoster au quai au bout de la rue de l'Alma, entièrement jalonnée de commerces aux vitrines protégées par des auvents de bois ouvragé.

Quatre grands carrés séparés par des avenues rectilignes formaient la place des Cocotiers. Ils étaient devenus de charmants squares couverts de flamboyants au tronc épais et noueux qui contrastaient avec leurs feuilles si fines et si tendres. Juste avant chaque été austral, ils éclataient brusquement d'un rouge violent qui incendiait les paysages. Sous leur ombre, une théorie de fiacres attendait le chaland, pour une promenade au Rocher à la voile bien sûr. Les cochers étaient presque tous d'anciens déportés kabyles qui avaient participé à la fantasia des fêtes du cinquantenaire restées dans les mémoires. Kabyle également le modèle qui posa pour la statue de la fontaine monumentale. Cette jeune femme s'appelait Céleste, naïade du Maghreb, devenue allégorie de Nouméa. Mais elle tournait le dos au kiosque à musique où venait jouer maintenant la fanfare militaire.

En ce samedi après-midi, les amis de la famille avaient formé une haie d'honneur pour les jeunes mariés qui revenaient de la mairie, après un détour chez le photographe où ils avaient pris la pose. À l'arrivée des jeunes époux, les casques coloniaux et les canotiers s'agitèrent. Quand la cérémonie où officiait Monseigneur lui-même fut terminée, les grandes orgues qui venaient d'être installées résonnèrent d'une marche nuptiale énergique. Le mariage de Tiby et de Marthe les inaugurait. Une trentaine de fiacres aux chevaux parés et quatre ou cinq voitures automobiles à pétrole attendaient dans la rue, quelques mètres en contrebas de la sente pentue qui menait au parvis.

Dans un joyeux désordre, le cortège se rendit ensuite à la demeure des Hagen, une immense maison, presque un château. Ouverte d'un côté sur un parc aux pelouses ombrées de banians, de cycas, de cocotiers, de palmiers géants, elle dominait de l'autre la vallée des Colons aux pincées de toits en tôle ondulée, bien protégées des cyclones par les collines avoisinantes. On appelait cette imposante demeure le « château Ratisbonne », du nom de la ville de Bavière dont les Hagen étaient originaires. Auparavant, le domaine appartenait au grand-père maternel de la jeune mariée, qui avait été successivement missionnaire mariste, chercheur d'or en Australie, maçon, entrepreneur... Mais, comme on disait déjà à Nouméa, « il n'y a plus de gens comme ça en Nouvelle-Calédonie ». Tiby Hagen, peut-être...

Le jour de son mariage, Tiby fut égal à lui-même, jovial, accueillant, détendu, heureux de recevoir, de jouer au piano des valses pour les invités, de faire danser sa jeune femme et de dérider, devant une table dressée pour le lunch, d'austères et vénérables messieurs en frac et en huit-reflets, directeurs de société, juges ou procureurs. Courtois, vif, souriant, il s'amusa à raconter à Son Excellence le gouverneur et à monseigneur l'évêque, l'une des histoires qui lui était arrivée et pour laquelle il avait un faible :

– La mer était calme et le vent portant. J'avais donc décidé de dormir un peu. Je confie la barre à mon second, un Néo-Hébridais solide comme un roc, malin comme un singe, mais qui ne plaisantait pas sur les consignes que je lui donnais. « Tu vois cette étoile, lui dis-je. Ne la quitte pas des yeux. Va toujours vers elle. » Puis, j'allai me coucher. Soudain, vers 1 heure du matin, je me réveille en sursaut. J'avais senti dans mon sommeil que quelque chose n'allait pas dans la marche du bateau. Je monte sur le pont. On avait changé de cap. Je me précipite sur mon second. Il était là, hilare, à la barre : « J'ai perdu ton étoile, masta, mais ne t'en fais pas j'en ai attrapé une autre. » On courait droit sur les récifs...

– Attraper une étoile, dit Monseigneur. Belle formule. J'aimerais que mes ouailles cherchent, elles aussi, à attraper leur étoile. Et vous, monsieur le gouverneur ?

– Vous savez, monseigneur, mes administrés me demandent déjà la lune, alors...

Comme toujours, Tiby s'était montré grand seigneur. Pour son voyage de noces, il avait acheté une goélette qu'il baptisa *La Marthe,* du prénom de sa jeune épouse. Il l'aménagea en yacht de plaisance doté d'une agréable chambre à coucher et, pour agrémenter le romantisme des crépuscules qui embrasaient généralement le ciel, il fit mettre à bord un piano sur lequel il comptait égrener des accords qui exprimeraient sa flamme. Embarquement pour Cythère donc, embarquement pour les Nouvelles-Hébrides en réalité. *La Marthe* passa au sud de Maré. Dans l'après-midi, Tiby accoudé au bastingage signala à sa femme, derrière la baie de La Roche, un monumental bloc de pierre dressé au-dessous du plateau et qui semblait une forteresse. Il expliqua à Marthe cet étrange phénomène géologique.

Soudain, sans que rien ne l'eût annoncé, un coup de vent brutal, comme en connaît le Pacifique, poussa le yacht vers la barrière de corail. Les matelots, surpris, se mirent à courir sur le pont dans tous les sens pour des manœuvres inutiles. *La Marthe* était déjà dans une situation qui semblait désespérée.

À Maré, beaucoup avaient aperçu le voilier et savaient que Tiby était à bord. Le père Roman eut le sentiment que le moment était venu de faire réciter aux spectateurs impuissants la prière des agonisants. L'intervention du ciel fut immédiate... Les marins retrouvèrent leur sang-froid, la manœuvre fut menée énergiquement et *La Marthe,* évitant de justesse les récifs, poursuivit sa route, toute sérénité retrouvée.

Cependant, de l'autre côté de l'île, à Rô, la tempête faisait grincer les plaques de tôle du toit de la maison d'Emely. Les persiennes claquaient. Dehors les arbres gémissaient sous le vent. Dans son berceau, Richard hurlait de terreur. À côté, entourée de Mary et de ses sœurs, Emely serrait contre sa poitrine son deuxième petit garçon, son enfant, celui qu'elle avait décidé d'appeler Edouard-Emely Pentecost, Edouard en souvenir du fidèle second de Dick, son père.

Deux garçons à élever. Emely voulait en faire des hommes ouverts à cet Occident qui apportait ses propres coutumes dans les archipels du Pacifique. Elle ne pensait qu'à ça, mais il fallait d'abord qu'Edouard sorte de sa petite enfance. Au fil des jours, elle forgea patiemment dans son esprit le devenir qu'elle voulait pour ses enfants. Puis le moment arriva où elle prit une décision courageuse. Un matin, elle monta, avec ses deux petits, Richard et Edouard, à bord du bateau qui repartait à Nouméa.

Tiby, apprit-elle là-bas, était dans ses plantations hébridaises et ne devait revenir que la semaine suivante. Décidée à l'attendre, Edouard dans ses bras, Emely prit par la main Richard et, forte de sa détermination, remonta la rue de l'Alma, indifférente aux vitrines des magasins et aux passants. Pas question de prendre un fiacre ; pourtant, elle avait de l'argent. Mais, prévoyante, elle préférait gérer ses économies au plus près. Elle se sentait assez forte pour escalader, derrière le temple, le sentier qui la ferait redescendre dans une première vallée, puis remonter une deuxième colline avant d'atteindre la vallée des Colons où les Naisseline possédaient des terrains et quelques maisons destinées à accueillir les membres de leur tribu et surtout le grand chef quand ils se rendaient sur la Grande Terre.

Arrivée boulevard Vauban, elle s'apprêtait à gravir le raidillon quand la trompe d'une voiture automobile corna éperdument derrière elle. Richard avait lâché la main d'Emely dans son excitation de voir ce monstre de métal. Il reconnut tout de suite Alby, le gentil Alby, à son feutre gris, à sa chemise blanche, mais surtout à son large sourire. De neuf ans plus jeune que Tiby son frère, Alby apportait toujours des cadeaux à Richard, à Edouard et à Emely lorsqu'il passait à Maré, à bord d'un bateau de la société Hagen.

Dans un bruit de frein qui ressemblait à un raclement, la voiture s'arrêta et Alby en descendit. Il avait laissé ronfler le moteur pour ne pas avoir à tourner la manivelle.

– Emely ! Bonjour. Mon Dieu, avec cette chaleur, pourquoi n'avez-vous pas pris un fiacre ? Où allez-vous comme ça ?

– À la vallée des Colons.

– Montez, Emely, je vais vous conduire, vous et les enfants. Mais avant, vous allez vous arrêter à la maison et nous prendrons une tasse de thé, c'est à deux pas.

– Non, non, Alby. Merci, je préfère aller directement à la vallée des colons.

– Bon, mais il faut quand même que nous parlions. Tiby n'est pas là et il a des projets pour toi. Je les connais, je peux te les dire. Alors, monte. D'ailleurs, regarde Richard.

Le fils aîné d'Emely s'était installé à l'arrière, jouant, avec un volant imaginaire, à prendre des virages à la corde en se régalant de « vroum-vroum » bruyants et persuasifs.

Emely monta aux côtés d'Alby et prit Edouard sur ses genoux. L'avenir de ses enfants se jouait peut-être là.

– Je vais t'expliquer ce que Tiby a envisagé pour toi. L'idée me paraît excellente, mais c'est à toi de décider.

– Je t'écoute, Alby.

– Tu sais que Tiby a des plantations importantes aux Hébrides, en particulier à Epi.

– À Ringdove, précisément. Oui, je sais, Tiby m'en a parlé il y a longtemps de cela.

– Exact. Son associé allemand là-bas est pris par mille tâches. Il cherche quelqu'un pour le magasin et qui pourrait aussi le seconder pour tout ce qui est *paper work*, le suivi administratif, si tu veux. Tiby a pensé à toi, je trouve son idée bonne. Le vapeur des Messageries maritimes ravitaille Epi tous les mois. Tiby y passe quand ses voyages dans les autres îles ou à l'étranger le lui permettent. Qu'en penses-tu ?

Emely réservée, réfléchie, resta silencieuse un moment, imaginant ce que serait sa vie là-bas.

– Qu'en dis-tu, Emely ? C'est une opportunité qui se présente, mais il ne faut pas que tu te sentes obligée de l'accepter si elle ne te convient pas.

– Comment ferai-je pour les petits là-bas ?

– Tu peux t'organiser pour que quelqu'un les garde sur la plantation. Parmi toutes les femmes des employés, tu en trouveras sûrement une qui te conviendra et à qui tu pourras les confier. Il y a aussi la mission protestante à côté. Les pasteurs peuvent te recommander quelqu'un. Tiby y avait pensé aussi.

Lentement, Emely sentit monter en elle une sorte d'allégresse. Enfin, elle allait pouvoir ne dépendre que d'elle-même, avoir l'entière responsabilité de ses enfants et peut-être leur affection sans partage. Elle les verrait grandir à ses côtés. Oui, ça, c'était inespéré. Et puis la gestion d'un magasin, elle l'avait pratiquée à Rô. Le reste... À la grâce de Dieu ! Un sourire d'abord hésitant s'épanouit progressivement sur son visage. Alby, qui semblait suivre le cheminement de sa pensée, comprit alors qu'Emely allait accepter.

Elle le lui dit, s'en remettant moralement à lui et à Tiby. Puis, comme si tout était réglé, elle lui demanda de la déposer à cinq cents mètres d'une maison amie dans la vallée des Colons. Elle ferait le reste du chemin à pied. Elle ne voulait pas qu'on les voie ensemble. La vie avait appris à Emely à s'effacer.

Emely ne dormit pas beaucoup pendant la traversée. La nuit, elle construisait sa vie à Epi, cherchant déjà à parer aux difficultés de l'éloignement. Pendant la journée, à bord, les enfants, qui n'avaient pas le mal de mer, n'arrêtaient pas de courir dans tous les sens. Pour éviter tout accident dans un moment d'inattention, elle les attacha avec une longue laisse. Ainsi un brusque mouvement du bateau ne risquait pas de les jeter à la mer. À la tombée de la nuit, ivres de grand air, ils s'effondraient de fatigue et de sommeil.

Emely découvrait enfin les paysages que son père Dick lui avait si souvent décrits : ces fameuses Islands aux côtes sauvages protégées par des hauts-fonds qui les rendaient si dangereuses d'accès. Elle comprit les difficultés de la navigation dans ces eaux aux couleurs éblouissantes. Elle n'en admira que davantage son père qui avait su se jouer de tous les pièges de l'océan et sourit en apercevant les bâtons que Tiby avait fait planter sur les récifs. Leur partie supérieure était peinte en blanc. Ils alertaient les marins sur les hauts-fonds à éviter. Tiby avait ainsi balisé toutes les îles où il avait créé des exploitations : Epi, Paama, Ambrym, Mallicolo, Pentecôte et Aoba.

D'emblée, Emely tomba amoureuse des Nouvelles-Hébrides, comprenant pourquoi Tiby lui répétait que toute île doit toujours être découverte de la mer. Et puis il y avait du Maré dans ces paysages qu'elle apercevait. Si le rempart d'une végétation dense rendait ces îles secrètes, le silence dans lequel elles semblaient baigner les parait d'une majesté impressionnante. Elles étaient belles.

Emely ne vit pas ou ne voulut pas remarquer l'atmosphère lourde, chaude et humide de Ringdove bordé de sables gris-noir et prolongé d'une pointe de terre qui ressemblait à une tête de baleine protégeant la baie des alizés, mais non des cyclones. Mais elle fut éblouie par les cocoteraies qui s'étendaient à perte de vue. L'alignement des arbres droits et hauts traçait des allées royales soigneusement entretenues. Elles descendaient jusqu'à la plage. Joyaux lumineux fichés dans le sable noir, les touffes de *bouraos* aux fleurs jaunes et rouge orangé entrelacées décoraient avec les tamanous le paysage. Tout respirait une vie paisible empreinte de sérénité.

Le premier souci d'Emely fut d'organiser la vie de ses enfants. Elle ne les avait confiés à personne auparavant. C'est avec appréhension qu'elle s'approcha des cases des travailleurs néo-hébridais de la plantation. Des mouches innombrables apportées par le bétail volaient dans tous les sens. Elle les chassa distraitement de son visage. Les pasteurs lui avaient parlé de Lizbeth Onemay, une femme d'Ambrym, veuve, mère de sept enfants. Si ses aînés étaient grands, les trois derniers vivaient encore avec elle. Ils pourraient être des compagnons de jeu pour les siens. Son mari décédé, Lizbeth devait normalement quitter la plantation. Emely aima tout de suite son visage ouvert et rieur, son teint clair, ses cheveux épais et crépus aux reflets châtain doré. Ses deux derniers enfants, Damelip et Jo, étaient âgés d'une dizaine d'années. Sa fille Mata, de quinze ans, avait été éduquée chez les protestants français. La conversation s'engagea naturellement en bichlamar.

Emely prit Lizbeth à son service en lui expliquant ce qu'elle attendait d'elle. Lorsque Lizbeth arriva, Emely la conduisit à l'arrière de la maison, dans une petite cour intérieure fermée, cachée des regards indiscrets par une haute et épaisse haie d'hibiscus. Une touque à pétrole nettoyée et dont le couvercle avait été retiré était retenue par une corde. Celle-ci, manipulée astucieusement, permettait de déverser sur soi des quantités d'eau, fantaisistes peut-être dans leur débit, mais qui donnaient l'illusion d'une douche. En tout cas, le plaisir de cette eau glissant sur le corps était inouï. Sur le sol de cette douche de plein air avaient été étalés des morceaux de coraux blanchis et pilés. À l'extérieur des maisons, on utilisait le même revêtement. C'était là mesure de sécurité. Le craquement du corail sous les pas alertait les habitants de l'arrivée de visiteurs.

Si Lizbeth allait soulager Emely de la garde des enfants, Emely sauvait Lizbeth d'une vie de veuve en tribu. Consciente de ce que chacune apportait à l'autre, un lien naquit entre elles deux qui prit de plus en plus de force avec le temps. Le premier cadeau d'Emely à Lizbeth fut une savonnette. Elle lui montra comment elle et ses enfants devaient faire leur toilette chaque jour soigneusement. Elle exigea que Lizbeth prenne l'habitude de se laver scrupuleusement les mains en arrivant chez elle le matin et à chaque fois qu'elle allait toucher de la nourriture. Comme en Nouvelle-Calédonie, on craignait la lèpre dans ces îles. Et la vie s'organisa. Mata, chaque matin, lisait un passage de la Bible aux quatre garçons, Edouard, Richard, Damelip et Jo, vite devenus complices. Elle essayait bien de leur commenter les Écritures, mais n'arrivait pas à asseoir sa timide autorité sur ces bambins turbulents, plus attirés par cette vie libre en pleine nature que par le Cantique des cantiques.

Au début, Emely avait été étonnée des relations joviales qui existaient entre les planteurs et les Hébridais. Et puis elle réalisa que le bichlamar – à Epi, on disait plutôt le pidgin – facilitait les échanges entre les indigènes et les planteurs qui, les uns comme les autres, avaient toujours vécu libres. En Nouvelle-Calédonie, il n'existait pas de langue commune. Et d'autres barrières avaient été dressées entre les hommes par la fatalité des destins : d'un côté, les bagnards, côtoyant, malgré tout, une population libre, et de l'autre côté, en brousse, des Canaques protégés et repliés dans des réserves. Si la simplicité pouvait naître dans leurs échanges, elle n'était pas spontanée, mais plutôt le fruit d'un long apprentissage et d'une longue observation. Aux Hébrides, les recrutements de main-d'œuvre par les planteurs les avaient conduits à visiter les tribus, à palabrer, à partager des repas avec les chefs coutumiers et à connaître dans son cadre de vie ce peuple gai, doux, intelligent, fidèle, travailleur mais d'indolence notoire. Après six ou douze mois de service sur une plantation, certains demandaient à retourner dans leur village pour revoir leur famille. Puis ils revenaient à leurs employeurs de préférence à tout autre, même à moindre salaire, s'ils avaient été bien traités par eux précédemment.

Après une période d'observation silencieuse, Emely entra dans ce monde avec crainte et espoir. La plantation était impressionnante par son importance. Elle l'avait rappelé à Tiby lorsqu'il vint la voir :

– Tu te rends compte : un grand magasin, quatre grands docks, une usine à égrenage, un atelier mécanique, un séchoir à coprah, le *smoke-house*, une grande plate-forme séchoir, sept maisons d'habitation et deux cuisines pour les Européens, un bureau, un garage, un kiosque, une boulangerie, une boucherie, un campement annamite, un village indigène et des cases isolées, trois hangars-étables, deux hangars pour les embarcations, une citerne de quatre-vingt-dix mille litres avec pompe, un puits, un abreuvoir... Et encore, je me demande si j'ai tout vu.

Tiby avait ri, lui qui avait présidé à ces installations avec son associé allemand. Mais il n'était pas fâché qu'Emely soit consciente de l'importance de la plantation. Elle comprenait enfin pourquoi il avait été si souvent absent de Maré. Et puis il avait retrouvé une certaine admiration dans ses yeux.

La végétation d'un vert profond était luxuriante. Mais le climat chaud, humide et très pluvieux qui était pour les Blancs difficilement supportable, rendait le travail physique extrêmement pénible. C'était un univers hostile pour les planteurs. Les mouches collantes et innombrables, les moustiques énormes et noirs étaient leur hantise. En concertation avec les maisons de commerce, ils firent pression sur l'administration française pour faire venir des travailleurs indochinois des provinces surpeuplées et miséreuses du Tonkin. Ces coolies furent engagés sous contrat pour cinq ans.

Emely avait très vite pris en charge le magasin. Elle se jeta à corps perdu dans son travail, pointa les marchandises débarquées, vérifia les rayonnages et les stocks, rangea soigneusement les articles par catégories et les présenta d'une façon attrayante. Elle commanda rapidement du calicot au mètre pour les femmes de la plantation, des marmites en fonte pour la cuisson sur les feux de bois, des bassines qu'elle jugeait indispensables et aussi des tire-points pour affûter les coupe-coupe. Lorsqu'on avait besoin d'aide, elle était là, souriante. Elle voulait tout voir, tout comprendre.

Dans la plantation, un premier tam-tam faisait office de réveil à 5 heures du matin. Puis un deuxième, un peu plus tard, marquait l'heure du départ de tous les travailleurs pour les cocoteraies.

Les hommes comme les femmes coolies, vêtus d'un ample pantalon noir et d'une chemise de batiste blanche à manches longues et à col montant, coiffés d'un chapeau chinois conique, ajustaient dans leur dos une musette qui contenait un *tamioc*, un *krutet naef* ou décortiqueur à coprah, une bouteille de thé, un bol de riz et de la viande. C'était « la ration ». On l'avait adoptée aussi pour les Néo-Hébridais qui partaient, armés de leur coupe-coupe, assurer le nettoyage et le débroussaillage de la plantation. Cette étrange procession était précédée du bétail qui ouvrait le chemin en écrasant les branches dans les endroits envahis par la brousse. Tout le monde rentrait vers 4 heures de l'après-midi.

Emely était déjà debout lorsque la colonne s'ébranlait. Elle avait remarqué que les contremaîtres étaient les seuls à parler plus ou moins tonkinois. Ils servaient d'intermédiaires entre les planteurs et les ouvriers. Emely avait vu dans les yeux des femmes et des hommes un mépris pour ces petits chefs qui relayaient les ordres à leur manière et à leur convenance. Tiby lui avait dit que les planteurs aussi éprouvaient une certaine méfiance à leur égard.

L'adresse des Annamites à fendre les noix de coco ramassées était spectaculaire. Un seul coup suffisait. Ils évidaient la coupelle laiteuse à la gangue brunâtre avec une dextérité et une rapidité étonnantes et la jetaient dans un sac de jute. À côté, dans un autre sac, ils fourraient la bourre de coco. La récolte pesée sur place avec une balance romaine était ramenée le soir dans une carriole tirée par des chevaux. Les sacs avaient été cousus avec une aiguille en bois et de l'écorce de bourao dont les buissons frangeaient le pourtour de la plantation. Il suffisait de mettre une bouture en terre, elle bourgeonnait en un clin d'œil. On l'utilisait alors en poteaux de barrière. Des cavaliers partaient le matin munis de coupe-coupe pour les tailler et éviter ainsi qu'au premier cyclone, en se couchant sous la force du vent, ils n'ouvrent le passage au bétail qui s'éparpillerait et se perdrait. Emely avait haussé les épaules la première fois qu'on lui avait dit : « Aux Hébrides, on entend l'herbe pousser et on voit le bourao grandir. »

Aujourd'hui, elle-même l'assurait aux visiteurs

Au retour, le coprah était déversé sur les grilles du fumoir, le *smoke-house*, qui ressemblait à une large tour sans toit, aux murs très hauts. Ces édifices étaient toujours construits près de la mer pour y puiser de l'eau si par malheur le *smoke-house* prenait feu. Emely savait que rares étaient les colons qui n'avaient pas eu, au moins une fois dans leur vie, un séchoir brûlé. Les jours où l'on allumait le *smoke house*, il y avait une animation extraordinaire. Emely et Lizbeth avaient alors un mal fou à garder près d'elles les quatre garçons qui filaient en douce et allaient se glisser au milieu des Hébridais pour assister au spectacle.

Emely se rendait tous les jours chez le boulanger, un Indonésien venu de Nouméa, qui lui enseignait avec gravité sa façon de fabriquer le pain. Emely, sourire aux lèvres, s'activait au milieu des odeurs tenaces, rances et sucrées du coprah qui se mêlaient à l'arôme du pain chaud et croustillant. Mais, fascinée par la cuisine annamite, elle n'arrivait pas à rompre la barrière que Cao, le cuisinier vietnamien, avait dressée jalousement autour de lui et de ses fourneaux. Alors elle allait le voir sous n'importe quel prétexte, espérant qu'un jour ou l'autre il déposerait les armes. Cao, par sa froideur, montrait qu'il n'appréciait pas trop les visites de « Missis Mily », comme il l'appelait. Cette distance maintenue fermement entre eux n'était pas une attitude particulière à son endroit. La communauté annamite ne se mêlait pas aux autres ethnies. Les Vietnamiens, jardiniers de talent et maraîchers dans l'âme, n'allaient pas le dimanche au bord de la mer avec les autres. Ils travaillaient dans leurs champs et, comme au Vietnam, ils cultivaient, dans le *creek* voisin, liseron d'eau et cresson dont ils étaient très friands. Admirative de leur propreté et de leur tenue irréprochables, de leur sens du devoir et de leur réserve, Emely ne se décourageait pas. Elle taquinait parfois Cao :

– Encore un sauté de bœuf aux cœurs de taros, de pousses de citrouille, et de choux canaques, Cao !

Elle connaissait sa réponse, mais prenait un malin plaisir à la réentendre :

– Missis Mily, bon pas bon, bon quand même !

Et puis, arrivait le semblant de changement de saison. Même s'il n'allégeait qu'à peine l'atmosphère, il était toujours bien accueilli, surtout par Cao, car les poules se remettaient à pondre :

– Fini cul bouché, disait-il avec la satisfaction et la fierté d'un avocat dont le client vient d'être lavé de tout soupçon.

Dans la plupart des plantations hébridaises, les travailleurs cuisaient leur « ration » sur une touque à pétrole coupée en deux. Sur le dessus, ils posaient une grille et, à l'intérieur, ils glissaient le bois baptisé *potin.* C'est seulement dans les grandes exploitations, comme celle de Tiby disposant d'embarcations pour la pêche, que du poisson figurait aux menus. Il était servi dans un réfectoire. Ailleurs, on pêchait à la dynamite, pratique bien sûr rigoureusement interdite. Le bâton de dynamite explosait au milieu de bancs de sardines et de maquereaux. C'étaient deux jours de repas assurés pour tous les travailleurs et les villages avoisinants. On tuait aussi une tête de bétail, selon le cheptel de l'exploitation, toutes les semaines. La viande était découpée, partagée et distribuée. Au bout de deux jours, on salait ce qu'il en restait.

Le bétail, habitué à vivre en liberté, devenait nerveux et méchant lorsqu'on le rassemblait dans un enclos pour le marquer et le castrer. Les meuglements étaient assourdissants. Ils ajoutaient à l'excitation et à la nervosité des bêtes et des hommes. Les jeunes génisses chargeaient allégrement les cavaliers. Emely, qui savait monter à cheval, comme Wadreng avant elle, avait tenu à participer à ce travail, la première fois qu'il avait été organisé après son arrivée. Le premier jour, tout s'était bien passé. Mais, le matin suivant, Emely, peut-être plus assurée et moins attentive, fit les frais du bétail indompté. Malgré sa trique et sa confortable selle de *stockman* qui pardonne toutes les erreurs, elle tomba de son cheval et se fit mal au genou.

Cao apprit tout de suite la nouvelle. Les Vietnamiens avaient leurs propres médecines, leurs propres guérisseurs. Ils tenaient compte de la lune, et cela marchait. Il lui envoya le rebouteux du camp annamite qui la remit rapidement d'aplomb. À partir de ce jour-là, ils devinrent grands amis. Cao lui apprit avec un plaisir évident toutes les subtilités dans l'art de cuisiner le porc : la fabrication du saindoux, du boudin, des grattons, des saucisses et du pâté de tête. Aux Hébrides, on ne gaspillait rien.

Emely aimait rentrer chez elle à midi pour déjeuner avec ses enfants. Si la nature avait ses charmes, il convenait aussi de contrôler l'éducation de cette marmaille turbulente pour qui la fin de l'après-midi était consacrée à courser les poules pour les remettre dans leur poulailler. Cette nécessité qu'ils prenaient pour un jeu, surtout lorsqu'ils arrachaient des plumes au passage, les excitait tellement que rien ni personne n'aurait pu les contraindre à s'en passer. Ils mangeaient eux aussi le poisson pêché et rapporté dans les embarcations de Ringdove ou la viande des bêtes tuées. Lizbeth les cuisinait avec les taros d'eau savoureux, les ignames mauves ou blancs, les cumalas ou patates douces ou avec le manioc d'une qualité supérieure à celui que l'on récoltait à Maré, répétait-on en riant à Emely. Elle avait bien dû en convenir.

Aux Hébrides, les tremblements de terre sont si fréquents qu'ils sont rarement commentés. Mais parfois les secousses sont plus violentes et plus longues. Emely avait expliqué aux enfants qu'il fallait alors se tenir, tous serrés les uns contre les autres, debout devant l'embrasure de la porte, « surtout ne pas bouger », prêts à bondir dehors si la maison s'effondrait ou bien vite rentrer à l'abri si la terre se déchirait devant eux. Cette attitude à adopter s'expliquait par les matériaux utilisés dans la construction des maisons et par la façon dont ils avaient été assemblés. Les histoires des premiers Européens inexpérimentés et effrayés étaient connues de tous. Ils prenaient la poudre d'escampette en lançant leur cheval au galop et terminaient par des vols planés mémorables. Au début, le petit Richard s'était plaint à Emely que Damelip jouait à secouer la maison pour lui faire peur.

– C'est très désagréable, avait-il ajouté dignement.

Les enfants passaient leur temps à grimper aux arbres. Les bouraos étaient parfaits parce que, de petite taille, ils s'étalaient emmêlés sur des dizaines de mètres ; ils y avaient établi leur quartier général. Jo et Damelip préparaient des étoiles tressées en feuilles de cocotier qu'ils piquaient sur une tige de cocotier. Avec le vent, elles vrillaient à l'infini comme des petits moulins. Tout était parfait jusqu'au moment, où, n'y prenant pas garde, ils se frottaient contre les *nan'galats*, ces arbustes aux larges feuilles vertes veinées de rouge qui brûlaient la peau. Alors la procession d'enfants, annoncée par des pleurs bruyants d'écorchés vifs, arrivait chez Emely à la vitesse de l'éclair pour se faire plaindre et recevoir des soins compatissants.

L'eau arrivait par une conduite en bambou du creek voisin et débouchait sur une large citerne où, tous les matins, les porteurs d'eau vietnamiens la pompaient pour la distribuer dans les habitations. Les enfants jouaient inlassablement à les escorter. Ils apprenaient ainsi tout ce qui se passait dans les camps. Le jour de lessive, ils allaient au creek regarder Lizbeth frotter le linge sur les planches. C'était là une occasion de s'éclabousser dans un concert de cris perçants qui faisaient bondir d'indignation Lizbeth.

Lorsqu'il pleuvait, l'eau dégringolait du ciel avec la violence de hallebardes jetées hargneusement sur une armure. Elle martelait indéfiniment les toits de tôle ondulée, déclenchant une musique discordante et assourdissante. Les garçons imitaient les Vietnamiens qui se réfugiaient sous leur abri naturel, une feuille de taro géante, ou ils jouaient tout simplement sous l'abondante pluie chaude. Ils revenaient trempés et triomphants : ils avaient bravé les éléments. C'était moins drôle pour Emely et Lizbeth, qui installaient des cordes à linge de fortune un peu partout ; ces jours-là on remettait, comme tout le monde aux Hébrides, le linge humide qui n'arrivait pas à sécher. Emely et Lisbeth, parfois agacées, en riaient le plus souvent. Et le jour où elles étrennèrent le fer à repasser à pompe rapporté de Nouméa par Tiby, elles eurent à leur tour le sentiment de braver les éléments.

Le dimanche, Emely mettait sa longue robe blanche et piquait ses cheveux de fleurs de frangipanier pour aller au culte avec les enfants. Pour eux, elle avait confectionné des tenues aux couleurs vives, le plus souvent tard le soir. Ils restaient tranquilles pendant l'office en échange de la promesse qui leur était faite du pique-nique au bord de la mer qui suivrait. Tous alors se baignaient, Lizbeth et Emely avec eux. L'eau que l'on faisait glisser sur le corps en éloignait toutes les ondes négatives, les purifiait. On la buvait lentement pour se purger. Aux grandes marées basses, à l'heure du crépuscule fuyant, Mata gardait Richard et Edouard sur la plage, loin des coraux abrasifs et probablement vénéneux. Emely, Lizbeth, Jo et Damelip partaient alors, armés de torches, débusquer les langoustes aux couleurs opalescentes, nichées comme prisonnières dans des renfoncements, mais offertes à la cueillette dans ces piscines d'eau du récif dénudé. Il y avait aussi en même temps la pêche au *nasséssé*, le bigorneau des Hébrides.

Mais, avant cette grande récréation du dimanche, Emely aimait rencontrer à la sortie de l'office ses amis les Naturel, un Parisien, Georges, marié à une Suissesse, Louisa, accompagnés de trois de leurs six enfants. Ils étaient installés à Diamant Bay. Elle mesurait le travail opiniâtre et incessant accompli par ces planteurs dont l'exploitation n'était pas gigantesque, mais qui avaient à faire face aux mêmes problèmes que les grandes exploitations, sans toutefois disposer de leurs moyens. Ils racontaient à Emely des histoires de colons et lorsque, la première fois, Georges Naturel avait évoqué Auguste Houchard, elle lui avait demandé de qui il parlait.

– Un Normand, une vraie légende, lui avait expliqué Georges. Il avait d'abord fait carrière dans la marine. Et puis il avait posé son sac aux Hébrides. C'était un dieu pour les Hébridais. Quand il recrutait, il montrait la lune à ses recrues et disait à chacun d'eux : « Tu rentreras chez toi au bout de tant de lunes. » Il ne manquait pas à sa parole et ramenait les hommes à la lune dite. Dès qu'il arrivait dans un village, le chef le recevait et s'il avait encore besoin d'hommes, il les avait le jour même. Il savait sur sa plantation respecter les coutumes hébridaises et y organisait des danses traditionnelles coutumières les jours de fête.

Les Néo-Hébridais avaient une imagination très fertile, entretenue par la tradition. Elle donnait vie aux diables, aux esprits, à l'insolite, au surnaturel. Certains planteurs en tiraient partie judicieusement, d'autres en abusaient. Mais cela pouvait alors se retourner contre eux.

À Port-Vila, une nuit, Dal Gubbay et son employé Fabre avaient revêtu des draps blancs et posé sur leur tête une pastèque préalablement découpée : deux trous pour les yeux, un pour le nez et une large fente pour la bouche. À la lumière blanche de la pleine lune, munis d'une torche électrique qui éclairait leur étrange visage, ils étaient allés frapper à la porte et à la fenêtre du baraquement des indigènes. « *Who ya* [Qui est là] ? » avaient crié les boys inquiets. Quand ils virent ces apparitions, les Hébridais terrorisés défoncèrent les cloisons en tôle de leurs baraques et s'enfuirent dans la plantation. Après de longues recherches, les deux compères retrouvèrent les boys qui exigèrent que l'on mette le feu au baraquement pour éloigner le *devel*, le diable, qu'ils avaient vu comme ils voyaient là leur patron, Dal Gubbay. Cette histoire avait fait le tour de l'archipel et était entrée dans la légende.

Emely adorait qu'on lui raconte les histoires des autres îles. Elle s'en régalait des jours et des jours, les rapportait à Tiby lorsqu'il venait et s'en amusait une nouvelle fois avec lui. Mais, ce jour-là, c'était Tiby qui lui avait raconté l'escale à Port-Vila du comte Rodolphe Festetics de Tolna et de sa belle comtesse sur leur yatch de soixante-seize tonneaux, *Le Tolna.* Ils étaient partis de San Francisco au lendemain de leur mariage pour une croisière qui durerait huit années : les îles Hawaii, Tahiti, la Nouvelle-Calédonie, les Hébrides, les Salomon jusqu'aux Maldives. La durée de ce voyage de noces était en soi déjà assez exceptionnelle. Il convenait de les recevoir avec tous les égards dus à leur rang.

Un repas fut organisé en leur honneur. Dal Gubbay avait fait préparer un curry exquis. Il y eut beaucoup d'hésitation pour le choix du dessert. D'un commun accord, les dignitaires de Port-Vila décidèrent, faute d'inspiration et de pâtissier, de présenter un large plateau de bois en forme de pirogue chargé de fruits tropicaux élégamment disposés sur des feuilles de bananier.

Avec emphase et gentillesse, on nomma les fruits à la comtesse charmée : barbadines, pommes cythère, pommes canaques, corossols, mandarines, fruits de la passion, mangues, papayes et bananes. Elle entra dans le jeu du fruit défendu, fit mine d'hésiter, comme embarrassée. Elle caressait d'un doigt léger une mangue, souriait, renonçait à ce choix, reposait son doigt sur un fruit de la passion, s'y attardant un peu plus longuement tout en portant lentement un regard appuyé sur un ou deux jeunes convives, puis elle revenait à la pirogue de fruits, faisait mine de découvrir près de la main du serveur une mandarine vite considérée trop petite si l'on en jugeait par le mouvement de ses lèvres avancées et resserrées. Le silence s'était installé autour de la table. Le jeu commençait à intriguer les convives dont les yeux allaient du visage de plus en plus rieur de cette jeune et belle femme à son index caressant plus ou moins longuement, plus ou moins légèrement, chaque fruit. Puis tout à coup, comme jouant l'impulsion, son visage dépouillé de toute pudeur, elle regarda son mari, éclata de rire et dit en choisissant une banane :

– Je prends le fruit de la passion !

Les applaudissements furent spontanés. Ils firent trembler les murs de la salle à manger et chacun, prétendit-on après, se prit à rêver de la belle comtesse.

La vie s'écoulait pour Emely sur cette île lointaine, à l'écart du monde et des siens, ensoleillée toutefois par les passages de Tiby.

Richard et Edouard grandissaient, heureux. Ils vivaient de peu mais ils étaient comblés. Jusqu'au jour où Edouard eut une violente crise de paludisme. La quinine qu'elle leur donnait régulièrement, écrasée dans de la confiture et la moustiquaire sous laquelle ils dormaient n'avaient pas suffi à le protéger de cette fièvre si courante là-bas. Emely courut avec Lizbeth chercher le *medicine man* qu'elle avait souvent rencontré lors de ces nuits où toutes deux l'aidaient à accoucher une femme du camp. Il leur avait alors montré les feuilles qu'il fallait chauffer à la flamme pour des cicatrisations sans infection. Cette fois-ci, il fit boire des décoctions à Edouard, mais la fièvre, les tremblements, le froid, le chaud tenaillèrent l'enfant pendant plus d'une semaine. Emely le veilla jour et nuit et se jura de ne plus jamais courir ce risque. Elle décida de quitter Epi. Elle fit part de sa détermination à Tiby et lui demanda de venir les chercher.

David Gubbay avait toujours gardé pour les Nouvelles-Hébrides une fascination qu'il ne s'expliquait pas. Un peu égoïstement, et il se le reprochait parfois, il n'avait pas laissé à son fils Dal le temps de poursuivre en Australie les études qu'il avait jusque-là voulues pour lui avec tant de persévérance. Il oscillait entre le remords de l'avoir retiré du collège des Rocks au bout de quelques mois à peine pour l'envoyer à Port-Vila et sa satisfaction aujourd'hui de constater le développement pris par les affaires dont son fils avait, avec lui, posé les premiers jalons. David avait ancré plus profondément son rêve en faisant l'acquisition d'une plantation, à Hébouli, puis, un peu plus tard, d'une deuxième propriété, proche de Bellevue. Des cocotiers, des rivages, quelques Hébridais, du bétail. Dal en avait la charge et il y trouvait un grand plaisir. Il s'y évadait pour respirer ce qu'il appelait « son vent de liberté » et avait comblé ce bonheur en y élevant des chevaux qu'il montait ou vendait à des cavaliers de sa trempe, en tout cas à ceux qui respectaient leur monture.

La personnalité de son employé, Fabre, apportait du relief à la vie des planteurs, même si leur existence était déjà tout sauf monotone. Fabre avait fait la guerre des Boers. À la suite de ses blessures, il portait un œil de verre et une jambe de bois. Le samedi, jour de paie des boys, il posait l'argent de la paie sur une petite table installée dehors, enlevait son œil de verre et disait :

– Je pose mon œil sur la table pour qu'il surveille l'argent. Ne vous avisez pas d'y toucher.

Saisis d'effroi, les boys reculaient de dix pas. Puis, lentement, Fabre sortait son couteau et commençait à tailler son tabac bâton pour le mettre dans sa pipe. Un jour, il planta le couteau dans sa jambe de bois. C'était le bouquet. Les boys s'enfuirent à toutes jambes. De nouveau, il fallut les retrouver et les rassurer.

Dal adorait les inventions de Fabre et les farces qu'il imaginait. Il en était souvent complice et acteur avec lui. Il en fignolait parfois lui-même les mises en scène. Mais Fabre avait aussi un tempérament d'organisateur. Il connaissait les limites qu'il ne devait pas franchir s'il voulait garder la maîtrise de la situation. Lorsqu'il s'absentait de l'île de Vaté pour aller à Santo ou plus au nord, Dal savait que Fabre resterait tranquille et assurerait avec sérieux son remplacement. David venait justement de câbler à son fils qu'il souhaitait le voir à Nouméa et lui demandait de venir le plus tôt possible. Dal avait bondi de sa chaise et commencé à donner des ordres pour que l'on alerte l'équipage et que l'on prépare son bateau. Il accueillait toujours avec plaisir la perspective d'un assez long voyage en mer. Il aimait « changer d'air », disait-il. Et puis, partir en Nouvelle-Calédonie, c'étaient revoir ses parents, ses amis d'enfance, découvrir ce qui avait changé à Nouméa, se promener dans une ville plus active que ne le serait jamais Port-Vila, écouter les nouvelles des uns et des autres, voir des visages nouveaux et faire des rencontres au cours de soirées où ce beau célibataire était toujours convié. Le lendemain, il appareillait. Du wharf, Fabre lui souhaita bon vent.

Son voilier toucha Nouméa par une matinée radieuse, une de ces matinées où le ciel est d'un bleu soutenu agrémenté de petits nuages blancs festonnés de mille nuances de gris. Dal sauta à terre, heureux d'être arrivé, de se détendre sur un sol ferme en marchant d'un pas vif jusqu'à la maison de ses parents. Il avait maintenant hâte d'embrasser les siens. Il savait qu'il lui faudrait rendre compte à son père de son activité hébridaise et qu'il aurait à discuter avec lui de leurs projets là-bas. Mais cela faisait partie de son plaisir d'être à Nouméa. Il avait alors un peu le sentiment de déposer, le temps de son séjour, le fardeau de ses responsabilités aux pieds de David et, léger, de remonter les rues pour respirer un autre vent de liberté. Mais ce jour-là, lorsque, en début d'après-midi, son frère John Child le supplia de lui faire essayer son nouveau voilier, l'océan qui n'avait pas oublié la défaite que lui avait infligée Dal un jour de cyclone sut qu'il tenait là sa revanche.

Une promenade, une simple promenade. Le ciel est bleu, la mer est calme ; il n'est même pas nécessaire de vérifier l'amarrage des gueuses au fond de la cale tant l'atmosphère est sereine. Durant la traversée jusqu'à l'îlot Signal, les deux Néo-Hébridais qui accompagnent Dal et John Child s'amusent à repérer les tortues, les mantes et les poissons dans la transparence de l'eau ; le frottement de la coque contre les vagues est rassurant, le voilier file ses dix-douze nœuds, mais tout à coup, au retour, le vent se lève, bouscule l'embarcation, entraînant dans la cale un déplacement désordonné et dangereux des lingots de fonte. C'est l'océan qui prend le commandement du bateau, le teste au roulis et au tangage et brusquement le renverse, jetant à l'eau ses quatre passagers. Un des deux Hébridais, assommé, sombre avec le bateau. Le deuxième homme d'équipage, Dal et John Child essaient à la nage de se diriger vers l'îlot le plus proche tout en restant groupés. Mais John Child a de plus en plus de mal à nager, il supplie Dal de l'aider, le Néo-Hébridais prend de l'avance, Dal encourage son frère tout en essayant de le rejoindre et lui recommande de se laisser porter pour reprendre son souffle. Mais la panique, complice de l'océan, saisit John Child qui étouffe, agite ses bras, boit de l'eau, se débat, s'enfonce lentement, remonte à la surface et finalement disparaît. Dal s'épuise aussi, regarde tout autour de lui en espérant voir son demi-frère réapparaître, il essaie de l'appeler mais, gêné par les vagues, ne réussit qu'à s'étouffer et commence à perdre le contrôle de ses mouvements. Il n'a pas vu qu'un bagnard, du rivage, a plongé à sa rencontre et c'est à demi conscient qu'il est ramené et traîné hors de l'eau, sur l'îlot Brun.

Jane réagit violemment à la nouvelle de ce naufrage qui avait emporté son fils John Child. Blottie dans sa chambre aux persiennes baissées, elle laissa aux domestiques le contrôle de la maison. Pendant trois jours, elle ne vint pas partager un seul repas avec les siens.

Dal fut, lui aussi, transformé en statue de pierre. Il refusa d'accompagner son père en ville. Prostré, il restait assis dans la véranda de la maison de ses parents sans bouger, sans parler. Glacé par le drame qu'il venait de vivre, il en rappelait dans sa mémoire chaque instant, cherchant à savoir s'il aurait pu en modifier le déroulement.

David Gubbay, malheureux, sentait qu'il lui revenait d'agir pour éviter de voir sa famille s'enfoncer dans une tristesse qui ne pourrait plus guérir. Il demanda à Jane de l'aider à persuader Dal que le vent était seul responsable de cette tragédie et que le destin n'était pas une décision des hommes. Il suggéra à Dal de repartir à

Vila où son activité devait reprendre rapidement sous peine de voir ses affaires là-bas en difficulté. « Je compte tellement sur toi », ajouta-t-il. Jane, Albert, Emely et David assistèrent à l'embarquement de Dal pour les Hébrides. Du Rocher à la voile, ils agitèrent leurs bras jusqu'à ce qu'ils perdent de vue sa silhouette à bord de la goélette.

À Port-Vila, la nuit, Dal se dressait brutalement sous sa moustiquaire, réveillé dans ses cauchemars par l'affolement et la peur de John Child se débattant dans l'eau. Levé tôt le matin, il s'épuisait le jour aux activités débordantes qui étaient devenues les siennes.

Le suivi de l'exploitation des propriétés d'Hébouli et de Bellevue dont les cocoteraies commençaient à devenir sources de revenus lui permit de se consacrer avec plus d'acharnement encore à son travail et l'aida à ne pas se laisser envahir par le douloureux souvenir de la mort de John Child. Pendant des mois, une sorte de complicité avait conduit la population de Vila à prendre soin discrètement de Dal pour l'aider à retrouver lentement un peu de sa sérénité. Toutes les occasions qui se présentaient et qui, pensait-on, pouvaient intéresser Dal étaient saisies au bond et lui étaient soumises comme par hasard. C'est ainsi que les autorités locales qui le mettaient déjà à contribution depuis un certain nombre d'années firent appel à lui encore plus souvent. L'éducation australienne et calédonienne qu'il avait reçue, son sens du contact, sa gentillesse, sa faculté de parler avec autant d'aisance le français que l'anglais en avaient fait un notable respecté et apprécié. Il fut, à tous ces titres, encore plus fréquemment sollicité pour servir d'interprète au tribunal mixte installé à Port-Vila où l'usage du français, de l'anglais et du bichlamar dans les mêmes affaires ne simplifiait pas les procédures.

Le président de ce tribunal mixte était désigné par le roi d'Espagne, en souvenir et en hommage au découvreur de l'archipel, et peut-être aussi pour assurer une impartialité qui aurait pu être contestée autrement. Son principal rôle était de régler les litiges fonciers qui surgissaient partout dans les îles hébridaises entre les Mélanésiens et les nouveaux acquéreurs venus de territoires anglo-saxons, de Nouvelle-Calédonie ou même de métropole. Les habitants de Port-Vila ont longtemps gardé le souvenir du comte de Buena Esperanza nommé plus tard à ce poste. Ses jugements étaient rendus dans un superbe édifice colonial érigé sur la colline qui faisait face à la baie. Les pièces résonnaient de son mauvais français et de son anglais approximatif ; quant au bichlamar, il ne le comprenait pas. Mais il possédait une grande vertu, celle de demeurer impassible aux audiences et de rester neutre imperturbablement : le comte était dur d'oreille.

À Nouméa, la santé de David se dégradait. Il était de plus en plus affaibli par des crises d'asthme qu'il n'arrivait plus à contrôler. La concurrence devenait sérieuse dans le commerce, et il n'avait plus l'énergie nécessaire pour se battre. Et puis Jane avait changé depuis la mort de John Child. Elle allait souvent sur la plage réclamer à l'océan son enfant ou le supplier, les jours de plus grande détresse, de le laisser reposer en paix dans sa sépulture marine. Elle avait perdu son allant, sa joie de vivre.

David se décida à écrire à son fils et lui expliqua qu'il aimerait l'avoir auprès de lui, qu'aux Hébrides, l'affaire marchant bien, sa présence n'était plus aussi indispensable. Il ajouta que le second du comptoir était fiable et compétent et que Fabre pourrait toujours « y jeter un œil » tout en s'occupant des plantations. Cette phrase fit sourire Dal qui imagina Fabre jetant son œil de verre dans le store pour se conformer aux ordres.

Dal répondit à son père qu'il arrivait. Il organisa son remplacement dans le cas où son absence serait vraiment longue, mais il garda secret l'espoir que la lettre alarmiste de son père était le fait d'une fatigue passagère et sans gravité et qu'il serait de retour beaucoup plus tôt que prévu. Huit jours plus tard, il prit la mer.

La maladie d'Edouard avait fait prendre conscience à Emely combien les îles Loyauté et sa famille faisaient profondément partie de sa vie. On ne supprimait pas ce capital affectif d'un simple saut d'archipel. Tiby lui avait bien apporté son soutien pendant ce long séjour aux Hébrides, mais ses passages, même réguliers, quoique espacés, n'avaient pas suffi à combler son besoin d'une atmosphère familiale bruissante de rires, de larmes, de va-et-vient des oncles, des tantes et des cousines, de fêtes en tribu ou de l'agitation sur le rivage à l'arrivée des vapeurs et des goélettes en provenance de Nouméa. Finalement, elle découvrait avec étonnement que tout cela lui avait manqué, même si la gentillesse, la bonne humeur, la serviabilité et les éclats de rire des Hébridais avaient fait son régal.

Et puis, les enfants avaient grandi. Il était temps de s'occuper de leur instruction avec plus de méthode. Tiby l'avait déjà rassurée à ce sujet. Il s'en était occupé.

Le jour dit, lorsqu'il arriva à Ringdove, Tiby trouva Emely debout sur la plage en tenue de ville, bagages sur la berge, prête à partir. Tiby, connaissant la vigilante tendresse d'Emely pour ses deux fils, n'en fut pas surpris, mais comprit combien elle avait dû avoir peur. Il appela Richard et Edouard déjà rouges d'excitation qui jouaient et se poursuivaient en courant sur le sable. Une fois à bord, alors que la goélette avait franchi la passe et se trouvait dans les eaux profondes, Tiby s'installa près d'Emely sur le pont et lui expliqua ce qu'il avait prévu.

– La Société des îles, dont je suis actionnaire avec les Ballande et les Barrau, a ouvert un comptoir à Ouvéa que tu dirigeras en accord avec eux et avec les gens de la tribu. Ils manquent de tout à Ouvéa, et ce n'est pas à toi que j'apprendrai que Mouly est seulement à une demi-journée de Maré et à vingt-quatre heures de Nouméa. Qu'en penses-tu ?

– Et les enfants ? demanda Emely sans répondre à la question de Tiby.

– Tout est prévu. Ils iront dans une école à proximité de Nouméa. J'ai choisi le pensionnat Saint-Léon de Païta, tenu par des frères maristes. Je suis allé le visiter moi-même. Alby te le confirmera. Les enfants y seront bien, l'air y est pur et sain, c'est à une vingtaine de kilomètres environ de Nouméa, au milieu des arbres. Dans deux ou trois ans, on leur apprendra l'agriculture, la menuiserie... Nos deux garçons auront une bourse. Et Païta, ce n'est pas si loin que ça. Le village est desservi par le train de la Dumbéa.

– Il marche ?

– Comment ça, il marche ? Emely ! Il roule ! Il glisse sur des rails tout neufs... Il fait même teuf-teuf dans les côtes.

Emely éclata de rire. Il l'avait enfin déridée. À partir de ce moment-là, elle sortit de son mutisme et commença à envisager une organisation qui lui permettrait d'aller voir ses fils le plus souvent possible.

– Il faudra que je trouve quelqu'un de confiance pour abandonner de temps en temps le *store* et aller les voir. Je ne peux quand même pas les laisser trop longtemps seuls sur la Grande Terre ! Ils doivent me savoir près d'eux. Et puis je vais demander à mon amie de la vallée des Colons de les sortir de temps en temps si c'est possible. Qu'en penses-tu ?

Tiby réalisa que ce n'était plus lui qui l'interrogeait pour savoir si elle était d'accord. D'emblée, elle avait pris en main la direction des opérations. Il en fut soulagé et heureux. Décidément, le séjour à Epi avait forgé encore davantage le caractère de sa petite Maréenne. Il faudrait qu'il raconte ça à Alby. Il était quand même épaté. Mais, pour rien au monde, il ne l'aurait avoué.

La tristesse que Tiby avait vue dans le regard d'Emely quelques heures auparavant lorsqu'il était venu la chercher avait disparu. Pourtant il savait qu'elle avait quitté le cœur serré ses amis de Ringdove, les Hébridais de la plantation auxquels elle s'était attachée, les Tonkinois, Cao en tête, « bon pas bon, bon quand même ». Ses adieux avec Lizbeth avaient été ceux de deux sœurs dont l'affection s'était forgée au fil des jours et de leurs difficultés. Plus tard, elle apprit que Mata avait appelé sa petite fille Emely et Damelip appellera ses deux fils Richard et Edouard, en souvenir des deux compagnons de jeu qui avaient tellement marqué son enfance.

Mince et basse sur l'eau, Ouvéa se courbait légèrement comme un arc détendu autour de son lagon immense fermé de l'autre côté par une myriade d'îles, d'îlots ou de récifs. Sa côte ouest tournait le dos à l'océan, protégée par des falaises grises coiffées de broussailles et percées de grottes sombres et mystérieuses qui s'ouvraient comme de longues mâchoires. Ouvéa, c'étaient en fait deux îles reliées par un isthme, une étroite et longue bande de sable blanc neigeux et de cocotiers. Plus au sud, comme pour prolonger l'arc autour du lagon, il y avait une autre île, Mouly, séparée d'Ouvéa par un chenal de quelques mètres où l'océan se glissait paresseusement dans le lagon phosphorescent.

Le *store* et les terrains d'Emely se situaient dans la partie sud de l'île principale d'Ouvéa, non loin du village de Fayaoué, bastion protestant rescapé des guerres qui, ici comme à Lifou et Maré, avaient secoué le petit archipel, jadis. La paix régnait désormais entre la dizaine de tribus qui se partageaient ce long et mince territoire, catholiques au nord, protestants au sud. La maison d'Emely s'ouvrait sur le chemin côtier qui longeait l'immense plage ourlant toute l'île. Il suffisait à Emely de traverser ce chemin pour entrer dans l'eau transparente qui se déclinait dans toutes les nuances de vert et bleu.

Du chemin sablonneux, une allée de corail décrivait un arc de cercle vers la maison blanche ceinturée d'une véranda aérée qui servait en quelque sorte de vitrine à la boutique. Les étagères du magasin s'étiraient en enfilade sur les trois murs de cette pièce spacieuse. Le petit sentier corallien se glissait parmi les massifs de fleurs jusqu'à sa maison ornée de croisillons et reliée à une large case ronde. On prenait tous les repas dans cette case conviviale. Emely avait fait installer un grand four à pain attenant au magasin. L'ensemble des deux toitures de tôle réunies offrait une surface suffisante pour y recueillir l'eau de pluie qui se déversait dans une citerne imposante. L'eau douce était très rare à Ouvéa.

Le clan des Lobessy avait autorisé l'installation d'Emely sur le site de la tribu de Banout, allié au petit chef de la tribu voisine de Nimiha. Après de longues négociations avec celle-ci, elle put disposer d'une autre parcelle de terrain, à plusieurs centaines de mètres de là. C'était une cocoteraie à l'orée de la forêt basse et épaisse qui couvrait, à l'exception de l'isthme, une partie de l'île. Avec l'aide des gens de la tribu, Emely participa à la construction d'un immense enclos aux murets de moellons de corail. Elle engagea un gardien pour assurer l'élevage d'une centaine de cochons et les nourrir avec des noix de coco, des feuillages, pissenlits et laiterons. Il devait aussi entretenir l'enclos et la cocoteraie.

Emely n'hésitait pas, lorsque son gardien était absent pour de longs préparatifs de mariage coutumier ou d'autres événements familiaux, à aller chercher elle-même les noix de coco qu'elle brisait au sabre d'abattis et à ramasser les coques évidées de leur pulpe par les groins avides. Elle attrapait une ou deux bêtes, leur liait les pattes avec une corde et les portait sur ses épaules, sans prêter attention à leurs déchirants cris de frayeur ; elle les jetait au milieu des sacs de coprah dans la carriole tirée par un cheval. De retour chez elle, aidée d'une femme d'Ouvéa, elle tuait les cochons, préparait du saindoux et des grattons, comme Cao le lui avait appris à Epi, pour les expédier à Nouméa. Elle proposait à ses clients d'Ouvéa de la viande, du boudin et des saucisses. Emely vendait aussi l'huile de coco qu'elle confectionnait de façon artisanale et s'amusait à rappeler aux femmes d'Ouvéa les multiples vertus de cette huile : lorsqu'on l'utilisait pour la cuisson des ignames et des patates douces, c'était bien sûr l'assurance d'une saveur plus subtile encore, mais les clientes du *store* reconnaissaient aussi que l'huile de coco d'Emely donnait à leurs cheveux une douceur exceptionnelle et, à leur peau, un satiné qui ne déplaisait pas à leurs maris. Lorsqu'elles en parlaient, elles pouffaient de rire et cachaient d'une main le bas de leur visage en signe de fausse confusion, en murmurant :

– Et quand on ajoute du citron, c'est encore mieux.

Les activités d'Emely ne s'arrêtaient pas là. Forte de ce qu'elle avait observé et appris aux Hébrides, Emely avait mis sur pied, à Ouvéa, la collecte du coprah dans les tribus et les expéditions sur

Nouméa. Ainsi la veille de l'arrivée du bateau de la Compagnie des îles, des associés Hagen, Ballande et Barrau, elle se rendait, le matin, chez les exploitants de coprah des tribus de Nimiha et de Banout. Aidée par les gens des tribus, elle chargeait dans son sulky aux allures de carriole leur récolte qu'elle transportait jusqu'à l'auvent dressé devant sa maison sur la plage. L'après-midi, habillée avec coquetterie, elle s'asseyait sur son tabouret, à l'ombre de l'auvent, devant une petite table fichée dans le sable. Elle accueillait les gens des tribus venus assister à la pesée de leur récolte. Au début, lorsqu'elle avait lancé cette opération, il y avait eu une pittoresque pagaille au cours de laquelle il lui avait fallu user de beaucoup de diplomatie et de patience pour mettre au pas ces joyeux exportateurs qui avaient jeté pêle-mêle leurs sacs, sans distinction d'origine et de poids. Aujourd'hui Emely était satisfaite. L'ordre et la méthode avaient triomphé. Emely attendait, crayon en main, que les hommes aux tenues colorées, rassemblés à ses côtés, énoncent les poids des sacs de coprah qui seraient expédiés le lendemain sur Nouméa. Elle notait scrupuleusement. Le sérieux d'Emely et son savoir-faire rassuraient ces hommes qui lui confiaient le produit de leur travail. Ils savaient que le lendemain elle remettrait ces listes au subrécargue et qu'elle redistribuerait plus tard le bénéfice de la vente à chacun de ceux qui lui avaient confié leur coprah. Mais le bateau de la Compagnie des îles ne pouvant accoster, Emely attendait qu'il ait jeté l'ancre dans la rade au large et que les baleinières aient commencé à approcher de la rive pour inspecter une dernière fois le fret avant son chargement. Elles accostaient pleines des marchandises commandées à Nouméa. Après leur déchargement, le va-et-vient des hommes reprenait pour embarquer les marchandises à destination de Nouméa cette fois. De nouveau assise sur son tabouret devant sa petite table, Emely comptait les sacs que les hommes hissaient sur leurs épaules et qu'ils allaient déposer dans les baleinières en courant sur le sable brûlant. Les gens d'Ouvéa étaient fiers de cette femme secrète, ordonnée, attentive aux intérêts de chacun et soucieuse du travail bien fait. Ils la respectaient.

L'embarquement terminé et après avoir réglé au subrécargue du bateau les marchandises qu'elle réceptionnait pour son *store*, Emely lui remettait comme prévu courrier et commandes pour le bateau suivant. Rentrée à Banout, son commis déballait ses achats qu'elle disposait méthodiquement sur les étagères tout en servant les clients qui attendaient impatiemment ce nouvel arrivage.

Lorsqu'il n'y avait pas de chargement de coprah à assurer, Emely et son aide se rendaient à Fayaoué où les bateaux pouvaient accoster. Ces jours-là, elle se levait encore plus tôt, rassemblait le courrier qu'elle confierait au commandant, préparait un en-cas et un ouvrage pour cette longue journée. Fayaoué était situé à deux kilomètres et demi environ de Banout. Le sulky-carriole, tiré par son cheval Boer, paresseux à l'aller et rapide comme le vent au retour, était chargé des produits qu'elle voulait expédier à Nouméa. Elle allait réceptionner en échange les marchandises qu'elle avait commandées. L'arrivée du bateau à Fayaoué était à chaque fois un événement. Ses habitants et ceux des tribus avoisinantes se retrouvaient le long du quai, échangeaient des nouvelles et commentaient celles que l'équipage rapportait de Nouméa.

Emely parlait couramment la langue d'Ouvéa maintenant et se mêlait discrètement aux conversations. Elle avait retrouvé les hiérarchies et les coutumes de ses îles où la femme s'effaçait et l'homme décidait. À Maré, le commerce était tenu par des personnes qui avaient su faire valoir leur prérogative coutumière. Être établie commerçante sur une île qui n'était pas la sienne mais qui l'avait accueillie avait donné à Emely certains droits accordés tacitement. Consciente de bénéficier d'un privilège exceptionnel, Emely voulait s'en montrer digne. Elle était un cas sur cette île où, seule, sans mari pour « décider », elle devait élever deux garçons et gérer son *business*. En un mot, le statut d'Emely à Ouvéa était très particulier. Ses responsabilités l'isolaient quelque peu et l'obligeaient souvent à adopter un ton de commandement.

Emely n'avait qu'un objectif : travailler et économiser suffisamment d'argent pour que ses deux garçons ne manquent de rien, au pensionnat Saint-Léon à Païta ; qu'ils aient les mêmes vêtements que leurs petits camarades, les mêmes livres, les mêmes cahiers tout neufs. Une ou deux fois par trimestre, elle confiait le magasin et la surveillance de la boulangerie à son commis et embarquait à bord du *Cagou* venu caboter. Profitant de l'escale à Maré, le temps des opérations portuaires, elle rendait visite à Mary et à Ballah sa demi-sœur devenue une belle jeune femme. Elle les comblait des plus beaux dons de la terre et du lagon d'Ouvéa.

– Regarde, Mary, ces mangues magnifiques. C'est un merci de la tribu de Nimiha. Ils étaient tellement contents de la vente du coprah sur Nouméa le mois dernier !

– Et moi, qu'est-ce que tu me rapportes ? demanda Ballah soulevant délicatement la feuille de bananier d'un des sacs tressés d'Emely.

– Curieuse petite sœur ! Je sais bien ce que tu aimes. Rassure-toi, je n'ai pas oublié. Vous allez faire un festin avec ces deux superbes langoustes porcelaine. On me les a apportées juste au moment où j'embarquais.

– Qui ?

– Ah voilà ! Je ne le te dirai pas. Contente-toi de les manger.

– Si tu ne dis pas qui te les a données, nous allons nous poser des questions...

– *Dear Ballah ! You should rather take care of yourself !*

– Tu as tout à fait raison, Emely. Que Ballah s'occupe de ses affaires. Mais tu pourrais quand même nous dire..., plaisanta Mary.

Emely adorait revenir dans cette maison où elle avait grandi. Même si elle ne faisait plus qu'y passer, elle ne pouvait s'empêcher de ranger la maison, de finir de raccommoder quelque ouvrage, de remettre un peu d'ordre dans la boutique de sa belle-mère. Puis, avec Ballah, elles allaient respectueusement faire une visite de courtoisie à Bethia, l'épouse d'Henri Naisseline. Emely n'était pas une Naisseline mais elle n'oubliait pas que le sang des Saïwéné coulait dans leurs veines et dans les siennes. En fin de journée, Emely remontait à bord du *Cagou*. Au début de la matinée suivante, après l'accostage du bateau au quai de Nouméa, elle se rendait à la vallée des Colons, de l'autre côté du sémaphore, pour y passer la nuit chez son amie.

Vêtue de sa plus belle robe, Emely prenait le train de la Dumbéa qui menait en une heure ses passagers jusqu'à Païta, petite bourgade située à quelque vingt-cinq kilomètres de Nouméa. C'était un sympathique tortillard dont l'usage aurait dû être réservé, si la ligne avait été prolongée, au transport du bois de kaori exploité dans les savanes de la côte ouest. Et peut-être même au nickel, qui saignait les montagnes. Le minerai aurait ainsi été descendu jusqu'à la fonderie construite sur la Grande Rade, derrière Nouméa, à Doniambo, par les Établissements Ballande. Mais ce projet grandiose de réseau ferré fut interrompu au bout de trente kilomètres, à cause de la guerre, mais aussi des hausses et des baisses de prix du capricieux métal. Le coût de chaque tronçon dépassait largement prévisions et budgets.

Le samedi, et surtout le dimanche, le petit train se chargeait à craquer de familles et de bandes joyeuses, qui allaient pique-niquer au bord de la rivière Dumbéa. Même en ces temps de guerre et de restriction, on ne ratait pas cette escapade hors de la ville.

Emely regardait avec étonnement ces gens de Nouméa venus eux aussi chercher leurs enfants. Elle aurait pu leur envier une bonne humeur affichée bruyamment et leurs explosions de rires si elle-même n'avait pas ressenti secrètement une impatience heureuse de retrouver ses fils à Païta. Une heure et demie de train depuis Nouméa, c'était tellement près, pensait-elle. Du terminus, elle se dirigeait tout droit vers Saint-Léon, une belle bâtisse dont les jardins étaient plantés de nombreux arbres fruitiers. Il y avait même une piscine, grâce à un petit barrage construit en travers de la rivière Karikoué et un manège de chevaux de bois. Richard et

Edouard, qui l'avaient vue arriver de loin d'un pas décidé, sur le chemin écrasé de soleil, accouraient vers elle. Elle trouvait que leur costume de pensionnaire, culotte, chemise et veste banches, cravate bleu clair et chapeau de feutre, leur allait bien. Ils criaient des « Maman, maman ! » qui affolaient les oiseaux dans les arbres. Ils s'envolaient en pagaille vers des refuges plus sereins et Emely hochait la tête avec l'indulgence d'une mère excusant toutes les agitations enfantines. Elle repeignait ses garçons d'une caresse appuyée sur leurs cheveux et leur demandait d'aller chercher leur bagage pendant qu'elle se rendait chez le père supérieur pour parler avec lui de leurs notes et de leur travail. La réponse était toujours la même : travail très satisfaisant, surtout Richard, mais élèves un peu trop dissipés, surtout Edouard.

Alors, toute fière, encadrées par ses deux fils, elle reprenait le train pour Nouméa, quitte à attendre longtemps sous les quatre bouts de tôle qui faisaient office de gare. Pendant le trajet, malgré les bouffées de fumée et les escarbilles, ce n'était que rires et bavardages précipités. Lorsque le petit train cahin-caha amorçait la côte du col de Tonghoué, d'autres enfants plus âgés n'hésitaient pas à descendre du wagon et faisaient la course avec le train poussif jusqu'en haut du col. Dans ce chahut bon enfant, Emely rajeunissait, elle devenait la grande sœur des gamins. Puis il y avait la halte de la Dumbéa, les passagers se dispersaient dans la nature pour y cueillir des framboises sauvages et des goyaves sucrées.

À Nouméa, Emely les emmenait dans les magasins, même si les vitrines étaient plutôt vides depuis août 14. Il y avait toujours quelque chose à remplacer du trousseau de ses jeunes pensionnaires, une chemise, une blouse, des chaussures.

– C'est fou ce qu'ils usent comme chaussures, disait-elle à Tiby qui se souvenait des mêmes réflexions de sa mère lorsqu'il était petit.

Décidément, rien ne changeait.

Puis c'était l'arrivée en cavalcade bruyante à la vallée des Colons. Emely suivait. Le dimanche, elle les emmenait au temple en leur faisant promettre de ne pas en parler aux frères maristes lorsqu'ils seraient de retour à Saint-Léon. L'après-midi, arrivait enfin l'heure du pudding et des scones juste sortis du four. Là les garçons se lançaient dans des histoires de pensionnat racontées en désordre et avec une précipitation qui consternait Emely.

– Doucement, les enfants, on ne comprend rien à ce que vous racontez. Chacun son tour !

C'était peine perdue. Dans un brouhaha indescriptible de voix, de cuillères et de tasses entrechoquées, de chaises tirées, d'entrées, de sorties, Emely essayait de suivre ce qu'Edouard voulait dire alors que Richard lui coupait la parole pour apporter une précision qu'il jugeait indispensable. Emely vivait là de grands moments de bonheur. Elle était profondément et intimement heureuse, mais n'osait cependant pas prendre ses fils dans ses bras et les serrer très fort sur sa poitrine. Elle le faisait le soir, dans la pénombre, timidement, lorsqu'ils étaient couchés et qu'elle venait leur dire bonsoir. Elle se sentait coupable alors d'une faiblesse inavouable.

La courte semaine de vacances passait vite. Elle les raccompagnait à Païta par le petit train qu'il ne fallait pas rater. C'était le seul de l'après-midi. Le retour à Nouméa, après avoir ramené ses deux garçons à Saint-Léon, la laissait désemparée. Lorsqu'elle venait les chercher, elle entrait de plain-pied dans leur vie et elle retrouvait la sienne ; mais lorsqu'elle les raccompagnait, il lui fallait quelques jours pour reprendre un rythme teinté d'un semblant de sérénité.

Edouard et Richard oublièrent vite leur dernière distribution des prix à Païta en apprenant qu'à la rentrée scolaire suivante, c'est à Nouméa qu'ils poursuivraient leur instruction. À l'école des frères, dans la classe où ils furent admis, l'instituteur leur désigna un banc où deux places étaient encore libres. C'est sur ce banc qu'Edouard fit la connaissance de Roger Rolland qui plus tard devint son notaire et le resta toute sa vie. Puis vint l'année où ils furent assez grands pour entrer, ensemble, inséparables, au collège La Pérouse. L'adaptation à ce nouveau cadre de vie et à leurs nouveaux professeurs ne les perturba pas outre mesure.

Décembre ouvrait les portes des grandes vacances. Devant les grilles du collège, les parents attendaient. Fiacres, automobiles et carrioles étaient garés un peu partout, sous les arbres, dans la prairie en face du bâtiment massif, une ancienne caserne aux murs épais et à l'allure sévère. Un peu à l'écart se tenait un petit groupe : les gens des Loyauté. Il y avait le grand chef Tcha « king » Boula de Lifou et son épouse Lizzie venus chercher leur fils Henri, ami très proche d'Henri Naisseline, de Richard et d'Edouard Pentecost.

Un peu plus loin, il y avait aussi Tiby et sa femme Marthe attendant leurs filles. Tiby allait de groupe en groupe. Il vint saluer Bethia et le régent. Il eut droit à quelques taquineries des femmes de

Maré auxquelles il répondit par une ou deux plaisanteries. Emely rit de bon cœur comme les autres, l'embrassa comme les autres, sans que personne ne prête une attention particulière à cette rencontre. Bien qu'elle s'en fût défendue si on l'avait interrogée, Emely sentait les battements précipités de son cœur et avait l'impression que tous, autour d'elle, pouvaient les entendre. Il fallait qu'elle trouve vite quelque chose d'anodin à dire pour que rien ne se devine de son trouble et ne se lise sur son visage.

– Tiby, remercie encore, lorsque tu les verras, les Broustail pour leur gentillesse. Je crois que Richard et Edouard ont beaucoup aimé sortir chez eux chaque dimanche pendant toute l'année scolaire.

– Bien sûr, tu peux compter sur moi, je le ferai. Broustail et moi avons gardé un tellement bon souvenir... l'un de l'autre... et de notre mission ensemble aux Salomon à bord de *La Rosette* avec le commandant Le Pommelec, rappela Tiby en riant.

Emely pensa avec indulgence qu'ils devaient sûrement avoir en commun des souvenirs inavouables de cette bien longue mission. Ils n'avaient probablement pas tout raconté, ces deux-là.

– Tu m'étonnes, dit-elle en souriant.

Puis elle ajouta :

– Les garçons ont invité leur fils à Ouvéa pendant les vacances pour y passer quelques semaines. Ses parents sont d'accord apparemment.

– Bravo ! Excellente initiative, approuva Tiby. Emely, pardonne-moi, il faut que je te laisse. Je vais rejoindre Marthe, nous sommes venus chercher les filles. Pour les Broustail, je n'oublierai pas.

Enfin, la sonnerie retentit. Le portail du collège s'ouvrit. Les collégiens commencèrent à sortir, bien en rang, par ordre de classe. Dès qu'ils furent sur la route, ils s'éparpillèrent en criant.

Richard, son gros cartable sur le dos, se précipita vers sa mère et dit tout essoufflé :

– Maman, tu peux attendre un peu ? Parce qu'Edouard doit parler avec Roger. C'est important.

– Dis-lui de faire très vite alors. Tout le monde l'attend.

Pendant que Richard repartait en courant, après avoir abandonné son cartable à sa mère, Ballah dit à Emely :

– Regarde comment Edouard s'exprime quand il parle de choses importantes.

Devant le portail, Edouard et un garçon un peu plus âgé que lui se poussaient à grands coups d'épaule.

– Mais ils se battent ! s'exclama Emely, horrifiée. Il faut les séparer !

– Laisse-les... discuter, dit Ballah en riant. C'est de leur âge. Tous les enfants sont comme ça.

– Peut-être, mais mes enfants à moi ne doivent pas être comme les autres garçons. Ils doivent être mieux.

Et elle se dirigea vers eux, de son pas décidé, « son pas d'homme » comme le disaient certains. Heureusement, Richard avait déjà séparé les combattants en tirant son frère par la manche. Ils rejoignirent leur mère en riant aux éclats.

Les flamboyants ensanglantaient d'un rouge joyeux la place des Cocotiers. Leur floraison, c'était le temps des vacances. Mais les gens de Maré ne s'attardèrent pas à Nouméa. La traversée, qui durerait toute la nuit et une bonne partie de la matinée, serait l'occasion de chants, de rires et de bavardages sans fin sur le pont, en mangeant des letchis que certains d'entre eux auraient cueillis quelque part avant d'embarquer. Le plus vieux des anciens se sentait l'humeur légère d'un collégien en congé. Emely, elle, éprouvait un merveilleux sentiment de liberté et participait pleinement à la joie de cette petite croisière vers l'île natale. Ses fils étaient avec elle.

Elle ne resta pourtant qu'une semaine à Netché. Le comptoir d'Ouvéa n'attendait pas. Les deux garçons passèrent donc le premier mois de vacances au sein de la chefferie, en toute liberté. Ils dormaient à Samerton. Les journées étaient beaucoup plus courtes qu'à Nouméa, au collège La Pérouse. Il y avait la plage, la pêche avec les grands, le cricket et les courses dans la brousse avec les cousins. Mais il y avait aussi le football, un jeu que Richard et Edouard avaient ramené de Nouméa. Un ancien de la chefferie avait dit en regardant ce ballon échangé au pied :

– Tiens ! Dick Pentecost, leur grand-père, avait, lui, rapporté des fraises. C'était peut-être plus petit, mais ça venait de plus loin.

Pour le reste de leurs vacances, leur mère revint les chercher et, après une demi-journée de traversée, ils s'installèrent à Ouvéa. Cette année-là, comme ils avaient eu de bons résultats, même si Richard était un peu en retard et Edouard un peu en avance, elle leur avait réservé une grande surprise. Deux bicyclettes, des « Hirondelles », qu'elle avait commandées à Nouméa. Le petit chef de la tribu de Nimiha, à qui Emely avait loué des terrains, fut leur professeur. Ce respectable personnage était en effet le seul détenteur de ce genre d'engin à Ouvéa, du moins dans le district de

Fayaoué. Tous les gamins du village, vite et mystérieusement informés, étaient là pour contempler le spectacle. Après avoir réglé la selle à leur hauteur et donné quelques explications, le petit chef demanda aux deux garçons d'escalader leurs montures. Lui tenait dans sa main gauche l'arrière de la selle d'Edouard et dans la droite, celle de Richard.

– Allez-y, appuyez sur les pédales, gardez le guidon bien droit. Je vous tiens, je vous tiens, regardez devant vous, je vous tiens, je vous...

Le petit chef, courbé, les bras en croix, une main retenant en équilibre chaque engin, les pieds soulevant la poudre de corail du chemin, les poussa ainsi sur une cinquantaine de mètres, puis les lâcha tout en répétant ses « je vous tiens, je vous tiens ».

Les deux frères continuèrent encore un peu, seuls, commencèrent à zigzaguer, puis dans un même mouvement, tournèrent la tête. Enfin, toujours dans une harmonie parfaite, ils tombèrent chacun d'un côté du chemin. Ils revinrent à pied, poussant leur engin, au milieu des rires des jeunes spectateurs ravis. Edouard saignait du genou droit et Richard du genou gauche. Ils étaient bien un peu vexés d'être tombés devant témoins, mais ils étaient aussi tellement fiers, l'un et l'autre, de tenir en main le guidon de leur bicyclette ! Dès le lendemain, ils n'avaient plus besoin d'aide. Quelques jours plus tard, Emely, ravie de voir qu'elle avait fait un choix heureux, les dispensa de jardinage. Ils passaient leur matinée, avant que le soleil fût trop chaud, à faire la course entre Banout et le temple de Fayaoué. Le terrain était d'un plat ! Ce n'était plus Richard et Edouard Pentecost qui pédalaient, tête dans le guidon, le long de la plage d'Ouvéa, c'étaient les frères Pélissier.

Edouard et Richard ne savaient pas à quelle date arriverait leur camarade. Ils l'attendaient d'un jour à l'autre. Jean Broustail débarqua du *Koné*, un matin, à Fayaoué. Le youyou qui le déposa au quai était encombré de tôles et de sacs de riz. Il questionna les badauds, mais tout le monde ignorait qui était Mme Pentecost. Quelque peu inquiet, il se souvint tout à coup du prénom de la maman de Richard et d'Edouard : Emely. Les visages se détendirent aussitôt.

– Ah ! Madame Emely !

Mme Emely habitait à Banout, à vingt-cinq minutes de marche de Fayaoué. Rassuré, il partit à pied, le long de la plage, son sac fixé dans son dos. Jean fut ébloui par la beauté sauvage du littoral. Le trajet lui parut beaucoup plus court que prévu.

On lui fit fête à son arrivée ; les amis du dimanche se retrouvaient. Mme Emely décida que Jean dormirait dans la véranda à l'abri des croisillons où il aurait moins chaud. Emely disposait d'une chambre et les deux garçons occupaient l'autre. Sortant de son cocon confortable de Nouméa, Jean découvrait la vie rudimentaire aux îles.

La musique du ressac si proche berçait le silence du soir. Une lampe à pétrole éclairait la table ronde autour de laquelle tous les quatre prirent place pour dîner. Avant de servir le repas, Emely regarda Jean et lui dit, en faisant le signe de croix :

– Jean, ici avant chaque repas nous demandons au Seigneur de le bénir.

Surpris et intimidé, Jean ne sut pas ce qu'il devait répondre. Il croisait et décroisait ses pieds sous sa chaise et récita à partir de ce jour-là tout naturellement le bénédicité avec ses amis, avant chaque repas.

Le lendemain matin, Edouard et Richard, impatients, firent visiter à Jean le store. Une vraie corne d'abondance où limonades, bonbons, cigarettes, tabac bâtons côtoyaient des lampes à pétrole, des sacs de farine, du sucre, des râteaux et des brouettes. Jean fut impressionné par Mme Emely. Il la trouvait très ordonnée, méthodique et tellement sérieuse. Elle menait ses enfants et son affaire avec autorité. Il perçut chez Edouard et Richard de la crainte et un amour mêlé de respect pour leur mère.

Derrière la maison, il y avait les habitations des femmes qui travaillaient pour Mme Emely. Une grande pelouse s'étirait jusqu'à la lisière de la forêt où des chèvres et des chevaux se côtoyaient à côté d'un immense poulailler. Chacun des trois enfants avait un cheval attitré. Mais comme il n'y avait que deux selles, Jean dut se résoudre à monter à cru. Leur passe-temps favori était de dételer au galop jusqu'à la gendarmerie de Fayaoué. Pour revenir, ils prenaient le départ juste devant le drapeau tricolore surmontant l'entrée du bâtiment. Un jour, dans leur précipitation un peu désordre, Richard évita de justesse un hauban qui retenait la hampe du drapeau français. Il baissa la tête au dernier moment. Ils eurent peur tous les trois, mais cette peur ne calma leur énergie qu'une journée. Les courses reprirent le lendemain avec la même inconscience et la même excitation de joie de vivre.

Avec les enfants de Lobessy et ceux de la tribu de Nimiha, ils formaient une joyeuse bande de gamins. Ils étaient suffisamment nombreux pour se diviser en équipes. Sous le ciel toujours bleu d'Ouvéa, ils jouaient au football dès qu'un semblant de fraîcheur était annoncé par un souffle de vent. Edouard avait aussi rapporté de Nouméa des gants de boxe. Ils organisaient des combats en bonne et due forme qu'ils n'avaient pas peur de mener jusqu'au bout.

Les gens de la tribu déposaient chez Emely des crabes de cocotier si nombreux sur l'île et des langoustes aux couleurs de porcelaine dont les enfants et Emely raffolaient. Paul, employé de Mme Emely, corvéable à merci, les emmenait souvent à la pêche à l'épervier, les pieds dans l'eau, le filet en main, attendant patiemment le tourbillon argenté qui friserait la surface de l'eau claire. Le filet était alors jeté d'un mouvement très large au-dessus de l'eau et retombait sur les poissons imprudents. C'était à chaque fois le premier matin du monde : des poissons multicolores s'agitaient comme de beaux diables dans le filet resserré. Beaucoup étaient rejetés à l'eau, parce qu'il y en avait trop ou parce qu'ils étaient encore petits.

Mme Emely avait aussi un voilier qu'elle envoyait régulièrement à Thio, à l'est de la Grande Terre, pour ravitailler son *store* en viande fraîche. Lorsqu'il restait au mouillage, les hommes de la tribu faisaient monter à bord les enfants et prenaient le large. Ils ne rentraient que vers midi, leurs seaux remplis de vie frétillante. Après la sieste, Edouard emmenait parfois Jean sur son petit dériveur, *Le Vengeur*. Ils firent ainsi d'inoubliables virées sur le lagon.

Curieux, les trois garçons assistaient aux préparatifs du pain marmite que fabriquaient une fois par semaine les femmes au service de Mme Emely. La pâte nature ou au coco était placée dans une cocotte en fonte, sur un lit de feuilles de bourao ou de bananier pour que le feu n'en brûle pas la base. Il cuisait pendant deux heures et restait frais toute la semaine. Un vrai pain de campagne.

Les courses de chevaux sur la plage entre Banout et Fayaoué étaient la grande distraction du dimanche. Ces compétitions auxquelles les tribus alentour participaient avec assiduité se déroulaient dans une bonne humeur bruyante faite de longs éclats de rire et d'interpellations moqueuses ou admiratives, en tout cas bon enfant. Il régnait une ambiance de fête et une excitation indescriptible, chacun voulant mesurer les performance et progrès de son « champion ». Le cheval de Mme Emely, « La Guerre », sortait très souvent victorieux.

La veille d'un cyclone, Jean avait été impressionné par Mme Emely. Il avait trouvé qu'elle s'était comportée comme une vraie « princesse » dans la lignée de Mary Naisseline. Elle avait appelé les hommes de la tribu à l'aide et distribué ses ordres. Ils étaient venus arrimer tout ce qui risquait d'être emporté par les rafales des vents violents. Ils avaient vérifié tout ce qui lui donnait des inquiétudes. Emely avait ensuite remis du tabac bâton à chacun d'eux, en remerciement de leurs efforts. Elle vivait en bonne intelligence avec les habitants d'Ouvéa. Les enfants avaient reçu des ordres très stricts. En dehors de la tribu de Nimiha, ils ne devaient en aucun cas déranger les personnes des tribus ou des clans voisins.

Après un séjour de deux mois, Jean quitta ses amis avec beaucoup de regret, mais son visage était éclairé d'une radieuse joie de vivre. L'air, le soleil, le sport l'avaient bruni comme du pain doré, et le lagon l'avait dépouillé de ses contraintes citadines. Il avait hâte de raconter à Nouméa ses vacances animées et pittoresques. Il garderait toujours le souvenir de cette île paradisiaque suspendue entre l'azur du ciel et le turquoise de ses eaux limpides ; un royaume de sable et de corail, pailleté des striures luisantes des palmes de cocotier. Un joyau.

Une semaine plus tard, Emely raccompagna ses deux fils à Nouméa pour la rentrée des classes. Accoudés au bastingage du bateau alors qu'ils s'éloignaient des rives d'Ouvéa, ils apercevaient au loin la Grande Terre. L'exceptionnelle luminosité qui inonde la Nouvelle-Calédonie et les îles Loyauté plongeait les trois passagers dans une contemplation silencieuse des beautés déployées du lagon et gonflait leurs rêves d'audaces inavouées.

Pour une fois, Emely accepta de s'asseoir au piano en massant discrètement ses doigts pour leur donner plus de souplesse. Elle retrouvait ses gestes de jeune fille en posant ses mains sur le clavier. Aujourd'hui était exceptionnel. Elle se disait qu'elle avait bien droit à une récréation : à force d'économie, elle venait d'acheter à Alby Hagen une maison et une belle parcelle de terrain à la vallée des Colons, tout près de la nouvelle et grande propriété Bel-Air d'Alby et de Dorothée, sa femme. Dans ses projets, quand les enfants seraient en âge de gagner leur vie, ils habiteraient là tous les trois, car c'est en ville que les garçons auraient un métier. Elle ne voulait pas pour eux d'un travail manuel aux îles. Richard et Edouard vivraient comme des *gadas*, chez les *gadas*.

En tout cas, cet après-midi, elle avait l'impression d'être en vacances. La vie n'avait pas été particulièrement facile pour elle. Mais elle savait que, pour d'autres, elle avait été plus dure encore. Comme de nombreux Calédoniens et Canaques, Alby avait participé, avec quatre de ses frères, à la terrible guerre en Europe. Lui avait été envoyé à Salonique. Emely avait vécu son départ comme une profonde blessure avivée chaque matin par la crainte d'une nouvelle dramatique. Son absence, puis son retour de « là-bas » lui avaient fait prendre conscience de l'affection profonde qu'elle lui portait.

Depuis, elle acceptait de venir de temps en temps prendre le thé chez Dorothée et Alby lorsqu'elle descendait à Nouméa. Aujourd'hui elle s'était même installée au piano. Alby Hagen l'avait écoutée avec grande attention, debout, les mains derrière le dos, dans sa posture habituelle. Dès qu'Emely eut fini de jouer, il applaudit à tout rompre.

Emely n'était pas intimidée par Dorothée, elle avait appris à la connaître. Très british, Dorothée ! Elle n'aimait pas tellement sortir et préférait broder chez elle, s'occuper de son magnifique jardin et prendre soin de ses enfants, quatre maintenant. Quatre garçons. Alby, lui, avait deux grandes distractions. Les vaches laitières qui l'intéressaient et les oiseaux qui l'amusaient. Il avait importé des tourterelles. Les premières en Nouvelle-Calédonie. Tôt le matin, il allait leur rendre visite dans leur volière et roucoulait avec elles.

Richard et Edouard n'avaient qu'un an de différence. Richard, l'aîné, avait le visage carré, l'œil bleu, le cheveu châtain clair, parfois presque blond dans la lumière. Il était plus grand que son cadet et semblait plus massif. Edouard, avec son long visage, son regard brun aux reflets d'un or brumeux, ses cheveux très noirs qui ondulaient au-dessus d'un front haut, rayonnait d'un indéfinissable charme fait à la fois de distance et de bienveillance. Il était plus foncé de peau que son frère. Mais ce n'était pas une question de couleur. Il s'agissait de transparence, comme si le soleil l'avait hâlé de l'intérieur. Ils se ressemblaient pourtant, et de façon tellement évidente. La même démarche, tête un peu en avant, épaules déployées, bras légèrement écartés le long du corps, comme s'ils funambulaient entre deux mondes, le pas sûr et prudent sur le fil du métissage ; les gestes aussi étaient les mêmes, le sourire ou l'intonation de la voix, posée, un peu lente, cet air vaguement étonné de ceux qui sont toujours à l'écoute de l'autre. Toutes ces choses imperceptibles, mimétisme inconscient ou hérédité, qu'importe, rendaient évidente à tous leur fraternité.

Richard, direct, ouvert, attirait d'emblée la sympathie. Edouard, plus réservé, secret même, intimidait malgré lui. Ils s'étaient taillé une jolie réputation de sportifs qu'un répétiteur au collège, Henri Lafleur, joueur de football et journaliste dans un journal local, avait prise au sérieux. Il intégra Richard, puis plus tard Edouard, dans l'équipe qu'il avait formée au collège et qu'il avait appelée « La Gauloise ». L'entraînement était des plus spartiates. Le terrain, fait d'un mélange de remblai et de ciment, damé en plate-forme recouverte de caillasse, relevait plus de l'approximatif que du réglementaire. Le rebond y était deux fois plus élevé. Pour bloquer le ballon à lacets, gonflé à l'extrême, les gardiens de but devaient parfois plonger sur des zones à haut risque tant ils s'en relevaient les bras et les genoux en sang, beau témoignage de leur total engagement. Mais, conscients de la présence des jeunes spectatrices en bordure du terrain qui venaient régulièrement les observer, ils avaient le sentiment d'ajouter au plaisir du jeu celui de la séduction fatale des héros ensanglantés. Les filles ne pouvaient que craquer !

Les filles s'amusaient. La langue acérée, elles jouaient là, à distance, en toute impunité, à rire de leurs essoufflements, des passes ratées, des foulées irrégulières ; mais, secrètement, elles jaugeaient leurs musculatures, le balancement des mèches rebelles et le geste d'une main les ramenant en arrière. Elles étaient sensibles à la grâce et à la souplesse des silhouettes en mouvement sur le terrain, elles admiraient les reflets du soleil dans les chevelures. Elles comparaient aussi la beauté, le charme et l'adresse des deux Pentecost. Certes, il y avait d'autres garçons, il n'en manquait pas dans cette ambiance de vacances. Mais Richard et Edouard étaient parés d'un attrait sulfureux, d'un interdit et d'un exotisme qui leur étaient propres. Ils semblaient avoir surgi d'un ailleurs inaccessible aux autres, mais chuchoté d'un air entendu par leurs parents.

Les spectatrices se taisaient lorsqu'elles observaient avec attention les joueurs plus expérimentés comme Jeannot Augias qui attendait avec un calme impressionnant les ouvertures propices pour rafler le ballon. Edouard Pentecost aussi était un calme sur le terrain. Sans agitation, il s'arrangeait toujours pour être sur une balle avant l'adversaire, ne tapait jamais à côté et ne gaspillait jamais une passe. Les avants de son équipe savaient qu'ils n'avaient alors qu'à se placer, Edouard assurait la passe avec précision et simplicité. Quant à son coup de tête magistral, c'était un attrait supplémentaire de ces séances d'entraînement dont l'objectif était de se mesurer aux joueurs de la Néo-Calédonienne et à ceux de la Caserne. Jeannot, qui avait vite décelé les aptitudes des deux frères sur le terrain, aimait commenter ensuite avec eux les entraînements et comparer leurs aptitudes. Edouard avait en particulier celle d'écouter avec beaucoup d'attention. Il désorientait alors ses interlocuteurs lorsqu'il les interrompait car c'était souvent pour leur exprimer une sollicitude inattendue :

– Jeannot, je tiens ta bécane. Ton lacet de chaussure est dénoué, resserre-le.

Jeannot, alors stupéfait, ravalait ses remarques sur la finesse de la passe de tout à l'heure, celle qui... que... et se baissait docilement pour renouer son lacet.

En pédalant, Jeannot se demandait comment Edouard pouvait à la fois recueillir avec autant de concentration les conseils qu'on lui donnait et être si attentif aux autres. Un cas, cet Edouard Pentecost.

Le recueillement quittait vite les deux frères lorsqu'il s'agissait, en fin de semaine, d'organiser une sortie avec leurs admiratrices ou de retrouver leurs camarades à la séance de cinéma au Grand Théâtre de Raphaël Ménard. Au parterre, les hommes portaient souvent un nœud papillon de préférence à une cravate ; quant aux femmes, elles arboraient un jonc doré au-dessus du coude. Une pochette soyeuse y était serrée. Même si Emely savait tout ça, elle réitérait aux garçons ses conseils de prudence :

– Mes enfants, ne vous asseyez jamais sous le lustre ! leur répétait-elle en ajoutant : Ce n'est pas parce qu'il vient du théâtre de Bordeaux qu'il ne risque pas un jour ou l'autre de tomber sur les spectateurs. Il est tellement imposant.

De toute manière, comme ceux de leur âge, Richard et Edouard préféraient la galerie aux chaises de la salle. Ils avaient l'impression d'une plus grande liberté. Peu leur importait de ne pas entendre dans son intégralité la pianiste, Mme Houston-Léoni, chargée de donner un relief musical aux films muets projetés. Leur préoccupation était autre. Comme leurs amis, ils s'étaient approvisionnés en cacahuètes chez un commerçant chinois avant d'entrer dans la salle. Les filles étaient des cibles merveilleuses dans l'obscurité complice. Elles recevaient dans leur nuque ou sur leurs épaules des coquilles vides et cherchaient discrètement à détecter celui qui avait voulu attirer leur attention. Mais, au jeu de la séduction, les sourires esquissés même timidement apportaient plus d'émotion que ces dissipations de collégiens.

Les filles préféraient affronter les garçons à terrain découvert, au cours des pique-niques organisés du côté de Païta, le dimanche. Le petit train y conduisait tout le monde, parents et enfants. L'honneur était préservé. On étalait les nappes du repas sur les rochers à l'ombre des fils à eau. Les parties de colin-maillard étaient prétexte à de petits flirts bon enfant dont les filles comme les garçons cherchaient à tirer partie avec une fausse innocence.

Les deux frères se présentèrent ensemble au baccalauréat. Depuis quelques années déjà ils étaient dans la même classe, leurs professeurs ayant considéré, une fois pour toutes, qu'Edouard était légèrement en avance et Richard légèrement en retard. À la publication des résultats, ils se retrouvèrent à égalité : recalés tous les deux.

Pour Emely, ce n'était pas une catastrophe, bien qu'elle eût aimé qu'ils possèdent ce diplôme. Mais ils avaient déjà leur certificat d'études et le brevet. Non, ce qui l'inquiétait, c'est qu'ils n'aient pas de métier. Comment dans ces conditions trouver du travail ?

La première journée de vacances des deux jeunes gens à Ouvéa fut plutôt orageuse. Emely avait fermé le magasin et rejoint les garçons dans la maison. D'une voix douce et calme, trop douce et trop calme, elle s'adressa à l'un et l'autre :

– Toi, Richard, et toi Edouard...

En entendant Emely leur parler en français alors qu'elle avait l'habitude de s'adresser à eux en anglais, ils sentirent comme de lourds nuages accumulés au-dessus de leur tête sans possibilité de repli pour s'en protéger. Le mieux était encore de se taire respectueusement en baissant la tête.

– J'aurais aimé, mes fils, que vous réussissiez ce grand examen. J'en aurais été fière. Prête à tous les sacrifices pour que vous poursuiviez vos études. Mais il semblerait que Dieu ne l'ait pas voulu ainsi... Vos professeurs non plus apparemment... des notes insuffisantes... elles reflètent sans doute un travail tout aussi insuffisant. N'en parlons plus. Mais ce que je ne veux pas, c'est que mes enfants deviennent deux voyous, courant les filles et faisant à Nouméa les jolis cœurs, puisque, paraît-il, c'est la réputation que vous avez réussi, brillamment je dois dire, à vous créer. Je ne considère pas cela comme un exploit, mais plutôt comme une calamité. Alors, à partir d'aujourd'hui, tout cela est terminé. Vous allez travailler pour gagner votre vie. Vous allez apprendre un métier qui vous laissera peu de temps pour parader devant les filles. J'en ai parlé longuement avec Tiby, déçu lui aussi de vos résultats, je ne vous le cacherai pas. En attendant de faire ton service militaire, toi, Richard, tu vas rentrer dans ses bureaux, et lorsque tu en sauras assez, il t'enverra aux Hébrides.

Emely rajusta son assise dans le fauteuil à bascule où elle s'était installée, avant de poursuivre en regardant Edouard :

– Et toi, Edouard, ne prends pas cet air interrogatif comme si je t'avais oublié. Tu n'imagines tout de même pas que nous avons envisagé de vous laisser ensemble poursuivre la joyeuse petite vie que vous vous étiez organisée... Tiby a pensé qu'il serait bon de t'envoyer débuter ta vie active sur mine. Tu vas rejoindre son frère Roy qui s'occupera de toi. Mais tu n'es plus un enfant. Tu sauras, j'en suis sûre, te prendre en charge et faire respecter le nom que tu portes.

Le front d'Edouard s'était plissé avant qu'il ne se risque à poser une question d'importance :

– Roy est dans le nord de la Grande Terre. C'est là-bas que je vais aller ?

– Oui ! très exactement à la mine Chagrin.

– Mais ce n'est pas du nickel !

– Non, c'est du chrome.

On ne discutait pas les décisions d'Emely. Encore moins lorsqu'elles étaient prises en accord avec Tiby. Les garçons le savaient et trouvaient cela naturel, puisque, depuis leur toute petite enfance, les choses avaient été ainsi. Tiby les conduisant à Epi, Tiby jouant avec eux là-bas lorsqu'il s'y arrêtait, Tiby venant les rechercher, Tiby parlant de Saint-Léon de Païta, Tiby parfois à La Pérouse. Il occupait finalement une place importante dans leur vie. Mais elle ne leur avait jamais été définie. C'était ainsi.

Depuis plus d'un an maintenant, Edouard travaillait tout là-haut, au nord de la Grande Terre, au bout du monde, à la Tiébaghi, la « montagne du tonnerre » en vieux mélanésien. Elle abritait aussi dans ses entrailles des mines comme Chagrin, Fantoche ou Bellacoscia qui devenaient anglaises ou américaines au gré des transactions ou des acquéreurs. Tout dépendait du marché mondial du minerai et des difficultés d'exploitation.

Au début, les hommes avaient creusé le dôme de la colline. Elle était devenue cratère. Maintenant, ils foraient les flancs et gagnaient le cœur du gisement par des galeries obscures. Des béances ocre dégringolaient, le long de pentes vertigineuses, des cohortes de charrettes chargées de minerai de chrome qu'elles déversaient plus au nord, en bord de mer, à une douzaine de kilomètres de là. La mine Chagrin portait bien son nom. Il résumait l'histoire de ce prospecteur qui, après avoir passé des mois sur le terrain sans découvrir une once de minerai, avait décidé d'abandonner ses recherches. Il s'était assis sur un rocher, découragé, lorsque, laissant une dernière fois son regard balayer les alentours, il aperçut, en affleurement, une roche qui de toute évidence était du minerai de chrome. En déposant enfin sa demande de permis de recherche, il se souvint des jours et des jours de désespoir vécus, de la tristesse de chacun de ses retours le soir au campement, sa pioche à la main, inutile. Un mot lui vint alors à l'esprit qu'il prononça tout fort comme malgré lui : « Chagrin ». L'employé du service des mines, sans sourciller, enregistra ce nom.

Juste au-dessous du cratère de la mine, quelques baraquements, une base-vie, le village de mineurs. Pas un brin d'herbe, seuls trois pins colonnaires se dressaient, maigres et incongrus, leurs branches recouvertes de poussière rougeâtre. Loin derrière le moutonnement des montagnes, on entre-apercevait sous un trait d'horizon un triangle d'un bleu froid : l'océan.

Edouard avait été accueilli à Chagrin par un des frères de Tiby, Roy Hagen, et sa femme Marthe. Le sourire chaleureux de Marthe avait effacé immédiatement les craintes secrètes et inavouées d'Edouard d'une nouvelle vie au milieu d'inconnus, dans une région qui lui était complètement étrangère, loin de Richard. Il avait bien remarqué alors le regard amusé de Roy lorsqu'il était arrivé. Mais il n'en avait pas pris ombrage, imaginant sans peine les recommandations d'Emely faites à Roy par l'intermédiaire de Tiby. Pour Roy, trouver du travail à Edouard avait été chose facile. Il avait justement besoin d'un aide chimiste pour évaluer la teneur en chrome du minerai. Edouard le devint rapidement après avoir appris à analyser et à peser les échantillons de terre qu'on lui apportait. Comme il s'en tirait bien, Roy le chargea également du pointage du personnel et de la surveillance du magasin.

– Si Richard me voyait! pensait Edouard en souriant.

Finalement, les journées passaient vite, mais la nuit tombée, et elle tombe tôt sous ces latitudes, il n'y avait plus grand-chose à faire. Le plus souvent, après le dîner, Edouard, allongé sur son lit, lisait à la lueur de la lampe à pétrole. Cela ne remplaçait pourtant pas ces discussions interminables que l'on peut avoir entre amis lorsque l'on a vingt ans. Surtout, cela ne remplaçait pas l'absence de son frère Richard, sa vitalité, son rire, ses plaisanteries. Richard lui manquait intensément. C'était peut-être pour cette raison qu'il voyait arriver avec joie le temps des vacances. Elles ramenaient à Chagrin un jeune collégien, le frère de Marthe, Edouard aussi de son vrai nom, mais que tout le monde appelait Doudou. Ils pesaient ensemble le minerai, rangeaient les provisions qui arrivaient de Nouméa et s'inventaient des jeux avec les noix de coco éparpillées au sol qu'ils prenaient pour des ballons de football. Doudou, plus libre de ses journées, revenait, après des disparitions plus ou moins longues, lui raconter les potins de la mine, l'arrivée de nouveaux Javanais, une bagarre entre Tonkinois, les histoires et les rires des Néo-Hébridais. Edouard retrouvait alors un peu de cette complicité qui avait donné de lui et Richard, à Nouméa comme aux îles, l'image de deux frères inséparables.

Puis, un beau jour, Jeannot Augias l'appela de la mine Consolation. Jeannot savait la tristesse de son ami d'avoir été séparé de Richard, même si Edouard n'avait pas extériorisé cette blessure. Richard sans Edouard, Edouard sans Richard, cela ne s'était jamais vu. Mais Edouard, en quittant Nouméa, avait refusé le regard affligé et compatissant de ses amis en feignant avec légèreté une impatience de découvrir le Nord et les mines. Là-haut, il reconnaissait plus volontiers que ses camarades de classe lui manquaient, qu'il regrettait les soirées impromptues, l'animation de Nouméa et les pique-niques des dimanches ensoleillés. Et s'il taisait son impatience de recevoir des nouvelles de Richard, il taisait aussi sa peine d'être privé de l'affection de sa tante Ballah, avouant malgré tout que les tartes aux pommes qu'elle confectionnait lui manquaient.

– Edouard, figure-toi que je vais bientôt t'apporter une *consolation* dans ton *chagrin*, lui avait dit Jeannot au téléphone.

Qu'il était fier, Jeannot, de son astuce ! Il la reprenait à chaque fois qu'il retrouvait Edouard. Car il tint parole, Jeannot. Il fut envoyé sur la Tiébaghi dont l'exploitation en galeries nécessitait un encadrement renforcé. Et il ne vint pas seul. D'autres anciens du collège rejoignirent l'équipe, Ventrillon et Roland entre autres.

– Edouard, n'oublie pas. Comme le poète a ses muses, nous sommes tes consolations, disait Jeannot en éclatant de rire à chaque fois, faisant allusion à l'absence de Richard sans oser l'exprimer.

Leur groupe de Nouméa en partie reconstitué, les virées traditionnelles des week-ends pouvaient commencer. Roy prêtait sa voiture à Edouard. En bord de mer, à Paagoumène, ils retrouvaient Georges et Marthe Montagnat, exploitants forestiers qui fournissaient le bois destiné aux galeries des mines de chrome. Le jeune couple tenait table ouverte, le dimanche, pour leurs amis et pour le personnel de l'exploitation. Les plats de fruits de mer dressés par Marthe débordaient de crustacés, de coquillages, de crevettes aux longues antennes, de langoustes opulentes. Edouard trouvait indicible le bonheur de faire craquer les pattes des crabes pour en déguster la chair encore parfumée d'eau de mer. Il fondait de plaisir en écrasant les carapaces rouge sombre pour aspirer bruyamment le contenu des alvéoles tout en suivant distraitement une conversation où chacun intervenait sans arrêt. C'étaient là des grands moments de bruyante cacophonie dont tous se plaignaient mais que personne n'aurait voulu manquer. Edouard découvrait la simplicité, la générosité et la gentillesse des gens de brousse vivant dans un confort approximatif, mais sachant régaler leurs amis sans compter, avec une bonne humeur inégalée et une étonnante vitalité. Ainsi Edouard qui avait surtout connu avec Richard, lorsqu'ils étaient enfants, ces dimanches débridés aux îles, au cours des grandes fêtes à la chefferie, celles de l'igname ou celles des mariages, découvrait avec bonheur qu'un accueil tout aussi chaleureux pouvait exister sur la Grande Terre. Et quel accueil !

Un soir, Edouard s'était laissé entraîner dans une partie de poker qui avait duré toute la nuit. Au petit matin, il avait dressé le bilan de ses mises et de ses gains. Le résultat le consterna : une semaine de salaire perdue. Il trouva absurde de livrer son destin à ce genre de hasard qu'on ne pouvait ni contrôler ni corriger. Ce fut sa seule et unique expérience des cartes qu'il ne toucha plus jamais. Jeannot avait bien essayé de le faire revenir sur sa détermination, mais ce fut sans succès. Il lui avait pourtant expliqué que lui « contrôlait la surprise » en ne misant que cinquante francs. Quant à Roland, il lui raconta que la belote et la toupie javanaise étaient les distractions de fin de semaine pour beaucoup d'ouvriers de la mine qui y perdaient souvent toute leur solde en une nuit. À court d'argent, ils jouaient alors leurs femmes. Lorsque celles-ci au petit matin n'étaient pas d'accord pour honorer ces dettes de jeu, le carreau de la mine devenait une aire de règlements de comptes où se déroulaient de sanglantes bagarres.

Puis un jour, à Paagoumène, le village le plus proche, un homme, d'origine britannique, avait voulu que cette population des mines, venue d'ailleurs dans sa grande majorité, ait d'autres possibilités que le jeu à l'heure du repos hebdomadaire. Il avait fait aménager un terrain de football et des courts de tennis. À partir du jour où il put avec ses amis reprendre son entraînement, la vie d'Edouard, enfin organisée, retrouva un sens. Car il savait que Paul Déméné, à Nouméa, se frottait les mains. « Edouard s'entraîne », disait Paul à ses proches, avec la mine gourmande d'un amateur de sucreries. Lors des matches que l'on allait bientôt disputer dans la capitale, « on allait voir ce qu'on allait voir » ! La distance pour descendre à la ville depuis Chagrin était certes un obstacle, mais en apparence seulement, ajoutait-il rassurant. Edouard, prévoyant, n'avait-il pas économisé suffisamment d'argent pour devenir l'heureux propriétaire d'une superbe Terrot cinq chevaux qu'il avait convoitée longtemps ? L'une des plus belles motos qui déjà pétaradaient en ville et faisaient frissonner les filles.

La moto donnait son maximum. Edouard descendit pendant la nuit le col de Boghen, les mains sur les cocottes de frein. Les inondations avaient raviné la piste et il ne s'agissait pas de se faire surprendre par un de ces larges et profonds nids-de-poule ou, pire encore, de percuter un tronc d'arbre déraciné. Grâce à la lumière de son phare orienté vers le sol, à deux ou trois mètres en avant, il pouvait s'arrêter à temps, contourner l'obstacle, mettre pied à terre et pousser la lourde Terrot. Mais il y avait aussi le ravin sur la gauche et il était respectable. Un dérapage incontrôlé et hop ! le plongeon. En pleine nuit.

Puis enfin l'aurore et le soleil qui franchit subitement la ligne d'horizon, chassant peu à peu les nuages accrochés aux montagnes. Désormais, le plus dur était derrière lui. Il était en avance sur son horaire. Car il avait prévu au moins trois crevaisons : il n'y en eut qu'une. Quant aux pannes et aux chutes, elles lui avaient été plus ou moins épargnées. Il serait à l'heure. Maintenant, il fonçait au milieu des niaoulis et de la savane aux reflets violets, ondoyant sous le vent. La moto soulevait derrière elle un nuage de poussière et les troupeaux au pelage brun de rouille, étonnés, s'enfuyaient au vrombissement de l'engin lancé à pleine vitesse. Dans moins d'une heure, il pourrait prendre un solide petit déjeuner, chaud, à l'hôtel de La Foa.

Il était parti la veille samedi, à midi, de la mine. C'était toute une expédition de descendre jusqu'à Nouméa. En général, on prenait bien sa semaine de congé pour en profiter. Revoir les copains du foot et surtout Richard qui faisait son service militaire ; c'étaient ces grands moments qui attiraient Edouard à Nouméa. Et puis il y avait le plaisir de retrouver les sourires des filles et leur coquetterie.

Les coudes sur la table au restaurant de l'hôtel, le visage enfoui dans les mains, au-dessus de son bol vide, Edouard s'endormit. Même la discussion tonitruante des broussards d'à côté, qui prenaient un dernier café, ne le réveillait pas. Ils iraient ensuite rejoindre leurs troupeaux qui se désaltéraient dans la Tiha. L'un d'eux ayant remarqué ce jeune homme à la tenue poussiéreuse, le visage encore marqué par les traces de terre rouge si caractéristique des mines, avait donné des coups de coude à ses voisins. Le silence se fit lorsque, enfin, tous se retournèrent pour contempler le dormeur. Doucement, celui-ci ouvrait les yeux. Il regarda sa montre. Dix minutes de sommeil et il était frais comme une rose. Il commanda un autre café. L'un des stockmen, chapeau à larges bords enfoncé jusqu'aux sourcils, fouet de cuir enroulé autour de l'épaule, l'interpella :

– Tu viens d'où comme ça, avec ton engin, à cette heure-ci ?

– De Koumac, monsieur. De la mine Chagrin. Je suis parti hier à midi.

L'étonnement qui s'exprima sur tous les visages fit place chez certains à l'incrédulité. Pour une trotte, c'était une trotte !

– Tu as le diable aux fesses ou quoi ?

– Non. Mais à 3 heures, cet après-midi, à Nouméa, c'est la finale de football de la saison. Je suis demi-centre. Ils m'attendent. Il faut absolument que j'y sois.

– J'aimerais voir le spectacle. Tu vas roupiller dans le rond central ! De toute façon, même si tu marques un but, on ne sera pas là pour t'applaudir, mon gars. Une vache, ça va moins vite qu'une motocyclette. Nous, on descend du bétail à Nouméa et on n'y sera que demain.

Ils quittèrent ensemble le restaurant. Edouard les salua d'une solide poignée de main, enfourcha sa machine, tourna joyeusement la poignée des gaz. Pour épater un peu la galerie et convaincre les sceptiques qu'il arrivait bien de là-haut, il démarra sèchement et l'engin se cabra sur sa roue arrière. Puis il disparut dans un nuage de poussière.

La piste maintenant était plutôt bonne : ce tronçon avait été ouvert longtemps auparavant par les bagnards. Il y avait même un ou deux ponts au-dessus des rivières. Dans les plaines rousses, les niaoulis maigres et secs tordaient leurs troncs d'argent.

Caché derrière le foulard qui le protégeait, Edouard fredonnait, l'œil braqué sur les trous de la route. Quand une grappe d'enfants canaques, en pagne ou dans un short trop grand pour eux, se précipitaient au bord du chemin en poussant des cris de joie, il leur répondait d'un salut, en levant haut le bras.

Enfin, arrivé à Nouméa, il se rendit à la vallée des Colons, chez l'amie de sa mère, pour prendre une douche. Puis il nettoya sa machine. Il la bichonna jusqu'au dernier rayon. Une heure avant le match, il alla rejoindre son équipe réunie chez Paul Déméné qui s'était déjà assuré qu'Edouard était bien arrivé. Parce que cette descente de la mine Chagrin, c'était un record et il avait craint mille raisons qui auraient pu empêcher Edouard d'être à l'heure. La nouvelle s'était déjà répandue dans Nouméa :

– Edouard Pentecost, pour la finale, il a fait la mine Chagrin-Nouméa en une nuit ! Oui, monsieur ! Sur sa moto. En une nuit.

– En une nuit ? Sur sa moto ? Tu es sûr ?

Et le comble, c'est que ce dimanche après-midi-là, non seulement Edouard ne dormit pas dans le rond central, mais il marqua un but. Des quarante mètres.

Au bout de dix-huit mois, Edouard quitta Chagrin. C'en était fini de son exil. Qu'allait-il devenir ? Qu'allait-il faire ? Où allait-il s'amarrer ? Il se demanda tout à coup où ses racines s'étaient le plus profondément développées. Aux Loyauté, aux Hébrides, en Nouvelle-Calédonie ? Depuis l'âge de cinq ans, il n'avait pas arrêté de changer d'horizon. Epi, l'île aux jeux d'enfants, Netché riche des souvenirs d'insouciantes vacances chez sa grand-mère, Pa-Mary, morte depuis deux ans. Enfin Ouvéa, aux côtés d'Emely. Ces îles, c'étaient toute son enfance et son adolescence. Mais Nouméa aussi en faisait partie, le foot, le collège, les amis, Richard...

Edouard avait grandi libre et heureux dans chacun de ces lieux baignés de lumière. Il avait été bercé avec tendresse dans le milieu mélanésien où régnaient un esprit de solidarité et une étroite complicité qui franchissaient les frontières familiales et s'étendaient au clan, à la tribu même. Edouard était fier de ses racines maternelles, de leurs richesses. Il sentait confusément qu'elles étaient l'assise de sa personnalité, celle qui avait eu le temps, pendant dix-huit mois à Chagrin, de mûrir en lui lentement.

Car ce long séjour dans le nord de la Grande Terre avait fait découvrir à Edouard un monde qu'il n'avait jamais approché jusque-là. Celui du travail des hommes sur mine, celui d'une production journalière harassante, celui d'impératifs économiques impitoyables. Et ses lectures, le soir, lui avaient apporté en même temps une vision d'un autre monde, celui des progrès technologiques et de leurs applications courantes. Alors, Edouard avait pris l'habitude, vite devenue inconsciente, de fondre en projets ses découvertes et ses connaissances et d'en imaginer les applications dans sa vie professionnelle à venir. Il associait la Nouvelle-Calédonie entière à cette projection dans le futur, sentant la nécessité de la faire accéder à un mode de vie comparable à celui de pays comme l'Amérique. Libres de tout préjugé, ses rêves prenaient forme lentement dans son esprit. Il savait qu'il les réaliserait progressivement, au fil du temps, avec Richard son frère, son ami, son complice.

Richard venait justement de terminer son service national. Tiby avait jugé qu'il pouvait maintenant partir pour faire commerce du côté des Islands comme lui l'avait fait dans sa jeunesse. Richard serait basé à Ringdove et naviguerait avec le capitaine Gaude sur le *Kobiloko*, une ancienne marie-salope de cent tonneaux que Tiby avait achetée à Sydney.

– Ta mission est double, Richard. Transporter et faire commerce. Collecter pour Nouméa le coprah, le cacao et le café récoltés dans les plantations de nos compagnies et dans d'autres plantations. Ta deuxième mission est de vendre ; il y a un *store* aménagé sur le *Kobiloko*. En quittant le quai de Nouméa, le *store* est plein de ravitaillements qui intéressent les planteurs : sel, sucre, boîtes de viande, riz, farine, tissu et outils. Il doit être vide de ces denrées à ton retour. Tu devras avoir vendu la totalité des marchandises aux planteurs hébridais en cabotant le long des côtes lors du chargement de leurs récoltes. Mais fais attention ! N'incite pas les planteurs qui ont souvent des difficultés d'argent à s'endetter ; apprécie la valeur de ce qu'ils t'apportent lorsque eux-mêmes s'apprêtent à acheter tes marchandises. La plupart du temps, il faut les freiner ; sauf s'il s'agit des grosses exploitations propriété de sociétés à multiples activités. Là le risque est moindre.

Edouard avait accompagné son frère au port avant de prendre le relais. Il récupérait la chambre de Richard aux docks Hagen et il entrait à son tour dans les bureaux de la société en stage d'initiation. Tous deux savaient qu'un jour les bateaux sur lesquels ils navigueraient se croiseraient quelque part sur l'océan ou mouilleraient aux mêmes escales en même temps. Ils en riaient déjà comme ils avaient ri lorsque Richard, avant d'embarquer, avait raconté à Edouard la visite à Nouméa des représentants de la société Hagen Frères de Sydney.

– Ils ont visité les locaux escortés par Tiby, jovial comme à son habitude. J'étais sorti. À mon retour, Alby m'a fait appeler dans son bureau où s'étaient assis les visiteurs. Ils n'ont pas eu l'air surpris en me voyant entrer. L'un d'eux s'est exclamé : « Encore un frère, je présume ! » Inutile de te dire que nous avons tous éclaté de rire !

Richard avait réussi à faire sourire Edouard, triste de voir partir son frère alors qu'il le retrouvait à peine. Richard en profita pour lui faire promettre d'écrire à leur maman régulièrement. Elle avait accepté avec un profond soupir ce départ programmé déjà depuis bien longtemps avec Tiby. Mais c'était arrivé si vite. Ses fils qu'elle voyait à peine... qui avaient grandi sans qu'elle s'en aperçoive... Mon Dieu, mais c'était hier le train de Païta, c'était hier Epi. Que Dieu les protège, ces garçons qui étaient devenus des hommes et dont elle ne contrôlait déjà plus les actes.

L'année de stage pour Edouard dans les bureaux de Tiby s'était écoulée. Edouard avait embarqué sur *Le Dupleix* des Messageries maritimes. En qualité de représentant de la Société agricole et minière et de la Compagnie coloniale de Vaté, toutes deux appartenant à Tiby, Edouard voyageait en première classe. Il avait été entendu qu'à Santo, Georges Denis, qui dirigeait la plantation de Surrenda dont Tiby était actionnaire, l'attendrait. Georges Denis voyait aussi Richard lorsque celui-ci faisait escale sur l'île. Il savait que le rêve des deux frères était de se retrouver un jour, quelque part dans une de ces îles du Pacifique, leurs bateaux amarrés au même quai, ne serait-ce que pour quelques heures. Ils s'en étaient remis au hasard que d'autres auraient appelé Providence. Les dieux néo-hébridais avaient fait le reste. Ce jour-là était enfin arrivé. L'impatience d'Edouard l'avait tenu en éveil une grande partie de la nuit. Il avait essayé de calmer son insomnie en arpentant le pont. La mer était lisse. La lune lui donnait des miroitements d'acier. L'esprit pouvait s'évader et construire les rêves d'une vie qui s'ouvrait pour lui et pour Richard.

Sur le quai du canal de Santo, Edouard aperçut Georges Denis, précis au rendez-vous donné, tenant par la bride deux chevaux. En prévision de cette journée, Edouard avait organisé son absence à bord. Richard était-il déjà arrivé à Surrenda ? fut la première question que posa Edouard à Georges. Celui-ci le rassura :

– Nous y serons en même temps que lui, dans une heure à peu près.

– Il était comment, la dernière fois que vous l'avez vu ?

– Bien, lui assura Georges. Et si vous parlez de sa santé, bonne apparemment. Il est apprécié ici, vous savez ; et je ne crois pas m'avancer beaucoup en vous disant qu'il a déjà beaucoup d'amis. Je pense qu'il se plaît à Ringdove.

Malgré son impatience, Edouard dut se résoudre à suivre Georges au pas, sur les sentiers coutumiers qui traversaient la forêt. Étroits, gonflés des racines qui affleuraient, les sentiers louvoyaient entre des arbres aux fûts sans fin qui libéraient leurs branches dans le ciel comme des corolles géantes. Les palmes des fougères arborescentes et des jeunes pousses déroulaient des feuilles d'un vert tendre et humide. Du sol une odeur d'humus inondait le sous-bois. L'humidité et la moiteur de l'air semblaient donner une plus grande densité au silence. Et sans que l'épaisseur de la végétation se soit allégée pour annoncer l'orée et la lumière, ils sortirent d'un seul coup de la forêt. Quoique habitués à ce parcours, les chevaux hennirent de satisfaction en reprenant une allure plus vive. Le chemin conduisait tout droit à la baie de Surrenda.

Edouard sauta de son cheval, Richard attrapa la bride. Ils n'eurent pas besoin de parler. Leurs yeux pétillaient de joie. La séparation leur faisait mesurer davantage la joie de cette rencontre. Ils en distillaient en silence le bonheur ressenti. Georges lança :

– À tout à l'heure au déjeuner ! et s'éloigna.

Il savait que les deux frères Pentecost n'avaient plus besoin de lui.

– Alors, raconte ! demanda Richard qui après avoir embrassé son frère s'était reculé pour mieux le redécouvrir. Il n'attendit pas de réponse, mais enchaîna :

– Pas mal, ton *dungaree*. Il te va bien.

– Et le débardeur, tu le trouves comment ?

– Sacré Edouard ! Tu es l'homme le plus élégant que les Hébrides aient jamais reçu jusqu'à ce jour.

– Ça va. Moque-toi de moi. J'ai choisi cette tenue justement pour t'impressionner. Et résultat ?

Le résultat fut un grand éclat de rire. Sans se concerter, ils partirent en courant vers la plage et s'affalèrent sur le sable légèrement essoufflés.

Les nouvelles de Nouméa affluaient dans la bouche d'Edouard à la vitesse de messages diffusés en morse. Ballah avait acheté elle aussi une maison à la vallée des Colons. Alby venait d'acquérir une nouvelle vache laitière qui était championne en production de lait. Une bagarre dans la volière avait fait quelques victimes. Le reste de la famille Hagen allait bien. Mais c'était Emely qui revenait sans cesse dans la conversation. Edouard avait transmis à Richard tous ses messages d'affection ; enfin, ce qu'il avait pu décrypter, car Emely s'extériorisait peu. Mais elle voulait qu'Edouard à son retour lui dise si Richard ne manquait de rien, s'il mangeait suffisamment, s'il ne se fatiguait pas trop...

– Ce climat est si dur ! si éprouvant ! Il est si loin, avait-elle ajouté.

Non, Richard ne manquait de rien.

– Si, Edouard, envoie-moi de la lecture dès ton retour. Tout ce qui te tombera sous la main. Je m'en remets à toi pour le choix. Revues, livres, journaux. C'est un luxe ici... Mais tu sais ce qui me manque le plus ? Les scones de maman !

– Je lui dirai !

Georges les avait rejoints pour le repas. Il leur raconta que les hommes des tribus frangeant la plantation avaient la veille apporté des *naoras*, ces crevettes d'eau douce, à la saveur sauvage, pêchées dans les creeks. Ils les avaient glissées une à une dans des troncs de bambous et fumées au-dessus d'un brasier. C'était en souvenir de Mme Emely qui aimait tellement ce plat. Ils savaient que les deux *petits* seraient là aujourd'hui. Ils avaient voulu descendre de la montagne, par des sentiers compliqués, cette offrande chargée sur leurs épaules.

– Je le raconterai à maman, avait dit Edouard, touché comme Richard de cet élan désintéressé.

Tout à coup, Edouard tourna la tête à gauche, à droite comme s'il cherchait un absent.

– Georges. Ton accueil est sympathique, mais je trouve que ça manque de jolies filles ici ! Qu'en penses-tu, Richard ?

Non. Georges ne les avait pas cachées. Il n'y en avait tout simplement pas. Les trois garçons tombèrent d'accord sur la rareté de la gent féminine sous ces latitudes et évoquèrent Nouméa où là-bas elle s'épanouissait. C'était à Nouméa que l'on se mariait, c'était de Nouméa que l'on ramenait femme aux Hébrides. N'y avait-il vraiment pas d'autres solutions ?

– Toi, Edouard, le citadin, tu ne connaîs pas ton bonheur !

– Oh que si, il connaît son bonheur, Edouard. Il suffit d'écouter Mme Mortensen, gérante avec son mari de la plantation du canal du Segond, enchaîna Georges.

D'un bond il se leva. Imitant Mme Mortensen, il plaqua ses mains sur ses hanches, puis dressa son index droit en l'agitant d'une façon menaçante :

– Voyez-vous, Georges, ça ne colle pas avec Edouard Pentecost. Joli garçon, de la prestance, je vous l'accorde... mais pour les commandes, c'est autre chose. Il prend bien note de tout, ça c'est vrai. Mais après ? Je vous le demande ! Arrivé à Nouméa, qu'est-ce qu'il fait ? Eh bien, moi, je vais vous le dire, ce qu'il fait ! Il a, paraît-il, une de ces machines qui pétaradent dans les rues, une motocyclette. On penserait qu'avec une motocyclette, il pourrait faire les courses plus vite et tout me rapporter au voyage suivant. Eh bien, non ! M. Pentecost embarque sur sa motocyclette des gamines. Des petites effrontées, je parierais. Si leurs parents voyaient ça. Dieu les en préserve ! Edouard, lui, pense à s'occuper de nos commandes le dernier jour, la veille du départ du bateau. Arrivé ici, il me montre sa liste : « Manquant... manquant... manquant..., madame Mortensen. J'ai couru partout, je n'ai pas trouvé. » C'est à croire qu'ils manquent de tout à Nouméa ! C'est pire qu'ici on dirait... si on l'écoutait !

Les trois garçons pleuraient de rire.

– Edouard, donne-moi des nouvelles du foot, de l'équipe, des matches.

– Évidemment, j'aurais dû commencer par là. On est en train de créer une équipe avec les anciens du collège. Elle va s'appeler l'Indépendante. Ça y est, l'insigne est trouvé : un faux col rigide avec un beau nœud de cravate jaune et noir. À la vallée du Tir, on nous a déjà surnommés « les cocus en deuil » !

– C'est méchant ! s'exclama Georges.

– En tout cas, pas flatteur. Mais pour eux nous symbolisons avec cet écusson le collège où nous avons acquis une certaine instruction, ce qui n'est pas le cas pour les autres équipes.

– Vous êtes devenus élitistes ?

– Moi je dirais tout simplement snobs !

– On verra. Et on verra si les arbitres vont continuer à laisser les supporters de l'Impassible envahir le terrain pour nous rentrer dedans quand on marque un but. La pagaille dure à chaque fois cinq à dix minutes.

– Tu veux dire que vous marquez tellement de buts que le match finit par durer tout l'après-midi ? demanda Richard en éclatant de rire.

La conversation qui avait commencé à prendre un ton grave – le sujet étant d'importance – fut interrompue par Georges qui rappela l'heure aux deux frères.

– Déjà !

Oui, déjà. Il fallait se séparer. Richard allait rejoindre le *Kobiloko*. Edouard et Georges remontèrent à cheval. Un vieux Néo-

Hébridais les précédait pour leur signaler dans la forêt les obstacles dissimulés par les ombres du crépuscule. Leur lente progression était ponctuée par ses instructions en bichlamar : « baissez la tête, attention à la grosse branche à droite, on traverse un creek. » Edouard et Georges se séparèrent sur la quai de Santo. La nuit était d'un noir profond.

1930

Edouard a eu vingt et un ans au mois d'avril. L'âge du service militaire. La caserne de Nouméa, long bâtiment clair festonné d'arcades, s'ouvre sur une avenue qui descend jusqu'à la mer. Elle n'a pas mauvaise réputation, cette caserne. Elle laisse même un bon souvenir aux jeunes appelés.

Pendant ses permissions, Edouard continue à occuper la petite chambre située au-dessus des entrepôts de Tiby, rue de la Somme. Elle est proche du port, mais surtout proche du terrain de football. Dans la pièce, un lit, une table, une chaise. C'est là que sa tante Ballah vient chercher son linge et lui dépose les petits plats et les tartes qu'elles lui a mitonnés.

– Pentecost, vous rêvez ? Dois-je répéter ma question ? insista le sous-officier chargé de la formation des équipes sportives de la caserne. Ça vous dirait d'entrer dans l'équipe B de water-polo de la caserne ? Il y a déjà Pierrot Dupont qui joue au football avec vous ; et si vous parlez en langage avec vos amis d'Ouvéa, vous ne serez pas dépaysé. Le petit chef de Fayaoué Cyrille Wenegei, Octave et Moïse sont aussi pressentis. Ce Moïse, c'est une force de la nature. Vous avez vu ses mains ? De véritables battes de cricket. Un colosse, cet homme ! Et pas désagréable avec ça. Alors c'est dit. Demain matin, 5 heures, maillot, serviette. Je me charge des bonnets. Droit au bain militaire de la baie de l'Orphelinat.

L'entraînement fut intensif. Inlassablement ils durent s'exercer à la godille, ces battements énergiques des jambes qui les hissaient hors de l'eau et leur permettaient de sortir le torse pour donner toute liberté au coude. Alors le bras pouvait assurer une passe sûre et directe du ballon sans le faire ricocher sur la surface de l'eau. Les Loyaltiens étaient des rois à ce jeu. Ils étaient dans leur élément puisque ce « bain militaire », adossé aux rochers de la plage, était un bassin rectangulaire d'eau de mer construit dans la baie. Depuis leur enfance ils pratiquaient des jeux d'eau dans le lagon. Celui-là nécessitait un peu plus d'entraînement et de discipline, voilà tout.

Pour Edouard, ce sport devint une passion. Au cours des matches, il faisait preuve d'une aisance, d'une force et d'une endurance exceptionnelles. Ces aptitudes le désignèrent rapidement pour être nommé capitaine de l'équipe Caserne A. L'officier entraîneur couvait littéralement son meilleur joueur de water-polo qui avait fait remporter à son équipe plus d'une victoire contre les Canards sauvages.

À la caserne, le capitaine Lion, pour sa part, avait fait d'Edouard son secrétaire. Edouard s'était vite adapté à cette fonction. Il tapait à la machine les rapports de l'officier, les mutations, les ordres de mission, les recommandations, les procès-verbaux. Il s'entendait parfaitement avec son capitaine qui, lui faisant de plus en plus confiance, lui accordait de plus en plus de liberté. Le temps de présence d'Edouard devant sa machine à écrire s'était progressivement calqué sur son activité réelle mais réduite, et lui laissait tout loisir pour organiser sa vie à l'extérieur. Cette organisation lui convenait à merveille :

– Tante Ballah, crois-moi ! C'est la vie de château, une vraie vie de pacha !

Mais le pacha ne perdait pas son temps malgré les apparences. Le pacha observait, il réfléchissait. Il commençait à faire son miel des deux cultures qui avaient bercé sa jeunesse partagée entre les îles et leurs coutumes, et la Grande Terre où on lui avait appris à l'école et au collège les règles de grammaire, l'histoire de France et l'arithmétique. C'est instinctivement qu'il commença à se servir de ses qualités mélanésiennes dans ses relations avec les autres ; ce calme rieur, cette voix posée et douce lui conféraient un charme qu'à première vue on pouvait croire candide, un peu naïf. C'était surtout cette aptitude à écouter son interlocuteur, avec attention et sollicitude extrêmes, avant de lui répondre posément, sans jamais le contredire, comme par respect, mais en l'attirant peu à peu vers ce qui était, au bout du compte, sinon la solution évidente, tout au moins son point de vue. L'art de la palabre était en lui, dans sa nature, joyeux, posé ; s'y ajoutait toujours quelque bonne plaisanterie pour conclure que tout cela au fond n'était pas si grave. Toujours le respect de l'autre. C'est ainsi qu'avec Edouard, beaucoup nouèrent des liens d'amitié qui restèrent intacts tout le long de sa vie.

La couleur de son sang ne le troublait pas. Il ne funambulait plus entre deux mondes. Edouard était quarteron. Edouard était métis. C'était ainsi. Il ne se torturait pas pour savoir lequel des deux sangs, du blanc ou du noir, il devait privilégier. Sa réflexion l'avait conduit à accueillir dans ses veines la vie des deux origines comme un enrichissement. Cette « mixité », avait-il conclu, ne pouvait être que bénéfique. Il en ferait sa force.

Nul ne choisit son pays, sa famille, sa couleur,
Nul n'est responsable de l'histoire du passé,
Cette histoire s'est faite avant nous,
Et nous nous y trouvons inclus.
C'est comme cela.

En écrivant ces mots, Edouard réglait une fois pour toutes la question du sang. Emely lui avait transmis sa façon pudique d'absorber les chocs de la vie « sans en faire des montagnes ». Il avait appris à Netché et à Ouvéa la solidarité envers les autres, le pardon et le partage. Restait à concilier ces valeurs avec celles de l'autre monde, celui où l'argent générait les siennes et où il allait entrer de plain-pied.

Pourtant, tout au fond de lui-même, Edouard se sentait un peu mutilé. Richard était loin là-bas, aux Hébrides. Peut-être voudrait-il y faire sa vie ? C'en était donc fini des deux inséparables, des virées complices du dimanche à l'anse Vata ou à la Dumbéa avec les autres ? Edouard commençait à ne plus rêver à l'avenir. Il y pensait. Son avenir et celui de Richard étaient maintenant là, tout proches. Dès qu'il aurait quitté l'armée. Il faudrait bien qu'il retrouve alors son frère. L'un apporterait sa fougue, l'autre, plus réfléchi, plus posé, sa prudence et sa réflexion. Ils auraient tellement de choses à faire en commun. Dans l'agriculture ? le commerce ? l'élevage ? Tout était possible. Ils créeraient une compagnie dont Edouard cherchait déjà les initiales et le sigle. Ils réveilleraient leur pays que certains appelaient « la belle endormie ». Parce qu'il voulait aussi s'en occuper, de son archipel, qui n'avait même pas l'électricité et où, là-haut, dans les montagnes, on extrayait encore le minerai à la pioche... Edouard feuilletait, inlassablement, à la lumière de sa lampe à pétrole, des revues de France, illustrées à profusion d'avions, de voitures, de matériel de toute sorte, domestique et industriel, réfrigérateurs ou pelleteuses, radios ou tracteurs... C'est avec tous ces équipements qu'ils feraient de leur pays, ensemble, un navire puissant, moderne et prospère, filant dans le siècle avec son équipage calédonien, toutes races mêlées.

Paul Leyraud était né à Nouméa en 1882. Son père était commandant du pénitencier. Il avait passé toute son enfance dans la vaste et belle maison affectée au directeur de la pénitentiaire à l'île Nou. Elle s'ouvrait sur la grande rade. De la véranda en haut du grand escalier, Paul pouvait voir la Nouvelle-Calédonie roulant ses chaînes de montagnes mauves et bleues, parfois écorchées de plaques rouges et ocre, jusqu'à l'infini. À ses pieds, les jours de vent, la grande rade s'éclatait de mille tessons d'écume et de vagues. Au débarcadère, arrivaient les petits bateaux à moteur appelés « pétrolettes » qui ramenaient le soir les « transportés », ces bagnards partis travailler sur les chantiers de Nouméa. Mais surtout elles débarquaient plusieurs fois l'an, encadrées par leurs gardes, des hordes exsangues et silencieuses d'hommes en guenilles, la tête penchée vers le sol, qui partaient rejoindre, enchaînés, les longues bâtisses du dépôt ou de l'hôpital. Paul, lui aussi, prenait la pétrolette, tous les matins de la semaine, avec les fils des surveillants, pour se rendre à l'école, à Nouméa. À l'île Nou, il n'avait guère le droit de se promener au-delà du jardin et du verger, sous la seule surveillance d'un « transporté » que l'on jugeait inoffensif et qui servait de « garçon de famille ». Des bagnards jardiniers le regardaient passer, souriants, l'air triste aussi. Un jour peut-être, le temps de leur peine terminé, ils fonderaient eux aussi une famille sur la Grande Terre, puisque jamais ils ne reviendraient au pays. Ou alors, si vieux...

Paul Leyraud partit en France à l'âge de dix ans y poursuivre ses études à Saint-Gaudens puis à Toulouse. Mais il rêvait sans arrêt à sa terre natale, revivant ses souvenirs d'enfance sur des décors de plages d'argent et de lagons mourant au pied des montagnes violettes.

Pendant ces années-là, on parlait beaucoup de la Nouvelle-Calédonie en métropole. C'était l'époque de l'Exposition universelle. L'île du bout du monde présentée dans les journaux et sur des affiches incitait à partir s'y installer et à y cultiver la terre... Une grande œuvre s'y préparait. Et à vingt ans, Paul voulait en être, de cette aventure de pionniers sur sa terre natale. Il repartit à Nouméa faire son service militaire et retrouva son père à l'île Nou, nommé pour un second séjour. L'île Nou ne recevait plus de nouveaux convois de forçats depuis quatre ans. Pourtant vivaient encore à la pénitentiaire plusieurs milliers de condamnés attendant d'avoir purgé leur peine avant d'aller travailler sur les mines ou sur une parcelle de terre allouée au diable Vauvert ou encore comme jardinier ou aide dans les familles de Nouméa.

Après son service militaire dans l'administration auprès du gouverneur Feillet, Paul fut nommé directeur de la Société coopérative chargée de coordonner l'exploitation et l'exportation du café comme des autres productions agricoles. Il put alors faire venir sa fiancée. Il avait rencontré Jeanne en vacances à Saint-Gaudens et avait été ébloui par sa grâce et sa beauté. Elle vivait habituellement à Paris avec sa grand-mère et de nombreuses tantes dans un grand appartement où cette ambiance féminine créait une atmosphère légère d'une chaleureuse gaieté. Modiste, elle se déplaçait souvent pour des commandes ou des essayages et connaissait un nombre incalculable de rues parisiennes. Elle rencontrait une clientèle de femmes aisées avec qui elle passait de longs moments. Jeanne, élégante et coquette, aimait profondément sa ville et y était heureuse.

Elle prit le bateau pour la Nouvelle-Calédonie. Le voyage lui sembla ne jamais finir. Ces longues semaines à bord lui laissèrent le temps d'entretenir et de conforter la déchirure qu'elle avait ressentie lorsque le voilier l'avait détachée des siens en s'éloignant du quai. Elle épousa Paul Leyraud à son arrivée. Paul était fier de sortir avec Jeanne qui attirait les regards par sa fraîcheur et son élégance. Mais il fut vite repris par ses activités ; les projets étaient nombreux. La Société coopérative avait été créée à l'instigation du gouverneur Feillet. Paul avait une grande admiration pour cet administrateur énergique qui s'était battu, neuf ans durant, pour mettre en valeur les terres de la colonie, développant la culture du café, l'élevage, l'exploitation de l'essence de niaouli, ou du bois de kaori. Elle recrutait même de la main-d'œuvre jusqu'en Indochine. Le gouverneur Feillet avait multiplié en France les tournées de conférences, édité des journaux de propagande pour faire venir des familles de paysans, par centaines. Il avait ouvert des pistes sillonnant toute la Grande Terre, délimité les exploitations agricoles à distribuer. Puis quand les premiers colons étaient arrivés, il allait leur rendre visite régulièrement pour les encourager à faire une « démocratie agricole ».

Le gouverneur Feillet s'était entouré de jeunes gens enthousiastes, dont Paul Leyraud faisait partie, mais il avait aussi des détracteurs. Il défendit ses idées sans relâche. Quand, épuisé par tant de luttes, il partit en France où il mourut en 1903, Paul Leyraud et ses amis étaient bien décidés à poursuivre son œuvre. À cheval, Paul partait en brousse en tournée aussi souvent qu'il le pouvait. Il traversait les grandes plaines de la côte ouest, de Boulouparis à Koumac ou les vallées de la côte est, de Houailou et Hienghène. Il encourageait les colons, ces fermiers tenaces et rudes, venus forger leur nouveau destin sur des terres où il n'y avait jamais assez de bras pour assurer le travail quotidien. Il suivait avec eux le mûrissement des précieux grains enfouis sous leurs feuilles vernissées. Le café calédonien rougissant à l'ombre de grands arbres généreux forgeait son arôme et sa réputation.

Paul était devenu un notable, un des personnages en vue du Cercle civil. Mais il préférait recevoir ses amis chez lui, dans sa grande maison de la vallée du Tir. Il échangeait avec eux les projets qu'ils aimaient tracer pour leur île, projets de prospérité et de justice où la Nouvelle-Calédonie deviendrait un vaste familistère, vitrine de l'association du capital et du travail.

Son bureau était ouvert à tous. Les colons, les broussards de passage à Nouméa lui rendaient visite. Il y accueillait aussi les chefs des tribus de la Grande Terre et ceux des îles, de Lifou et de Maré le plus souvent, qui avaient fait le voyage jusqu'à Nouméa. Paul Leyraud était heureux de ces contacts. Il s'intéressait aux gens, il aimait les rencontrer. Partir à cheval en brousse était, pour lui, la promesse d'échanges avec ces colons et avec ces tribus qui demandaient tellement à ne pas être oubliés.

Quant au bagne, désormais il ne fallait plus y penser. Le père de Paul prit sa retraite et rentra à Saint-Gaudens. Le temps de la Pénitentiaire, mais aussi le temps des aventuriers s'achevaient. Venait le temps de semer, de construire. Paul et ses amis voulurent rayer le passé, définitivement, et se tourner vers l'avenir de la Nouvelle-Calédonie et celui de sa population.

Dans ses projets, les tribus de la Grande Terre, vivant au fond des vallées, n'étaient pas oubliées. Avec ce culte de la science et du modernisme qui était alors partagé par beaucoup d'hommes, saint-simoniens, humanistes toujours, dogmatiques souvent, aveugles aux réalités parfois, ils se persuadaient de réussir à faire passer ces indigènes « de l'âge de pierre » aux bienfaits de la civilisation. Du moins les survivants. Car, darwinistes convaincus, ils se résignaient à voir disparaître les premiers habitants qui ne pourraient, se désolaient-ils, résister au choc du monde moderne.

Conseiller municipal en 1908, Paul Leyraud fut élu maire de Nouméa quatre ans plus tard.

En pénétrant à l'hôtel de ville, le nouveau maire et ses conseillers, tous âgés plus ou moins d'une trentaine d'années, s'apprêtèrent à retrousser les manches pour moderniser la ville et le port selon leurs rêves. Leur élan fut brisé par un mal paraissant remonter du fond des âges, mais que Nouméa avait déjà connu à la fin du siècle précédent : la peste. La peste bubonique qui s'était déclarée dans les camps des Tonkinois des mines du Nord. La bataille contre l'épidémie fut rude, loin de la France, loin de Paris. Ils ne durent compter que sur eux-mêmes et sur le dévouement de certains, appartenant au corps médical ou bénévoles. Le docteur Guéguan et Tiby Hagen en faisaient partie. Ils prirent ensemble tous les risques, mirent leur énergie et leur puissance de travail au service des malades pendant toute la durée du danger.

Progressivement, la maladie perdit de son intensité puis disparut. Le conseil municipal pouvait enfin se mettre à l'ouvrage. On traça de nouvelles rues, on construisit de nouveaux docks sur le port; les quais s'empierrèrent; on mena des conduites d'eau, on creusa de nouveaux égouts. Mais que de temps avait été perdu!

Cette énergie déployée commençait à porter ses fruits lorsque, le 5 août 1914, le tocsin retentit à la cathédrale. La guerre avait éclaté en Europe. On la sentait venir depuis quelque temps, les minéraliers desserrant leurs amarres des quais de Doniambo appareillaient sans cesse chargés de ce nickel qui irait blinder, là-bas, les armes de guerre.

Le pouvoir glissa des mains des autorités civiles à celles des militaires. On disait que la guerre serait brève. Elle dura quatre ans. Les paquebots venant de France se firent plus rares et leurs arrivées plus irrégulières. Mobilisés ou volontaires, les jeunes partaient se battre, vidant l'île de son sang neuf.

Là-bas, à l'autre bout du monde, on s'engluait dans la boue des tranchées, on n'en finissait plus de mourir. Ainsi Jeanne-Marie Vautrin, déjà veuve, vit partir ses six garçons. Trois seulement revinrent. Lucy Hagen, quant à elle, laissa cinq de ses fils défendre leur nouvelle patrie, alors que pas une goutte de sang français ne coulait dans leurs veines. La mairie de Nouméa tentait de faire de son mieux pour améliorer le sort de ses enfants perdus dans le froid et la pluie. Jeanne Leyraud, membre de la Croix-Rouge, participa à l'organisation de collectes pour l'envoi de colis aux poilus calédoniens et aux tirailleurs indigènes dont le contingent était parti de Maré.

À l'armistice de 1918, la Nouvelle-Calédonie, qui avait donné le meilleur d'elle-même, sa jeunesse, se sentit lasse tout à coup. Les retours avaient été poignants alors qu'on y dénombrait ceux qui ne reviendraient plus. La Nouvelle-Calédonie pleura ses morts, s'efforça de panser ses plaies, cette part du sang que tous, Noirs et Blancs, avaient donnée sans compter à la France lointaine, dans une guerre qu'elle n'avait jamais vraiment comprise. Alors, au lieu de jouer, comme là-bas, aux années folles, la Nouvelle-Calédonie, épuisée, s'endormit.

Paul Leyraud ne se représenta pas aux élections municipales de 1920 et créa la Société havraise calédonienne, comptoir de produits de France. Pendant qu'il exerçait son mandat municipal, Jeanne avait mis au monde six enfants, dont l'aînée était une fille, Blanche. Le deuxième, Henri, mourut à l'âge de quatre ans. Jeanne ne se remit jamais de cette blessure qu'elle préféra garder enfouie en elle. Puis naquit Maguy et, en 1916, Henriette. Jean-Paul, trois ans plus tard. Le petit Paul, le dernier, ne vécut pas.

Jeanne avait très vite abandonné son métier de modiste qu'elle exerça en arrivant à Nouméa pour aider son mari à faire face aux premiers besoins du jeune ménage. Et puis, il y avait tant à faire maintenant avec les enfants. Paul voulait partager avec elle son enthousiasme pour cette île à laquelle il s'était attaché tout enfant. Lors de ses tournées en brousse, il dessinait les paysages qu'il aimait pour les montrer à Jeanne : les baies et les échancrures de la côte, les montagnes de la chaîne, les cascades. Celle de Canala l'avait tellement séduit par sa beauté qu'il avait décidé d'emmener sa femme découvrir ce pays magnifique. Mais Jeanne, enfant, avait connu les allées tracées du parc Monceau ou les bosquets taillés des jardins de Versailles. La découverte des collines poussiéreuses de savane et de forêts de gayacs ou de niaoulis, de lantanas ou de cassis broussailleux fut pour elle un choc.

– C'est ça ta campagne, Paul ?

La halte prévue par Paul à l'hôtel de La Foa fut un nouvel échec. Le café servi, coloré d'un lait de conserve, était loin d'exhaler l'arôme des cafés de France rendus onctueux par un lait de ferme lisse et crémeux ! Jeanne ne se hasarda plus dans la brousse calédonienne. Ses enfants occupaient tout son temps.

Et puis, elle ne s'habituait pas à la température de Nouméa. Toujours la même, entre chaleur et douceur, entre printemps et été, ces pluies lourdes et parfois ces épouvantables cyclones qui transformaient les rues en tourbières et les jardins en jachères. Même la fraîcheur de la nuit ne remplacerait jamais pour elle les frimas secs sous le ciel bleu pâle de décembre, à Paris, quand elle courait les vitrines des grands magasins protégée par d'épaisses fourrures. Ce bon froid-là, il lui semblait parfois qu'elle l'avait oublié. En revanche, une correspondance régulière lui permit de maintenir des liens étroits avec sa grand-mère et ses tantes à Paris et avec sa maman qui vivait à Nice.

À Nouméa, elle apportait un grand soin à sa maison, faubourg Blanchot. Aux odeurs rassurantes d'encaustique, se mêlait le parfum des fleurs cueillies dans le jardin. Jeanne passait des heures dans son jardin, veillant sur les jeunes pousses et guettant les éclosions de roses. Des arbres fruitiers régnaient sur ce domaine. Ils déversaient, au rythme des saisons, des mangues, des pommes cannelles, des goyaves de Chine, des papayes. Jeanne n'avait pas négligé, avec un solide esprit pratique, de réserver un coin à des plates-bandes potagères où elle avait mis une coquetterie à planter, à côté des salades, des tomates et des aubergines, des artichauts tellement rares alors en Nouvelle-Calédonie.

Mais elle souffrait de ce mal dont avaient souffert les marins lors des longues navigations, au temps des découvertes. Ils étaient partis pour des voyages dont ils ne connaissaient pas la durée, dont ils ne savaient pas s'ils en reviendraient. Ils en mouraient parfois de langueur. Ce mal, on l'appelait jadis « nostalgie ».

Paul lui promettait bien de temps à autre un voyage en France. Mais ce retour était toujours reporté, au début à cause de la Société coopérative, puis de la mairie, de la peste, de la guerre et maintenant parce qu'il devait mettre sur pied la Société havraise. Ces déceptions successives avaient transformé les espoirs de Jeanne en résignations et ajouté à sa langueur. Femme de devoir, sa vie se nourrissait aujourd'hui de la jeunesse de ses enfants qu'elle élevait, à l'ombre de son mari, avec rigueur et, en secret, avec une profonde tendresse. Un jour enfin... Paul lui annonça leur départ pour la France, sur un paquebot qui les ferait naviguer, en passant par Perth, dans l'océan Indien et remonter le canal de Suez.

Vingt ans ! Cela faisait vingt ans qu'elle n'avait pas vu Paris. Jeanne était heureuse en descendant de la passerelle du bateau à Marseille où elle savait que sa maman devait l'attendre sur le quai. Elle ne vit que deux de ses tantes. Sa maman avait perdu huit jours plus tôt son combat contre le diabète.

Triste, elle traversa avec sa famille la France jusqu'à Paris. Elle avait tellement rêvé de faire partager ses souvenirs à ses enfants et de voir naître leur enthousiasme pour la capitale. Elle respirait tout, chaque rue, chaque immeuble, chaque arbre. Même le bruit des automobiles qui avait remplacé le pas des chevaux et les cris des cochers ne la désorientaient pas. Sa démarche s'était faite plus légère. Les quatre mois passèrent à la vitesse de l'éclair. Au retour, ils traversèrent l'Atlantique, franchirent le canal de Panama et firent escale à Tahiti.

Et la vie reprit à son rythme calédonien.

Paul Leyraud, attentif aux études de ses enfants, était assez fier d'Henriette qui suivait sans effort sa sixième tout en montrant beaucoup d'intérêt à ce qui se passait hors du collège. Lorsque sa maman s'étonnait de ne pas la voir à l'heure du goûter, Blanche et Maggy l'informaient en chœur qu'Henriette s'était arrêtée, une ou deux maisons plus loin, pour prendre des nouvelles d'un enfant malade ou tout simplement dire son admiration de roses merveilleusement épanouies dans le jardin contigu. Les voisins des Leyraud étaient habitués à tenir conversation à Henriette à ses retours d'école. Ils trouvaient cela amusant et agréable.

Elle entendit un jour son père reparler, toujours aussi indigné, de ce qu'il avait lu, en France, dans un manuel de géographie : *La Nouvelle-Calédonie est une île relativement plate.* Comment pouvait-on décrire son île de cette façon à des petits enfants de France ?

– On s'étonnera après, de l'échec de la colonisation. Mais le comble, c'est qu'un jour, dans un an ou deux, ce livre sera distribué aux écoliers calédoniens qui seront obligés, eux aussi, de réciter que leur pays natal est une « île relativement plate ».

Le terme *relativement* semblait relever davantage d'un parapluie précautionneux ouvert par le rédacteur du manuel que d'une connaissance même approximative du relief.

Son père ne se trompait pas. Ce manuel fut distribué bientôt au collège. Et quelques années plus tard, au lycée La Pérouse, Henriette apprécia l'explication du mot *relativement* par son professeur de géographie.

Quel beau garçon !

C'était le premier jour des grandes vacances. L'air frémissait de cette liberté toute neuve, délice des jeunes étudiants impatients d'en jouer pendant chaque jour de l'été. Les flamboyants incendiaient l'avenue de la Victoire.

En cette fin d'année scolaire, non seulement Henriette Leyraud était la plus jeune de sa classe de troisième, mais encore, et surtout, elle était la première. Prix d'excellence encore une fois : elle restait la fierté de son père. Ses parents avaient autorisé ce petit bout de femme de quatorze ans, au regard vif et d'un vert surprenant, à fréquenter les garçons et les filles des classes supérieures, tous bien plus âgés qu'elle, mais qui ne la considéraient pas comme une « petite ». Henriette était déjà une belle jeune fille. L'esprit toujours en alerte, elle avait la repartie facile.

– Quel beau garçon ! avait-elle lancé avec cette spontanéité juvénile qu'elle mettait en tout.

Elle s'était arrêtée pour bavarder avec son amie Suzanne Houstan, la fille de la pianiste du cinéma Ménard, escortée comme à son habitude d'André Pouillet en uniforme et venait d'apercevoir, un peu plus loin, Edouard Pentecost souriant à une jeune fille près de lui.

– André, tu fais ton service militaire avec lui ?

– C'est mon meilleur ami.

– Présente-le-moi !

Et André appela Edouard. Pendant qu'il s'approchait, Henriette l'observait : uniforme kaki serré à la taille par un ceinturon, épaules athlétiques mises en valeur par le blouson et un martial képi bien planté sur la tête. De près il était encore plus impressionnant. Il avait un sourire éclatant. Il lui tendit la main, une main longue et puissante. Au contact de cette peau mordorée qui semblait si fine tant elle lui parut douce, Henriette sentit son cœur battre la chamade. Pour se donner une contenance, elle lui demanda s'il allait souvent au bain militaire s'entraîner au water-polo. Oui, elle l'avait déjà aperçu là-bas.

– Trois fois par semaine, répondit-il gentiment, alors qu'elle n'entendait plus grand-chose.

Elle bredouilla qu'elle devait rentrer et remonta sur sa bicyclette. Une *Triumphante* que ses parents lui avaient offerte lorsqu'elle venait de terminer sa sixième.

Deux jours plus tard, elle aperçut Edouard. Il avait abandonné son uniforme kaki pour une tenue qu'elle jugea très élégante : un pantalon de golf serré aux chevilles et une veste claire. Mais ce qu'elle vit aussi la bouleversa. Edouard n'était pas seul. Clarisse, une « grande », élève de première au collège, parlait avec lui. Henriette eut l'impression qu'elle se tenait vraiment très près de lui. Trop près, lui sembla-t-il.

Il fallait en avoir le cœur net. Elle alla voir, un peu plus tard, celle qu'elle n'osait pas appeler sa rivale.

– Clarisse, tu flirtes avec ce garçon ?

– Oui, pourquoi ?

– Mais parce que je l'aime, moi.

– Enfin, Henriette, tu es beaucoup trop petite.

Petite ? Comment pouvait-on lui dire une chose pareille... Si Henriette s'était sentie sur le moment désorientée, elle ne le resta pas longtemps. Et puis l'assurance et les certitudes de Clarisse l'avaient agacée.

Elle décida qu'elle avait besoin de quelques cours de mathématiques. Freddy ! Freddy Rordoph qui n'habitait pas très loin de chez elle, mais qui habitait juste en face de la caserne, à l'angle, était exactement le répétiteur qui lui convenait. Elle expliqua à ses parents la nécessité de revoir plus en profondeur ses connaissances toutes fraîches en algèbre et géométrie et choisit d'aller voir Freddy à 17 heures, cette même heure où elle avait fait la connaissance d'Edouard quelques jours plus tôt. Et, ô coïncidence ! Edouard passait par là. Il lui fit un signe amical de la main. Il remontait justement la rue qu'elle allait prendre. Non, Henriette n'était pas pressée. Elle descendit de sa bicyclette en se demandant si son cœur allait s'arrêter de battre aussi fort dans sa poitrine. Edouard devait sûrement l'entendre. Ils bavardèrent en marchant lentement, attentifs l'un et l'autre à exprimer le meilleur d'eux-mêmes. Elle sut qu'il se rendait souvent, comme aujourd'hui, de l'autre côté de la colline, chez sa maman. Henriette sourit, soulagée. À travers les brousses, un long chemin isolé, très pentu, serpentait du faubourg Blanchot jusqu'en haut du Mont-Coffyn pour redescendre sur la baie de l'Orphelinat, à deux pas de chez elle. Elle lui indiqua sa maison, en ajoutant que les volets, de ce côté-là, étaient ceux de sa chambre. Ils donnaient sur la rue, mais en étaient séparés par une pelouse soigneusement entretenue.

Les cours de mathématiques n'étaient plus vraiment nécessaires pour qu'Edouard et Henriette se donnent rendez-vous, se rencontrent, se promènent et parlent ensemble longuement; conversations prétextes qui leur permettaient de prolonger ces moments devenus quotidiens et qu'ils commençaient inconsciemment à attendre avec impatience dès le matin. Henriette, déjà naturellement coquette, apportait, l'après-midi, un soin plus grand encore à ses tenues, déclenchant les rires de ses sœurs et leurs plaisanteries. Elle haussait les épaules, les jugeait ridicules et montait dignement sur son vélo, comme si elle se rendait à un rendez-vous de notaire. Puis, un jour, Edouard réalisa à son tour, avec surprise, que la matinée n'en finissait plus. Lorsqu'il la vit arriver de loin cet après-midi-là, il ressentit un frémissement de tout son corps et ne souhaita plus que la serrer contre lui. Alors il choisit l'ombre des arbres aux feuillages abondants, prit Henriette dans ses bras et l'embrassa. C'était très exactement ainsi qu'elle avait imaginé ce premier baiser, mais elle n'avait jamais soupçonné l'émoi qu'elle en ressentirait. Elle lui tendit une nouvelle fois ces lèvres, curieuse de ces sensations nouvelles dont elle n'avait pas jusque-là deviné l'ampleur. Mais elle resta silencieuse, ne sachant pas vraiment si tout cela était normal lorsque l'on a quatorze ans.

À partir de ce jour-là, les vacances d'Henriette se mirent à dépendre des permissions d'Edouard et de ses heures de sortie. Sa maman s'étonnait auprès de son père des lubies de leur fille qui bondissait sur son vélo pour un oui ou pour un non, trouvait mille prétextes pour « aller en ville » et rapporter, sans rechigner, tout ce qu'on lui demandait. Ses parents louaient sa serviabilité mais ses sœurs la trouvaient suspecte.

Puis, un dimanche, en compagnie de ses amies et des grands de première, Henriette vint assister, sur les gradins des tribunes du stade, à la finale de football entre l'Impassible et l'Indépendante. Ce jour-là, Edouard jouait et en avait informé Henriette quelques jours plus tôt, avec un semblant d'indifférence. Mais dès son entrée sur le terrain, Edouard s'était assuré de sa présence, par un coup d'œil discret dans les tribunes. La deuxième mi-temps ne fut pas plus favorable que la première à son équipe. Henriette cachait sa contrariété en lissant de sa main, avec application, les plis de sa jupe et fut finalement heureuse de devoir s'esquiver au coup de sifflet de fin de match. Ses parents recevaient leurs amis pour un thé et lui avaient demandé de revenir pour y participer. Elle ne souhaitait pas voir la mine probablement déçue d'Edouard et lui montrer qu'elle avait été témoin de la défaite de son équipe, même si elle trouvait qu'il avait bien joué.

À la sortie des vestiaires, Edouard tira discrètement par l'épaule son ami Paul Robineau qui discutait des passes et des buts marqués avec d'autres spectateurs :

– Tu n'as pas vu Henriette ? lui demanda-t-il.

– Ah, Edouard ! Henriette est rentrée chez elle juste après le match. Elle m'a dit de te prévenir. Du monde chez ses parents... un thé... trop tard pour te prévenir...

Mais Paul se garda bien de lui raconter, dans son entier, la conversation qu'il venait d'avoir avec Henriette. Il en riait encore. Étonné, lorsqu'elle s'était approchée de lui, de constater sa présence dans les tribunes, il l'avait regardée, intrigué :

– Tu t'intéresses au foot maintenant ?

– J'étais venue regarder jouer Edouard Pentecost.

– La tortue ?

– Comment ça, la tortue ?

– Oui, Edouard, c'est la Tortue, Jeannot Augias, c'est le Moco, il est né à Marseille, et Pierrot Dupont, c'est le Démorceur !

Le Moco ou le Démorceur, Henriette n'y voyait pas d'inconvénient. Mais Edouard, la Tortue ! Pourquoi, *la Tortue* ?

– Il a les jambes à l'équerre quand il court. Quand il marche, on a l'impression qu'il roule.

– Pas du tout, Paul, je ne trouve pas du tout !

– Henriette, tu ne serais pas amoureuse de lui par hasard ? avait fini par demander Paul en la regardant avec plus d'attention.

Il avait envie maintenant de poser la même question à Edouard : « Tu ne serais pas amoureux d'Henriette, par hasard ? » Mais par pudeur, tout à coup, il n'osa pas.

À la fin de cet été-là, il sembla à Henriette que les trois mois de vacances avaient glissé plus vite que ceux des années précédentes. Et, alors qu'elle allait entrer en seconde, elle commençait à échafauder les moyens de continuer à voir Edouard souvent, en priant le Ciel qu'il soit encore captif du service national un certain temps.

L'emploi du temps fixé par le principal du collège pour les élèves de sa classe lui permit d'affiner ses projets au plus près de ses désirs, tout en tenant compte des heures de permission d'Edouard pour ses entraînements sportifs. La topographie de la ville fut sa principale complice. Car si un sentier, en escaladant la colline, reliait la maison de la maman d'Edouard à celle des Leyraud, une courte rue en pente conduisait droit du collège La Pérouse au bain militaire. Il avait suffi à Henriette d'obtenir quelquefois une autorisation de sortie pendant les heures d'études pour aller retrouver Edouard à l'entraînement. Lui dans l'eau, elle assise sur le muret d'enceinte, le visage offert au soleil et les jambes livrées à la tendresse des vagues... C'était presque innocent, au début tout au moins. Car, au cours de l'été, Henriette avait commencé à découvrir son corps lorsqu'elle avait senti, au travers de sa robe, les mains d'Edouard, longues et douces, se poser sur ses hanches et remonter lentement le long de son dos en une longue et sublime caresse, saisir ses épaules pour la serrer davantage encore contre lui et effleurer ses lèvres de baisers qui n'en finissaient plus. Aujourd'hui, émergeant de ce bassin, c'était Edouard presque nu, les épaules brunes ruisselantes d'eau, qui semblait s'offrir à elle. Elle mourait d'envie de caresser ce torse lisse et ferme et devait se contenter, faussement indifférente et réservée, de remonter, avec une pudeur feinte, sa robe au-dessus de ses genoux, comme si elle craignait les éclaboussures de l'eau sur l'ourlet de sa jupe. Elle espérait qu'un jour Edouard lui dise qu'elle avait vraiment de belles jambes, mais il n'avait murmuré jusque-là, en effleurant ses chevilles, que sa surprise de leur finesse. Elle n'avait pas su si elle devait considérer cela comme un compliment et n'avait pas osé le lui demander. Mais ce qui était encore beaucoup moins innocent, c'étaient les rendez-vous du soir, près de la maison du faubourg Blanchot, alors que la famille Leyraud était réunie, à l'heure où l'obscurité devient complice de toutes les audaces. Henriette guettait, prête à surgir, le bruit des pas d'Edouard sur le chemin, celui de son retour à la caserne. Elle était terrorisée à l'idée qu'il puisse alerter son père en sifflant, même doucement, pour signaler sa présence. Elle redoutait d'entendre, un soir, des volets de la maison s'ouvrir brusquement et d'être surprise en compagnie d'Edouard. Mais elle adorait aussi ce risque qui ajoutait du piquant à tant d'émotions nouvelles pour elle.

Car Henriette n'avait pas imaginé d'autres interdictions que celle d'embrasser un garçon, à la tombée de la nuit, lorsque l'on n'a même pas quinze ans. Elle n'avait pas encore soupçonné que ces baisers pouvaient la conduire au-delà de limites interdites et réprouvées par la société. Elle n'avait pas pensé qu'en jouant ainsi avec le feu, elle risquait d'entraîner ses parents dans une situation peu en rapport avec les convenances. Henriette n'avait jamais réalisé que, pour les Nouméens, son père avait gardé sa stature de maire, telle qu'il l'avait forgée pendant près de vingt ans, et que ses filles devaient être à son image, irréprochables. Enfin, portée par l'attirance qu'Edouard, bel athlète, exerçait sur elle, Henriette n'avait jamais été étonnée de la couleur miel de sa peau, cette couleur qui en faisait chuchoter plus d'un dans la ville. En découvrant qu'elle fondait de plaisir dans les bras d'Edouard, elle avait seulement acquis la certitude qu'aucun autre homme, jamais, ne pourrait lui donner un tel bonheur. Et cela seul importait à ses yeux.

Edouard avait déposé son sac de sport. Du balcon en bois de sa chambre au-dessus des entrepôts Hagen, il regardait le port et suivait des yeux les bateaux larguant leurs amarres. Encore quelques mois et son service militaire serait terminé. La quille ! Il avait maintenant tellement hâte de se lancer avec Richard dans la réalisation de ses projets. Il faudrait qu'il lui en parle... s'il parvenait à avoir avec lui une discussion sérieuse. Edouard aurait bientôt vingt-deux ans. Richard en avait déjà vingt-trois. Ils étaient majeurs maintenant. Mais ils ne resteraient pas toute leur vie employés de Tiby. Encore cinq mois de patience... Il chercha dans sa poche son paquet de cigarettes. Il en sortit un papier plié en quatre. Un petit mot tendre d'Henriette. N'était-elle pas un peu jeune quand même ? N'était-il pas en train de tomber amoureux d'une gamine ? Dangereux, ça... Il relut la lettre. D'elle aussi, il faudrait qu'il parle à Richard. Oserait-il en parler à Emely ?

À Ouvéa, Emely ouvrit son livre de comptes et commença à aligner des chiffres, des recettes, des dépenses. Mais elle avait du mal à se concentrer. Il fallait qu'elle se rende à Nouméa pour aménager la maison qu'elle avait achetée au professeur Risbec. Edouard allait bientôt l'occuper et Richard y habiterait lorsqu'il viendrait à Nouméa. Ce qui l'avait séduite surtout lorsqu'elle l'avait visitée, c'était son jardin. Le professeur Risbec était peintre à ses heures et son fils étudiait les plantes. Tous deux avaient transformé le terrain qui entourait la maison en un délice de fleurs et de végétation tropicale riche de toutes sortes d'essences. Des arbres à large frondaison apportaient une ombre rafraîchissante. Emely ne savait pas si Richard resterait longtemps encore à Epi. Elle l'imaginait, à cheval, dans la plantation de Tiby... Pourquoi à cheval ? Elle eut une sorte d'angoisse qui lui tenailla la poitrine. Le soleil se couchait, sanglant, derrière le lagon d'Ouvéa. Quant à Edouard, deviendrait-il à son tour subrécargue pour Tiby ? Elle en reparlerait avec Tiby dès qu'elle le verrait.

À Epi, Richard vivait, somme toute, heureux.

Le cheval qu'il montait obéissait à son injonction. Encore quelques mètres et le cavalier aurait franchi la ligne d'arrivée, en vainqueur, comme d'habitude. Juste un dernier obstacle, un cocotier abattu. Pourquoi le cheval se déroba-t-il alors ? Richard s'envola et alla atterrir de l'autre côté, à plat ventre. Une douleur sèche au côté gauche. La boîte en métal des cigarettes Capstan dans la poche de sa chemise avait glissé et l'avait heurté à la hauteur de la rate. Un peu étourdi, Richard se releva.

– Ça va, les amis, rien de cassé.

En fin d'après-midi, vers 6 heures, tous les concurrents de la course se retrouvèrent pour se restaurer. Et faire une partie de poker peut-être ?

– Non, je ne me sens pas bien... Je crois que je vais aller me coucher, dit Richard.

– Dick, tu blagues ou quoi ? Bon, tu as perdu la course. Mais une fois n'est pas coutume. Ne sois pas vexé !

Richard s'effondra comme une masse. Un instant, on crut encore à une de ces plaisanteries dont il avait le secret. Ce Dick tout de même ! Où allait-il chercher tout ça ? Puis ce fut l'affolement. Courir au wharf, le mettre dans une pétrolette puisqu'il n'y avait pas de médecin à Epi et le conduire à Vila.

Richard mourut durant la traversée d'une hémorragie interne.

Tiby devait débarquer le surlendemain à Santo, pour affaires. Le délégué français qui connaissait, comme tout le monde, les liens de parenté entre Tiby et le jeune homme se chargea de l'informer du décès.

– L'un de vos directeurs a eu un accident, à Epi. Richard Pentecost... Il est décédé cette nuit.

Tiby Hagen, cet homme grand et costaud, aux allures de bon Bavarois, avec sa barbiche poivre et sel, vacilla. Puis il partit de son pas lourd, sur le wharf. Où aller, où être seul ? Comme un somnambule, il marcha le long du canal de Santo.

Où hurler ta douleur, Tiby des mers du Sud, sinon sur ces grèves tristes, belles et solitaires que tu connais si bien ? Richard, c'était ton enfant, ton tout-petit... Tu ne le lui avais même pas dit...

Emely ! Mon Dieu ! Il fallait lui annoncer le drame. Qui aurait le courage de le faire ? Il revint de son pas d'ours prêt à déraciner une forêt, força la porte de la Société portuaire. Où était le télégraphiste ? Tiby l'entraîna presque par le col jusqu'à son poste et lui fit envoyer un télégramme à Nouméa. À son frère. Puis il embarqua sur le *La Pérouse*, en partance le soir même pour la Nouvelle-Calédonie.

C'est Alby, Alby au grand cœur, qui, au matin, fut le premier prévenu. Comme Tiby, il savait le lien profond qui unissait les deux frères et il n'eut aucune peine à imaginer le gouffre de solitude qui s'ouvrirait devant Edouard. Il en éprouva une tristesse infinie. Après un long moment passé à laisser défiler le souvenir de deux gamins heureux sur la plage d'Ouvéa, il se décida à s'asseoir à son bureau pour écrire à Emely l'affreuse nouvelle, comme le lui avait demandé Tiby. Un bateau partait pour les îles Loyauté, il remettrait sa lettre au commandant. Puis Alby se rendit chez le pasteur Nissole. Il lui expliqua qu'il avait lui aussi, pendant la guerre, perdu un frère et qu'il connaissait trop bien la douleur d'un tel déchirement dans une vie. Mais il réalisait aussi que, pour Edouard, il n'y aurait pas d'autres épaules fraternelles pour accompagner sa peine. Il lui faudrait continuer seul son chemin, et un jour, veiller seul sur Emely.

– Pasteur Nissole, ajouta-t-il, mon autre frère Louis est revenu gazé de la guerre. C'est beaucoup, tous ces chagrins. Accompagnez-moi à la caserne pour m'aider à apprendre à Edouard Pentecost la mort accidentelle de son frère. Seul, je n'en ai pas le courage. Edouard aura peut-être aussi besoin de vous.

Le colonel, prévenu, mit son bureau à leur disposition et fit appeler Edouard qui reçut la nouvelle avec horreur et incrédulité. Son regard implorait celui du pasteur, espérant un hochement de tête qui contredirait l'inacceptable. Mais lorsque Alby lui tendit les bras, Edouard, en s'y réfugiant, comprit que son frère était réellement mort. Alby avait obtenu une permission exceptionnelle pour qu'il puisse partir à Ouvéa retrouver Emely. Accompagné du pasteur, il l'emmena à la maison de la vallée des Colons, chez Ballah. Ils la trouvèrent en pleurs. Alby l'entraîna dans le jardin et la supplia de s'occuper avec courage de son neveu visiblement très choqué par le décès de Richard. Ballah, de tempérament actif, comprit la demande d'Alby et le rassura. Il pouvait partir, elle allait s'occuper d'Edouard. D'instinct elle retourna dans sa cuisine et proposa au garçon un café chaud. Elle y ajouta quelques tartines de pain grillé. En s'agitant ainsi près de son fourneau, Ballah se retrouvait sur un terrain familier où il lui était plus facile d'évoluer et de parler. Elle parla d'abord doucement d'Emely, puis de Richard jusqu'à ce qu'Edouard l'entende et lui réponde. Cet échange était ponctué de longues plages de silence, comme si chacun prenait le temps de comprendre ce que l'autre venait de dire. Si, lentement, Ballah remettait la pensée d'Edouard sur des préoccupations pratiques qui jouaient le rôle d'amarres pour éviter toute dérive de l'esprit, il sembla à tous deux que la journée passait comme dans un brouillard, à la frontière de l'irréel.

Les ombres commençaient à s'allonger, la journée touchait à sa fin, lorsque la voiture remonta la rue de l'Alma. Alby était crispé au volant. Tiby, rentré de Port-Vila, lui racontait l'accident fatal de Richard.

– Où va-t-on ? demanda Tiby.

– À la vallée des Colons. Edouard est chez sa tante.

– Alors vite, dépêchons-nous, Alby.

Tiby se dirigea seul jusqu'au kiosque du jardin de Ballah. Edouard semblait l'attendre. Tiby le serra dans ses bras en murmurant :

– Mon petit ! Mon petit !

Ce fut la seule fois qu'Edouard, dans ses sanglots, laissa le mot « Papa » franchir ses lèvres.

Le soir libéra ce qu'il avait cherché à écarter ces dernières heures. Les larmes et la conscience de sa solitude l'envahirent d'un seul coup. Il éprouva un sentiment d'effondrement de sa vie, de ses projets, de l'avenir. Car c'était avec Richard qu'il avait imaginé cet avenir. C'était à Richard qu'il confiait ses espoirs, à lui seul. C'était ensemble qu'en riant, ils voulaient partir à la conquête de leur pays, qu'ils avaient dessiné son devenir et sa place dans le Pacifique, « dans le monde » avait ajouté Richard dans un élan déclamatoire. Comment Edouard pourrait-il, orphelin de son alter ego, poursuivre le rêve et entreprendre de le réaliser un jour ? Et Emely dans ce chaos ? Il n'osait pas imaginer Emely. Il s'endormit terrorisé à l'idée d'affronter son désespoir. Le bateau qui devait l'emmener à Ouvéa ne partirait que le surlendemain.

Henriette vint chez Ballah avec les camarades d'Edouard pour lui dire qu'elle partageait sa peine. Elle lui murmura aussi, discrètement, qu'elle irait le voir chez lui, dans sa chambre près des quais, dès son retour des îles.

La veille du retour d'Edouard à Nouméa, au cours du dîner, Paul Leyraud annonça qu'il avait une bonne surprise pour sa fille et sa femme. Ses deux filles aînées étant mariées, il avait décidé que, trois mois plus tard, Jeanne, Henriette et lui partiraient en France. Il envisageait un périple d'une année environ. Contrairement à son attente, Henriette ne bondit pas de joie. Il lui sembla même qu'elle paraissait consternée. Paul Leyraud, étonné de cette étrange réaction, mais peut-être avait-il mal interprété le silence et le regard d'Henriette, avança ses arguments :

– Tu es suffisamment en avance dans ta scolarité pour te permettre d'attendre un an... C'est une chance extraordinaire pour toi... Tu étais beaucoup trop jeune la fois précédente... Tu vas découvrir une foule de choses... pense à l'ouverture d'esprit que cela t'apportera... les musées, les expositions, Paris, que nous allons visiter...

Les mains sur ses genoux, Henriette serrait les poings, silencieuse. Elle venait de recevoir la plus catastrophique nouvelle jamais imaginée. Elle n'avait compris qu'une chose : pendant un an elle ne verrait pas Edouard.

Elle expliqua qu'elle avait très mal à la tête et demanda l'autorisation de sortir de table pour aller dans sa chambre. Elle ne voulut pas voir sur le visage de son père la déception étonnée mêlée de perplexité qui s'y était dessinée.

Comment aurait-elle pu expliquer à ses parents qu'elle aimait Edouard. Qu'elle était suffisamment grande et que peu lui importait si Edouard ne faisait pas partie de leur milieu. Il était intelligent, il était beau. Son sourire tout en bonté lui donnait un charme qu'elle jugeait exceptionnel. Mais à qui confier tout cela ? La dissimulation n'avait jamais été son arme. La crainte, le respect de ses parents, les conventions aussi l'avaient retenue jusque-là de le rejoindre chez lui. Mais aujourd'hui la perspective d'une séparation d'un an prenait des allures de cauchemar épouvantable ; et en plus il fallait que ce projet prenne place justement maintenant, alors que, seul, sans Richard, Edouard allait avoir besoin d'elle... C'était trop injuste. Elle forgea ces arguments une partie de la nuit, persuadée qu'ils seraient un plaidoyer imparable auprès de ses parents en cas de nécessité. Ce qu'elle n'osait pas s'avouer, c'était aussi sa crainte d'être oubliée par Edouard. Un an d'absence, c'était tellement long.

La bicyclette d'Henriette resta appuyée sur le mur du dock Hagen tout l'après-midi du lendemain.

Pendant un an, Paul Leyraud, au volant de la Voisin qu'il avait achetée peu après son arrivée en France, visita la France, accompagné de sa femme et d'Henriette. Plus que les musées, les expositions, Paris, Nice, Saint-Gaudens ou les paysages grandioses des Alpes et des Pyrénées, les lettres d'Edouard apportaient à Henriette ce souffle de bonheur secret qui rythmait ses impatiences d'un retour à Nouméa trop lent à venir.

Pendant ce temps Edouard, libéré de son service militaire, suivait les traces de son frère Richard. Il voyageait aux Hébrides et à Wallis en qualité de subrécargue pour le compte de Tiby. Il lui avait semblé naturel de reprendre ce poste qui avait été occupé par Richard avant lui. C'était, lui semblait-il, une marque de fidélité à son frère, un prolongement de leur vie commune. En mer, il repensait souvent à l'expression « mettre ses pas dans ceux de son aîné ». Il imaginait que les sillages qui se formaient à la poupe de sa goélette reprenaient très exactement l'empreinte des sillages gravés par les bateaux sur lesquels avait navigué Richard. Pour son premier voyage, Alby était monté à bord avec lui sous le prétexte de lui transmettre les dernières recommandations de Tiby. Alby avait été surpris du silence qui s'était répandu sur le pont dès qu'ils avaient franchi la passerelle et de la gravité de l'équipage lorsque Edouard avait serré la main de chacun d'entre eux. L'accueil aux escales avait été le même. Personne à bord n'osait prononcer le nom de Richard qui ne franchissait pas non plus les lèvres d'Edouard, même s'il le murmurait lorsqu'il était seul, le soir, dans sa cabine. Il fut reconnaissant à l'homme d'équipage étourdi qui, un jour, sans réfléchir, lui rappela que Richard aimait s'asseoir sur les cordages pour assister aux manœuvres d'accostage. Le marin réalisa tout à coup ce qu'il crut être un manque de tact. Il voulut s'excuser en commençant à balbutier une phrase confuse, mais Edouard le regarda avec tellement de gentillesse qu'il s'arrêta, la bouche ouverte. Une barrière venait de lâcher et Edouard, tout à coup libéré, interrogea le marin qui se souvenait si bien de Richard.

En arrivant à Santo, il aperçut Georges Denis qui attendait près des docks, les bras baissés le long du corps. Edouard fut frappé par son visage inquiet et tendu. Il se souvint de la dernière fois qu'il était passé à Santo, lorsque Georges avait organisé la journée à Ringdove avec Richard et qu'il s'agitait comme un diable sur le quai pour l'accueillir. Edouard réalisa à ce moment-là qu'il ne devait pas faire porter à d'autres le poids de sa propre tristesse. Elle devait rester sienne, uniquement sienne, silencieuse, tapie au fond de lui, secrète. Georges le vit franchir la passerelle lentement et fut impressionné par son calme et la sérénité apparente de son visage qui s'éclaira d'un sourire amical lorsqu'il mit pied à terre et l'embrassa.

Au cours de ses escales à Nouméa, Edouard passait de longs moments dans la boutique étroite et un peu obscure du vieux M. Lefevre, rue de l'Alma. M. Lefevre avait installé des planches le long des murs de son local sur lesquelles étaient exposés des livres qu'il vendait. Il recevait aussi par le paquebot des Messageries maritimes des revues, des hebdomadaires et une semaine de quotidiens aux nouvelles refroidies de quarante-cinq jours de mer dans le meilleur des cas. Edouard, comme certains à Nouméa, se précipitait vers ce souffle d'air venu du bout du monde. Sur place, il feuilletait, il lisait, il écoutait, il observait. Il regrettait le décalage qui existait entre les goûts des lecteurs et les titres que le vieux libraire recevait, entre le plaisir de ces acheteurs de lectures de s'attarder dans la boutique et l'indifférence de M. Lefevre à leurs conversations, entre son bonheur de lire et l'accueil inexistant réservé aux visiteurs. Mais il venait là souvent et restait longtemps parce qu'il s'y sentait bien. Un matin, impulsivement, il interrogea M. Lefevre :

– Comptez-vous vendre un jour votre commerce ?

– Pas pour l'instant, mais peut-être plus tard. Ça vous intéresse ? Oui, je suis sûr que ça vous intéresse. C'est d'accord, vous serez le premier informé, je vous le promets.

Mais quel en serait le prix ? se demandait Edouard. Où trouver l'argent nécessaire ? Les chiffres se télescopaient dans sa tête, entre les suppositions du coût d'un tel achat et le montant de son salaire de subrécargue.

Les semaines, puis les mois défilèrent et enfin entra dans la brèche de la Havannah qui ouvre le lagon le paquebot sur lequel avaient embarqué à Marseille Henriette et ses parents. Elle n'aurait plus besoin de retirer discrètement de son sac la photo d'Edouard qu'elle lui avait arrachée le jour de leurs adieux. Une photo où on le voyait assis sur le pas d'une porte, en bras de chemise, avec une cravate rayée, un visage hâlé, songeur, peut-être un peu triste, sous son borsalino au large ruban. Le port, dominé par sa majestueuse cathédrale, apparut, démasqué par les longues îles qui le protégeaient.

– C'est quand même tout petit, Nouméa, songea brusquement Henriette.

Son père consentit à lui prêter ses jumelles. Il y avait toujours du monde pour assister à l'arrivée des paquebots. Elle balaya le quai dans tous les sens. Edouard n'était pas là.

La Voisin avait été déchargée. Ils rentrèrent chez eux, dans leur nouvelle maison du faubourg Blanchot, en empruntant la rue de l'Alma, nouvellement goudronnée. Où était Edouard? Henriette prit juste le temps d'obtenir la permission d'aller en ville, grimpa sur sa bicyclette et partit à sa recherche. Si ses sentiments pour lui étaient intacts, qu'en était-il pour Edouard? Secret, Edouard? Ou simplement prudent? Au premier regard elle avait aimé ce jeune homme. Elle avait été éblouie par l'élégance de son allure déliée et naturelle, par la beauté de son visage et la lumière qu'il semblait irradier. Jamais elle ne pourrait être plus amoureuse qu'aujourd'hui, pensait-elle. Aucun autre garçon ne pourrait avoir autant de séduction à ses yeux. Son sourire au charme infini était comme une caresse qui la faisait fondre de bonheur lorsqu'il la regardait. Elle aimait sa gentillesse et sa douceur. Et puis tout ce que disait Edouard lui plaisait. Elle le trouvait très intelligent. Elle était fière de son bon sens. Comme elle, il aimait la vie et voulait faire de la sienne une réussite pour lui, pour Richard, pour Emely, disait-il avant l'accident de Richard. Pour elle aussi peut-être un jour? pensait-elle. Maintenant Richard n'était plus là. Comment se remettait-il de la mort de son frère? Mais aujourd'hui l'important était de le retrouver, de retrouver son regard et de s'assurer qu'Edouard pensait toujours à elle. Pourvu qu'il soit tel qu'elle l'avait laissé, un an auparavant. Bien sûr, les lettres qu'elle avait reçues au cours de ce voyage lui avaient apporté, à chaque fois, un apaisement, en la rassurant sur les sentiments qu'il disait éprouver pour elle. Mais une fois les feuilles repliées dans leurs enveloppes, Henriette redevenait impatiente de nouvelles assurances et d'un retour immédiat. Pourvu qu'une autre Clarisse, en son absence, ne soit pas venue lui faire du charme. Edouard était si beau. Même les garçons étaient obligés de l'admettre, du bout des lèvres peut-être, mais ils l'admettaient.

Edouard fut surpris par le sourire radieux et le regard pétillant d'Henriette. Il inventoriait des marchandises au fond d'un dock lorsqu'elle avait surgi de nulle part. Il fut étonné par l'intensité de la joie qu'il en éprouva. Aussitôt, adieu les résolutions prises en son absence et qu'il avait tues dans ses courriers, adieu les sentiers austères de la raison.

Les apparences furent sauves pendant quelques mois. D'un tacite accord, une discrétion de bon aloi fut observée avec soin. Jusqu'au jour où Paul Leyraud appela Henriette dans son bureau. Cette invitation n'était pas ordinaire, Henriette le pressentit tout de suite. Son père tenait une lettre à la main, renvoyée de France avec son courrier. Par mégarde, il l'avait ouverte avec le sien. Elle reconnut l'écriture d'Edouard.

– Qui est cet Edouard qui t'écrit ce genre de lettre ? questionna de but en blanc son père qui tenait à la main la feuille de papier dépliée alors que le regard d'Henriette était attiré par l'enveloppe, coupée soigneusement, qui s'étalait en une immense tache claire sur son bureau.

Ce face à face avec l'ancien maire de Nouméa « qui n'avait pas voulu prévenir sa femme pour ne pas lui faire de peine » fut pour Henriette une épreuve qui dépassait de loin toutes les angoisses qu'elle avait connues jusque-là. Pourtant si le calme de son père était impressionnant, elle fut étonnée de l'attention et de la gravité de son regard lorsqu'il avait posé sa question.

Paul Leyraud avait vite deviné que cet Edouard était le jeune Pentecost. Il le convoqua pour lui demander de lui restituer toutes, « je dis bien toutes », les lettres que sa fille avait pu lui envoyer. Il fut cependant troublé de son entretien avec Edouard. Ce n'était pas celui qu'il s'attendait à trouver devant lui. Il fut étonné par son regard franc, sa voix posée, son allure tranquille d'homme réfléchi. Et puis, il devait bien reconnaître que physiquement... ma foi... il n'était pas mal non plus, bel homme pour tout dire. Son teint hâlé... peut-être...

Edouard lui promit de lui rapporter les lettres de sa fille. Paul Leyraud lui fit confiance. Ensuite, il serait toujours temps d'envoyer Henriette en France faire des études... de pharmacie, souhaitait son père. L'éloignement, rien de tel pour calmer les ardeurs.

Le jour convenu, Edouard se présenta, les mains vides.

– Monsieur, si je vous avais apporté ces lettres, vous les auriez brûlées, n'est-ce pas ?

– Bien sûr !

– Alors je l'ai fait moi-même.

Il n'osa pas ajouter que ces lettres lui étaient destinées. Henriette n'aurait sans doute pas souhaité que son père les lise.

Paul Leyraud crut Edouard. À juste raison. Mais il lui demanda dorénavant de porter ses regards ailleurs et de laisser sa fille poursuivre ses études : il fallait qu'elle passe son bac. Elle avait à peine quinze ans.

La nature et l'indépendance d'esprit d'Henriette, son amour enfin pour Edouard furent autant de raisons qui vinrent contrarier les souhaits raisonnables de ses parents et les projets qu'ils avaient élaborés pour elle. Pour eux tout était entré dans l'ordre. Ils n'avaient pas imaginé l'inéluctable.

Quelques mois plus tard, Henriette se précipita chez Edouard pour lui annoncer qu'elle attendait un enfant. Même prévisible, cette situation n'avait pas été envisagée ni par elle, ni par lui ; en tout cas, pas dans sa réalité et dans ses conséquences immédiates. Le premier choc passé, il fallait aviser. C'est-à-dire informer Paul et Jeanne Leyraud. Mais, si les informer était une chose, qu'allait-il arriver ensuite ? Aux yeux de la bonne société calédonienne, Edouard n'était qu'Edouard, un jeune métis, sans compétence particulière, n'évoluant à ses côtés que sur les stades de football ou au cours de matches de water-polo. La ville chuchotait bien parfois le nom présumé du père, mais aujourd'hui tout le monde admettrait avec complaisance qu'il n'en avait même pas !

Edouard la regarda en silence. Elle pouvait lire ses pensées sur son visage. Un enfant, maintenant, alors qu'il avait à peine les moyens d'envisager une vie à deux. Vivre à deux, c'était déjà épouser Henriette. Comment M. et Mme Leyraud réagiraient-ils lorsqu'il irait leur demander sa main ? Et Henriette, le voudrait-elle ? Mon Dieu, elle avait à peine seize ans. Lui n'en avait que vingt-trois. Qu'arrivait-il ? Déjà chef de famille ! Comment faire face à ces responsabilités qui tombaient sur ses épaules alors qu'elles ne faisaient pas encore partie de ses projets immédiats ? Que dire à Henriette ? Il était évident qu'il ne l'abandonnerait pas. Mais il imaginait déjà les réactions que ferait naître cette situation : « Si je t'épouse, tes parents penseront que c'était un calcul de ma part, si je ne le fais pas, je passerai, à leurs yeux, pour un beau salaud ! »

Ils décidèrent de se partager la redoutable épreuve ; Edouard irait voir Paul Leyraud, et Henriette annoncerait la nouvelle à sa maman. Au même moment. Puis Edouard se rendrait chez Tiby et Alby Hagen.

Henriette n'avait pas imaginé voir ses parents aussi bouleversés. Leur fille était si jeune. Et avec ce jeune homme en plus. Mais ils n'en firent pas le drame qu'elle avait craint. Ils cherchèrent surtout une solution avec elle, en lui proposant de choisir ce qui pourrait encore être son devenir :

– Henriette, tu peux partir en France, mettre ton enfant au monde là-bas, passer ton bac et entreprendre des études de pharmacie par exemple. Sinon, tu dois épouser rapidement Edouard Pentecost.

Edouard et Henriette discutèrent longuement de la proposition des Leyraud. Leur offre était généreuse. Mais l'idée d'abandonner Edouard consternait Henriette. Elle le dit à ses parents.

Jacques Lomont, grand ami de Paul Leyraud, fut son témoin, Alby Hagen fut le témoin d'Edouard. Ils se marièrent le 13 septembre 1932. Henriette portait une robe à jupe plissée, couleur vert d'eau. Après la cérémonie, ils burent une coupe de champagne dans l'intimité, chez les parents d'Henriette, et regagnèrent ensuite la petite maison de l'Orphelinat que la maman d'Edouard avait mise à leur disposition.

Avec détermination, Henriette commença à faire face aux difficultés que tous deux rencontraient. Si leurs moyens financiers étaient limités, ils découvraient aussi que les conventions avaient éclairci le rang de leurs amis ou de leurs relations. Dans le quartier de l'Orphelinat, pourtant, Henriette commença à rencontrer ses voisins. Elle attendrissait par sa jeunesse et son inexpérience. Edouard et elle accueillirent avec reconnaissance la sollicitude qu'on leur témoigna alors avec un tact discret et chaleureux. Pour sa part, Emely, même loin, faisait preuve d'une attention silencieuse en leur envoyant d'Ouvéa des légumes, des fruits et des morceaux de porc cuits conservés dans du saindoux.

Paul Leyraud veillait aussi sur eux. À sa manière. Il veillait sur elle et sur Edouard, sans se prêter au jeu de l'assistance quotidienne. Il demanda à Tiby Hagen qu'Edouard cessât ses voyages sur les Wallis... Les longues absences... les bateaux pas toujours vraiment sûrs... un méchant coup de vent était si vite arrivé...

Mais Edouard et Henriette taisaient leurs difficultés de tous les jours. Leurs moyens trop limités rendaient leur vie compliquée tant ils devaient composer avec parcimonie. L'ancien maire de Nouméa le comprit et s'affola le jour où Edouard vint lui dire qu'Henriette et lui envisageaient de rejoindre Emely à Ouvéa « faire du coprah » pour essayer d'augmenter leurs petits moyens. En organisant ce départ, Edouard alla dire au revoir au vieux Lefevre. Il savait que là-bas, aux îles, ses visites à la boutique de livres lui manqueraient. Il s'y rendait depuis tellement longtemps dès qu'il avait un moment. Il avait pris l'habitude d'y entrer lorsqu'il passait devant, simplement pour l'odeur des journaux fraîchement déballés. Il fallait qu'il trouve le moyen, à Ouvéa, de continuer à lire cette presse venue de France. Comment la recevoir, là-bas ? Il en parla à M. Lefevre.

– Vous ne la voulez plus, ma librairie ? lui demanda le libraire étonné. Ma femme et moi devenons trop vieux. Nous sommes fatigués. Je comptais vous la céder... comme promis. Cinquante mille francs.

Henriette alla trouver son père. Paul Leyraud l'écouta à peine, trop heureux de voir ainsi s'éloigner ce projet de départ aux îles qui le consternait. Il cherchait lui-même discrètement le moyen de l'éviter. Il prêta immédiatement les cinquante mille francs nécessaires à cette acquisition. Edouard continua à travailler chez Tiby, et Henriette commença à s'initier au métier de libraire. M. Lefevre resta quelque temps pour lui transmettre son savoir-faire. Avec les marchandises destinées à sa propre société, la Havraise, Paul Leyraud faisait charger, dans son camion, au débarquement des bateaux venus de France, les sacs gonflés de journaux, les colis de livres et de papeterie. Il les faisait livrer à la librairie. La seule de Nouméa. Edouard venait prêter main-forte dès que son emploi du temps chez Tiby le lui permettait. Il déballait ces trésors avec gourmandise. Tout en classant la presse pour sa distribution, il ne pouvait pas résister au plaisir d'en feuilleter rapidement certains titres sachant lesquels il reprendrait ensuite pour une lecture plus attentive. Il se promettait d'aller un jour avec Henriette, lorsqu'ils en auraient les moyens, rencontrer en France les gens de chez Hachette et des Messageries avec qui il s'était mis en rapport dès la reprise de la librairie.

Henriette avait si souvent entendu chez elle son père parler de la brousse et des gens qui y vivaient, isolés pour la plupart d'entre eux, qu'elle imagina avec Edouard d'organiser un service de livraison de journaux et de livres pour les broussards qui en commanderaient. Très vite, les clients furent sensibles à l'atmosphère de jeunesse qui commençait à régner dans la librairie. Cette métamorphose tenait à la vitalité, aux rires et à la gentillesse qu'Henriette et Edouard manifestaient à leurs clients. Elle disposait les livres selon son propre goût, apprenait ceux de ses lecteurs, lisait, discutait, vivait. Elle installa trois jolies chaises pour permettre à ceux qui souhaitaient feuilleter un ouvrage de le faire confortablement. Elle découvrit que ce confort incitait aux conversations et resserrait des liens encore timides. Ainsi, tout doucement, le nombre de ses clients augmenta ; ceux de la brousse comprirent vite qu'elle était attentive à leurs demandes, à leurs besoins. Une correspondance régulière avec eux fit partie de sa nouvelle activité, de ses nouveaux plaisirs.

La contrepartie de ce développement était une trésorerie qui avait du mal à se constituer. Les commandes prennaient de l'importance. Les fournisseurs présentaient avec ponctualité leurs factures qu'il fallait honorer rubis sur ongle. Edouard et Henriette jonglaient entre les urgences, les besoins réels et le superflu. À proximité de la librairie, rue d'Austerlitz, vivait un couple sans enfant, les Combes. Ils tenaient un restaurant. Une méchante poliomyélite avait fait de M. Combes un paralysé qui ne se déplaçait plus qu'en chaise roulante. Ayant appris qu'il lisait beaucoup, Henriette vint régulièrement lui prêter des livres que sa femme rapportait avec reconnaissance. C'est en venant ainsi à la librairie que Mme Combes constata la frugalité des repas de ces jeunes libraires. Le geste d'Henriette envers son mari l'avait tellement touchée qu'elle prit l'habitude de leur faire porter tous les jours de son restaurant leur déjeuner.

Un beau garçon aux yeux bleus naquit quelques mois plus tard, en février 1933. Michel. Puis ce fut le tour de Claude, deux ans après. Une petite fille joufflue et souriante. Leur soin fut confié à une jeune Javanaise, fille aînée d'une famille nombreuse déjà habituée à s'occuper de front d'une demi-douzaine de frères et sœurs.

N'avoir à veiller que sur deux enfants seulement relevait pour elle d'une sinécure des plus agréables. La librairie prenait de l'importance, retenant Henriette de plus en plus tard. Chaque jour elle voyait arriver de nouveaux clients. Le travail en était décuplé. Elle ne pouvait plus l'assumer seule. Edouard, constatant que la rentabilité de l'affaire avait augmenté dans des proportions satisfaisantes, put abandonner complètement son activité chez Tiby. Il rejoignit Henriette. Tous deux s'attachèrent à cette librairie devenue « librairie Pentecost » et l'aimèrent profondément. Ils la développèrent avec sollicitude, y consacrant, au début tout au moins, une grande partie de leurs dimanches. Elle leur apportait un enrichissement intellectuel qu'ils recherchaient. Elle leur offrait le bonheur de rencontrer de nombreuses personnes. Celles qui aimaient lire, s'informer, apprendre. Ils se firent ainsi de nouveaux amis qui agrandissaient le cercle des sportifs dans lequel Edouard avait jusque-là beaucoup évolué.

Edouard avait repris son entraînement au football comme au water-polo. Il aimait ces sports d'équipe où chacun apportait son talent à une réalisation collective. Dans les îles, il avait toujours regardé faire, enfant, ceux qui construisaient les cases, alliant leurs « métiers » pour édifier refuge familial ou maison commune. Un match était aussi la construction d'une case. Il avait souri lorsqu'un jour, expliquant cela à un de ses amis, celui-ci lui avait dit : « Et lorsque ton équipe gagne, tu as l'impression de mettre la flèche faîtière au sommet de la case. » C'était vrai.

Les entraîneurs et présidents sportifs avaient réussi à convaincre les édiles d'aménager un terrain de football plus digne que l'aire chaotique près des quais, source de blessures injustifiées au cours des entraînements. Le jour de l'inauguration du nouveau terrain, au stade vélodrome Brunelet, le public fut impressionné tant le gazon était vert et les tribunes spacieuses. Les supporters étaient venus nombreux. Ils se régalaient à l'avance de l'affrontement programmé entre l'équipe de l'Impassible et celle de l'Indépendante conduite par Pierrot Dupont. Ce match inaugural, fatal pour l'Impassible, marqua le début des nombreuses victoires que l'Indépendante remporta par la suite. Ainsi, l'année de la naissance de son fils Michel, l'équipe dans laquelle jouait Edouard fut sacrée championne de Nouvelle-Calédonie. Sur sa lancée, elle fit parler d'elle pendant vingt ans.

Mais la consécration ne pourrait venir que d'affrontements avec des équipes venues d'ailleurs. La Nouvelle-Calédonie allait inviter sur son terrain des équipes australiennes de football, mais dans un premier temps elle envoya une sélection de joueurs de waterpolo à Sydney, chez ces redoutables champions internationaux qui avaient été bien près de décrocher une médaille aux jeux Olympiques de Los Angeles, l'année précédente. Le président, l'entraîneur et les joueurs non encore sélectionnés faisaient déjà l'objet de polémiques dans la presse locale. Mais nul, en tout cas, ne contestait le capitaine de l'équipe désigné : Edouard Pentecost.

Quand les joueurs de water-polo embarquèrent, trois semaines après la naissance de Michel, sur le charbonnier *Saint-Vincent-de-Paul*, ils furent surpris du nombre de personnes venues sur le quai pour les encourager. Les jeunes Calédoniens disputèrent trois matches, contre trois provinces australiennes. À Nouméa, les rares postes radiophoniques retransmettaient les résultats. Quand le score du premier match tomba : 7-4 pour les Australiens, on se dit qu'on n'avait pas à rougir et que ce n'était pas si mal. Au résultat du deuxième match, perdu 3 à 2, un fol espoir fit frémir l'île. Mais la joie éclata comme un coup de tonnerre à la fin de la troisième rencontre contre la Nouvelle-Galles du Sud : 1 partout. Ce n'était pas un match nul, c'était déjà plus qu'une victoire. Un triomphe. L'équipe menée par Edouard Pentecost « avait tenu en échec » les Australiens chez eux, dans leur piscine. « Et les Australiens... leur piscine... c'était autre chose que le bain militaire », renchérissaient les supporters.

Henriette, chez ses parents, attendait, impatiente, le retour des héros, de son héros. Si le comportement de l'équipe justifiait l'enthousiasme des Calédoniens, Edouard ne pouvait qu'en sortir grandi aux yeux de ses parents, pensait-elle aussi. Il lui semblait que ce retour allait ancrer un peu plus dans leur esprit la famille qu'elle formait maintenant avec Edouard et le petit Michel. Mais ce jour-là un cyclone était annoncé rôdant près de la Grande Terre. Inquiète, Henriette était assise avec son fils dans ses bras sur les marches de l'escalier de la maison. Son amie Didine Lafleur, habitant la rue voisine, avait son bébé Jacques dans les siens. Elle était venue lui tenir compagnie. Toutes deux surveillaient le sémaphore qui annoncerait le retour de l'équipe. Le bateau entra dans le port de Nouméa alors même que l'alerte cyclonique était déclenchée.

Après le retour d'Australie des sportifs calédoniens et de leur capitaine, les clients franchirent encore plus allégrement le seuil de la librairie. Beaucoup d'autres Nouméens en prirent le chemin. De la culture physique à la culture tout court, la distance n'avait mesuré qu'une longueur de bassin. Ni Henriette ni Edouard n'avaient prévu ce résultat.

Mais Edouard, même inconsciemment, gardait présentes dans sa mémoire les lectures des revues feuilletées cent fois, le soir, à la mine Chagrin, puis, pendant son service militaire à Nouméa, celles des journaux, hachés de réclames, qui vantaient les mérites des progrès techniques mis au service des hommes. Les réfrigérateurs par exemple, ça c'était une fantastique invention. Edouard rêvait d'en faire venir. Si les foyers américains s'équipaient en réfrigérateurs, pourquoi pas ceux des Calédoniens ? pensait-il. Edouard était commerçant. Cette opération lui semblait promise à un réel succès commercial, mais il se réjouissait en même temps du confort que ces appareils apporteraient à Nouméa et en brousse.

Henriette reprit le chemin du bureau de son père. L'emprunt des cinquante mille francs lui avait été remboursé rubis sur ongle, intérêts compris. Elle lui exposa le projet d'Edouard : importer des réfrigérateurs et, dans la foulée, des postes de radio.

– Mais vous rêvez, mes enfants ! C'est pure folie. Il y a ici La Glacière, une petite usine qui fabrique des barres de glace et qui les livre devant les maisons. Moi, les cinq kilos déposés chaque matin devant ma porte me suffisent amplement. Ce n'est pas compliqué de vider deux fois par jour le bac qui se remplit de la glace fondue sous la glacière. Personnellement, je ne vois pas l'intérêt d'acheter un réfrigérateur. Ne compte pas sur moi pour vous prêter l'argent nécessaire à une telle aventure qui me paraît, tout compte fait, bien hasardeuse. Dis-le à Edouard.

Si Edouard comprit le point de vue de son beau-père, il ne fut pas ébranlé dans ses convictions et décida alors de prendre le chemin de la banque. Celle-ci suivit.

La réserve de la librairie fut aménagée et un réfrigérateur mis en exposition. Les curieux purent constater qu'il faisait de la glace « tout seul ». Intéressé malgré tout par l'initiative de son gendre, Paul Leyraud suivit avec lui attentivement la progression du froid dans l'appareil exposé. Beau joueur, il acheta le modèle, ce premier réfrigérateur de Nouvelle-Calédonie.

Il fallut rapidement agrandir le local de vente qui prit des allures de grand magasin. Le nom qui fut choisi était explicite : Electric-Radio. Ces deux mots accolés étaient aussi synonymes de progrès et de modernisme. Edouard voulait que les postes de TSF qu'il vendrait en brousse relient Nouméa à ces vallées perdues, donnent à leurs habitants isolés des informations essentielles et surtout fassent naître entre les Calédoniens dispersés des relations qui rassembleraient, en un tout, ce pays morcelé.

L'activité déployée par Henriette et Edouard à partir du jour où ils étaient devenus libraires avait été impressionnante. Les levers à 5 heures, puis les contraintes ménagères, le parcours à pied jusqu'à la rue de l'Alma et le nettoyage de la librairie aussitôt après précédaient son ouverture une heure et demie plus tard, lorsque Henriette, satisfaite de l'ordre mis, passait une robe fraîche et que le rideau métallique était levé. La préparation des envois aux abonnés, la mise sur pied d'une bibliothèque de location de livres qui enchantait les broussards et un accueil souriant tout le reste de la journée furent la vie quotidienne d'Henriette pendant quelques années. Aujourd'hui, elle venait de passer son permis de conduire une automobile. Elle eut une pensée reconnaissante pour ceux qui de temps en temps lui avaient évité le retour du soir chez elle, à pied, en la reconduisant dans leur voiture.

La banque, silencieuse, observait attentivement ces jeunes qui développaient avec enthousiasme et imagination leurs commerces. Affaire à suivre. Mais Edouard n'avait pas eu besoin de stratèges de la finance pour considérer que l'argent, pour se multiplier, ne devait surtout pas « dormir ». Il voulait déjà réinvestir ce qu'il avait gagné. Il flairait le vent, cherchant où devait se porter son regard et quel sentier il devait prendre qui le conduirait d'une façon ou d'une autre, mais un jour certainement, sur les massifs miniers.

Edouard voyait souvent Tiby avec qui il discutait du développement de leur île et des prises de position des élus sur les grands travaux lancés et ces routes à faire ou à ne pas faire. Il était convaincu que l'automobile était un formidable progrès qui raccourcirait de plus en plus les distances pour les déplacements des hommes et les transports des marchandises. Ses premières expériences commerciales – les livres, les appareils de TSF, les réfrigérateurs – avaient été concluantes. Edouard était décidé à ne pas abandonner cette voie. Les acheteurs d'automobiles n'étaient pas nombreux. De l'avis de tous, des dilettantes qui roulaient pour leur plaisir. L'intérêt et l'avenir de ce moyen de transport n'étaient pas encore évidents à leurs yeux. En brousse, les pistes, plus que des routes, ne s'y prêtaient pas non plus.

Mais, pour Edouard, ces considérations étaient des notions révolues. Les journaux américains en parlaient. Ils racontaient ces usines de montage qui partaient de la tôle et, en fin de chaînes, livraient des voitures. Tiby, qui représentait la marque française Citroën, ne voyait lui aussi dans la conduite automobile qu'un loisir réservé à une élite. Question de génération, pensait Edouard, ajoutant mentalement : « Pas étonnant qu'il n'en vende pas plus. » Tiby avait bien organisé avec les autres concessionnaires des gymkhanas au vélodrome de l'anse Vata, avec chars fleuris, exercices d'équilibre, défilés de mode. Des jolies femmes descendaient prudemment des limousines et des torpédos, soucieuses de leur capeline, de leur démarche et de celle du chien qui leur avait été confié au bout d'une laisse. Mais, aux yeux de Tiby, c'était davantage pour le plaisir d'offrir un spectacle en collaboration avec la mairie que pour promouvoir son entreprise commerciale et dynamiser les ventes. Edouard aussi appréciait ces manifestations, mais il était persuadé qu'une automobile, comme un tracteur, comme un camion, c'était un outil de travail, et que la Calédonie en avait besoin.

Alors il repartit faire le siège de Tiby, essayant de le convaincre une nouvelle fois de lui céder la marque. Mais Tiby hochait la tête en souriant. Il voulait garder Citroën. C'était son jouet. Il adorait en esthète les voitures, les carrosseries, le bruit des moteurs. Pour ce qui était de la vente...

– Mais enfin, Tiby, rends-toi compte, la Croisière jaune, ce n'était pas seulement une aventure. Il fallait sauter sur l'occasion. Il y a eu quand même des moments passionnants. La traversée du Tibet, la rencontre avec Teilhard de Chardin. Et la mort du chef de l'expédition à Hong Kong. Citroën, on en parlait ! Les gens ont suivi chaque épisode de cette expédition comme un feuilleton dont ils ne voulaient rien perdre.

– Où veux-tu en venir avec ton rappel de la Croisière jaune ?

– Les chenilles, Tiby. Les chenilles. Tu ne crois pas que les massifs miniers ici en auraient besoin, des chenilles ? Fais venir des camions à chenilles. Ils ont quand même traversé le Népal, ces engins. Ils pourront bien traverser le col des Roussettes.

– Edouard, tu es trop pressé. Il faut laisser aux gens le temps de s'adapter. Les Calédoniens comme les autres. Il faut aussi que les pistes soient aménagées pour permettre à ces véhicules de rouler. Tout ça prend du temps.

– Tiby, si tu décidais de te séparer de Citroën, parle-m'en, concluait Edouard patiemment.

Tiby Hagen continuait à sourire. Pourquoi s'en séparerait-il ? C'est vrai, cette affaire marchait doucettement, mais que savait Edouard sur le bonheur de s'asseoir sur un siège souple à l'odeur de cuir ? Pourquoi voulait-il à tout prix imaginer qu'en brousse, les camions, les chenilles, séduiraient les exploitants ? Il fantasmait, Edouard.

Edouard ne fantasmait pas. Il ne se décourageait pas non plus. Un jour ou l'autre, Tiby céderait. Alors, lui ferait venir ces « tractions avant » que Tiby avait négligé d'importer.

Edouard en reparlait souvent ; il observait ; il attendait. Et cette idée commença à germer tout doucement dans l'esprit de Tiby. En tout cas Tiby sentit la nécessité de relancer ses entreprises qui commençaient à s'assoupir. Il prit un associé, capitaine au long cours, Georges Gaudriault. Cet homme avisé vit tout de suite que la société Hagen Frères ne faisait bien que ce qu'elle savait faire : naviguer. Gaudriault élagua. Pour Citroën... son jeune Edouard qui montrait une belle aptitude au commerce... Après tout, pourquoi pas ? Il était candidat depuis si longtemps, avait dit Tiby.

– Edouard, c'est d'accord !

Edouard ne fut pas pris au dépourvu. Il avait déjà échafaudé dans sa tête la façon dont il vendrait des voitures et comment il soutiendrait ces ventes par une assistance technique, l'installation d'un atelier de réparation. Et puis de la voiture au camion, il n'y avait qu'un tour de roue. Il suffisait de s'adresser directement au constructeur. Un local était disponible tout en bas de la rue de l'Alma, tout près des quais. Pour le nom du magasin de vente de ces voitures Citroën, il s'inspira de celui de la rue ; ce fut Agence Alma, sous l'appellation de laquelle il pourrait regrouper d'autres marques. Et pour l'atelier de réparation, tout à côté, ce fut Méto qui rassemblait en un mot les activités que cet atelier regrouperait : Mécanique-Électricité-Tôlerie-Outillage.

Ces nouvelles installations étaient situées au bout de la rue, contre les quais. De là, Edouard voyait glisser, dans la baie, les minéraliers chargés de grands tas coniques d'une terre rouge qu'ils allaient déverser un peu plus loin à l'usine de Doniambo. Il avait à chaque fois l'impression que ces cargos transportaient des îles, des îles toutes de nickel !

Les bras du sémaphore ne bougeaient plus que rarement pour signaler des navires en provenance d'Australie ou d'ailleurs. Mais il ne faisait plus le plus célèbre de ses mouvements : « courrier de France ». La guerre déclarée en Europe, la France prise dans ce cyclone, c'en était fini des liaisons maritimes qui, au fil du temps, avaient relié régulièrement la Nouvelle-Calédonie à la métropole. Quant à l'émission radio sur les arrivées, elle était de plus en plus brève.

Difficile de comprendre l'évolution de cette guerre européenne, que personne ne songeait à trouver « drôle ». Surtout quand on apprit que Marcellin Lacabanne, l'équipier de foot et de water-polo d'Edouard, engagé dans les corps francs, avait été blessé mortellement à Amiens, première victime calédonienne du deuxième conflit mondial.

La Nouvelle-Calédonie était seule au monde. Et puis il y eut ce jour de juin 1940 qui acheva d'assommer l'archipel : la France avait perdu la guerre, les troupes allemandes entraient dans Paris. Tout cela, on l'apprenait par la radio australienne qui, elle-même, ne le savait que par les rares nouvelles venues d'Angleterre. Deux noms français revenaient quelquefois dans ces émissions : Pétain et de Gaulle.

Les courriers en provenance de métropole s'étaient espacés, puis avaient disparu complètement. La librairie en subit le contrecoup. Elle n'ouvrait plus que quelques heures par jour, pour distribuer les journaux locaux réduits à la portion congrue et pour assurer le service de la bibliothèque de prêt. Mais les gens continuaient à y venir malgré tout pour discuter politique et répéter quelques échos parvenus d'Europe. Bientôt les rideaux furent fermés presque toute la semaine ; il en fut de même pour l'Agence Alma. Seul l'atelier de réparation fonctionnait encore. Et la famille Pentecost fit comme toute la population calédonienne : elle survécut. Des solidarités se renouaient. On découvrait que la nature n'avait pas été ingrate avec la longue île, véritable corne d'abondance. Mais aussi que le travail de l'homme y était pour beaucoup : le café et le riz qui avaient coûté tant de peine et de sueur, le bétail que les stockmen conduisaient et rassemblaient inlassablement dans les prairies. Les cerfs proliférant dans la montagne. Ils étaient même devenus un véritable fléau pour les cultures. Fléau et plat national.

L'économie du territoire se trouvait en péril. Coupée de la France et de l'Europe, ses débouchés traditionnels, où et à qui la Calédonie allait-elle vendre son nickel ? En cette période d'armistice, les Japonais étaient bien preneurs, mais on savait aussi leur sympathie pour les Allemands. Pourtant ils se proposaient, si les Calédoniens acceptaient de leur vendre du minerai, de leur acheter aussi le café produit dans les caféries de brousse et même le coprah stocké dans les cocoteraies. Mais l'arôme des grains d'arabica exportables n'influença pas la décision du gouverneur de ne faire commerce qu'avec des pays alliés. La Société Le Nickel, devenue récemment le seul fondeur métallurgiste du territoire, dut tourner le dos à l'Empire du soleil levant et porter son regard vers l'Australie.

La Société Le Nickel n'avait en effet commencé à vivre sa situation de monopole que trois ans plus tôt. Née en 1880 par l'association de Jules Garnier, John Higginson et la Banque Rothschild, elle avait acheté, en 1919, aux héritiers de Lucien Bernheim, riche propriétaire minier, leurs parts minières dont ils n'avaient que faire. Se retrouvant alors à la tête d'un domaine minier important, la SLN fut en même temps en mesure de construire une usine électrométallurgique à l'embouchure de la Yaté. Elle devenait ainsi concurrente de la société des Hauts Fourneaux exploitant la fonderie de Doniambo à Nouméa que la famille Ballande avait créée. Cependant la crise mondiale des années trente, la concurrence internationale menée par le canadien International Nickel et l'anglais Mond Nickel Co. amenèrent les deux fondeurs locaux à s'entendre. Question de survie. La survie ne profita en fait qu'à l'un des deux. Progressivement, la SLN prit le contrôle du holding qui avait été créée dans un souci d'économie de moyens. Puis sous le regard averti de la banque, d'étape en étape, elle finit par acquérir les parts que les Établissements Ballande détenaient encore dans l'usine de Doniambo. C'est ainsi que deux ans avant la déclaration de la guerre la Société Le Nickel s'était retrouvée seule en Nouvelle-Calédonie pour réduire en lingots, sur un territoire disposant d'une richesse nickélifère considérable, ces tonnes de minerai dont elle devait partager encore tout de même l'extraction avec de *petits* exploitants.

Forte de ce monopole, la SLN avait décidé d'abandonner l'exploitation de l'usine située à l'embouchure de la Yaté et de concentrer toute son activité de fonderie à Doniambo, aux portes de Nouméa. Elle s'était employée à réaménager cette usine en conséquence. Quais élargis et allongés, flotte de minéraliers grossie, grues de déchargement multipliées. La SLN était prête pour une production soutenue. Mais la guerre venait bouleverser ses plans en lui coupant contact et accès à ses clients européens.

C'est donc en accord avec le gouverneur qu'en juillet 1940 son directeur, Paul Vois, monta à bord de l'hydravion de la Panair, l'*American Clipper*. Il partait négocier avec les Australiens la vente des mattes de nickel, ces lingots à forte teneur en métal qui sortaient des fours de Doniambo, mais qui ne pouvaient plus être expédiés au Havre. Du succès de ces négociations dépendait la situation économique de la Nouvelle-Calédonie dans les mois à venir. Le dossier fut transmis au gouvernement australien qui accepta l'achat. Et quelques mois avant Pearl Harbor, c'est le gouvernement américain qui, à son tour, acheta les mattes de nickel calédonien : il fit appel au métallurgiste canadien International Nickel et l'incita à monter une usine de traitement. International Nickel (Inco), qui possédait en Nouvelle-Calédonie au début du siècle deux gisements miniers, vendus plus tard à Ballande et à la SLN, renouait ainsi avec l'île du bout du monde en lui apportant l'aide indispensable à sa survie économique.

Au début du siècle, les tentatives de renforcement par John Higginson d'une colonie française aux Nouvelles-Hébrides, l'archipel voisin de la Nouvelle-Calédonie, avaient eu quelques échos en métropole, mais elles avaient également suscité des espoirs en Nouvelle-Calédonie. À Nouméa, les Kuter avaient fait partie de ceux qui s'étaient portés volontaires pour tenter leur chance dans l'archipel néo-hébridais.

Edouard Albert Kuter, agriculteur installé au-delà de Païta, avait épousé à Nouméa une Anglaise, Rose Ernestine, qui lui avait donné huit enfants. Mais il n'arrivait pas à nourrir toutes ces petites bouches sur les quelques hectares qu'il essayait de mettre en valeur avec peu de moyens. Peut-être pourrait-il lui aussi bénéficier d'une propriété que la société créée par Higginson mettrait à leur disposition dans l'île de Vaté s'il se portait candidat. Elle apporterait à ses enfants le bien-être et, pourquoi pas, la fortune.

Les changements de cap n'effrayaient pas Edouard Kuter. Son père avant lui, né en Alsace, avait émigré à Haïti. Il y avait rencontré une jeune Anglaise de seize ans qui, escortée par sa mère, l'avait suivi en Nouvelle-Calédonie et l'avait épousé. Edouard Albert était le cinquième des dix enfants qui naquirent de cette union.

Avec sa femme, il se lança plein d'espoir et de courage dans l'aventure hébridaise. Edouard et Rose Ernestine, discrets et effacés, s'installèrent avec leurs enfants à Mele, à une trentaine de kilomètres de Port-Vila. La propriété donnait sur une plage de sable noir brassé par les vagues qui arrivaient directement de l'océan. Ils rassemblèrent toute leur énergie pour faire face à l'inimaginable : quelques dizaines d'hectares en friche et déjà trop de dettes pour pouvoir les mettre en valeur. Les besoins en équipement de première nécessité étaient sans fin, les crédits accordés par les maisons de commerce prenaient vite le pas sur un rendement prévisionnel qui nécessitait quelques années avant de se concrétiser. Il fallait déjà compter cinq à six ans pour qu'une cocoteraie commence à produire. Il fallait aussi acheter du bétail qui, en se nourrissant des herbes autour des arbres, permettrait de retrouver sur le sol les noix de coco à récolter. C'était un moyen d'économiser une main-d'œuvre rare que les missions protestantes essayaient par ailleurs de soustraire aux « juridictions » catholiques. Les planteurs anglais bénéficiaient de cette main-d'œuvre au détriment des planteurs français. Une façon comme une autre de décourager l'immigration française qui gagnait du terrain. En tout cas, c'est ainsi que la situation était analysée dans les plantations.

Avec le temps, les officiers de la Commission navale franco-britannique avaient réussi à normaliser plus ou moins les relations commerciales avec les Mélanésiens qui s'étaient très vite habitués à consommer et à utiliser les marchandises apportées par les Blancs. Ils en étaient devenus progressivement dépendants. Les échanges s'intensifièrent en fréquence et en nature. Port-Vila en était la plaque tournante. La petite ville était également devenue le centre d'acquisition des terres de l'archipel.

En 1906, un accord fut finalement signé entre les gouvernements français et britannique instituant un condominium aux Nouvelles-Hébrides. John Higginson, de son vivant, avait bien multiplié ses voyages en métropole pour que la France se décide à prendre officiellement possession des Nouvelles-Hébrides dont, disait-il, l'avenir de la Nouvelle-Calédonie dépendait, mais l'Angleterre était restée vigilante. En signant ce statut, la France renonçait à faire des Nouvelles-Hébrides une terre française. Les Calédoniens furent déçus, les Britanniques triomphaient.

Si le condominium visait à mettre de l'ordre et à harmoniser la cohabitation entre les ethnies et entre les ressortissants des différentes nations représentées dans l'archipel, il avait aussi pour objectif d'éviter la mainmise sur les Nouvelles-Hébrides des Allemands basés aux îles Salomon. Mais il ne scellait pas vraiment un grand amour entre les deux puissances. Leurs ressortissants éprouvaient les uns pour les autres une méfiance aiguë.

De ce statut, il était résulté un système de vie dont l'originalité le disputait au rocambolesque. Les deux gouverneurs, l'un français, l'autre britannique, administraient séparément leurs ressortissants alors qu'entraient dans leurs attributions conjointes les services communs de travaux publics, douanes, postes, etc. Quant aux Mélanésiens, puisqu'ils n'étaient ni français ni anglais, ils devenaient des « sujets » placés sous la juridiction commune France-Angleterre.

Les Kuter, comme beaucoup d'autres Français, persévéraient sans moyens réels. Les enfants aidaient à l'exploitation et se rendaient à cheval à Port-Vila quand il y avait nécessité. Dal Gubbay ne manquait jamais de passer les voir lorsqu'il cabotait le long de la côte qui longeait la propriété, leur apportant les vivres et le matériel commandés, leur donnant des nouvelles des uns et des autres et s'inquiétant de la santé des enfants. Ceux-ci l'adoraient parce qu'il racontait toujours des histoires incroyables qui mettaient de la gaieté dans la maison. Dal était toujours resté attentif à cette famille qui avait déjà payé tribut à cette île : peu de temps après leur installation à Mele, leur fils aîné, Edouard, surpris par une ruade de son cheval, avait été mortellement blessé. Il avait dix-huit ans.

Mais, un matin, Dal avait vu entrer dans son *store* de Vila Rose et Edouard Kuter. Ils paraissaient si las en descendant de leur sulky. Ils expliquèrent à Dal qu'ils venaient lui payer tout ce qu'ils lui devaient parce qu'ils renonçaient à poursuivre cette aventure tentée dix ans auparavant et pour laquelle, de toute évidence, ils n'étaient pas faits. Ils avouèrent à Dal que ce rêve les avait déjà quittés à la mort de leur fils, mais qu'ils avaient espéré, malgré tout, une éclaircie pour faire vivre leur nombreuse famille.

– Nous avons décidé de partir, ajoutèrent-ils en conclusion.

Peu de temps après, les Kuter quittèrent les Nouvelles-Hébrides, avec leurs sept enfants, et s'embarquèrent pour l'Australie. Pourtant, l'un des fils, Robert, préféra poursuivre ses études en Nouvelle-Calédonie. Il dit au revoir à sa famille à l'escale de Nouméa et choisit d'y présenter le concours de l'École coloniale.

Robert Kuter se sentit dans son élément à Nouméa. Il aimait la vie associative, fréquentait les autres étudiants et assistait comme eux à toutes les soirées organisées, en particulier les bals de la Terpsichore. Un soir, au cours d'un dîner de noces, il rencontra Dal à qui le liaient des souvenirs communs, ceux de la vie aux Hébrides, dans ces paysages de l'île de Vaté, lourds de moiteur mais riches de cordialité et de solidarité.

– Dal, laisse-moi te présenter ma cavalière, Eugénie Loiseau.

Dal sourit. Il avait perçu dans la voix de Robert, alors que celui-ci ne devait même pas en être encore conscient, un attachement certain envers cette jeune fille si blonde et si belle.

C'est aussi au cours d'une soirée que Dal rencontra Simone. La jeune fille n'était pas grande, mais bien proportionnée. Les boucles brunes qui entouraient son visage accentuaient la blancheur transparente de sa peau. Ses yeux marron, tirés en amande, mettaient en évidence la finesse de ses traits et le dessin de ses lèvres. Simone était belle, tout simplement. Elle avait ravi Dal, le soir de leur première rencontre, par son rire clair et spontané qui, de l'avis de ses amies, était tellement communicatif. C'est vrai que ce soir-là, Dal, en grande forme, n'avait pas arrêté de les faire rire, tous, avec des histoires impossibles qui lui étaient arrivées aux Hébrides. Puis, impulsivement, il avait demandé à Simone de danser, impatient tout à coup de la faire valser pour le plaisir de tenir dans ses bras cette jeune fille légère comme une plume. Sa passion était la couture et la broderie, lui avait-elle expliqué. On lui reconnaissait du talent dans ce domaine ; elle était de plus en plus sollicitée par ses amies pour les aider à la préparation de trousseaux ou à la confection de robes de bal. Elle aimait cette activité qui lui apportait un contact souriant avec les gens de la ville et la distrayait de l'univers dans lequel vivait son père. Sans l'avouer, Simone n'avait jamais aimé l'entendre parler, le soir au dîner, de son métier, gardien chef de la prison civile.

Dal épousa Simone, envisageant de repartir avec elle à Port-Vila. Mais quelque temps avant leur départ, son père, David, succomba à une violente crise d'asthme. Jane l'assista avec désespoir jusqu'à son dernier souffle. Elle avait essayé de le soulager par des paroles douces et rassurantes qu'il n'entendait même plus. Au retour des obsèques, désemparée, elle se laissa prendre en charge par ses enfants et ses belles-filles. Puis un matin, à son réveil, elle admit que plus rien ne serait jamais pareil et qu'elle devait réagir à cet engourdissement protecteur dans lequel elle se complaisait. Mais elle n'était pas en mesure de gérer seule le commerce familial, même épaulée par son plus jeune fils Albert. Elle demanda à Dal de l'aider.

Le jeune couple resta donc à Nouméa. Dal ne faisait plus que des voyages rapides aux Hébrides. Rue de l'Alma et alentour, de nouvelles maisons de commerce avaient ouvert. La concurrence s'était faite plus âpre. Gardant les habitudes commerciales de son père et accordant les yeux fermés des délais de paiement généreux à ses clients, comme tous les commerçants le faisaient d'ailleurs, Dal ne vit pas l'accroissement progressif des impayés accumulés dans son magasin. Lorsqu'il prit conscience de la situation, il tenta de réagir, mais il était trop tard. La plupart de ses clients étaient dans l'impossibilité totale d'honorer leurs dettes. Il commença alors à avoir à son tour des difficultés pour payer ses propres fournisseurs et demanda à la banque, la seule de Calédonie, d'avancer les fonds. Celle-ci l'aida avec circonspection. Puis un jour, elle décida d'arrêter ses prêts et lui réclama le règlement immédiat des sommes avancées.

L'entretien à la banque fut dramatique.

– Les chiffres parlent, monsieur, lui dit-on. Vous auriez dû être plus prudent avec vos clients et exiger le paiement immédiat de leurs achats.

« Facile à dire », pensait Dal en rentrant chez lui pour rendre compte à Jane de l'issue de l'entretien. Comment exiger un paiement immédiat de ces gens qui commençaient à ne plus trouver de travail et promettaient de payer *bientôt* ? Il fallait bien qu'ils mangent, tout de même. Que savait ce banquier de la misère et de la faim ? Il se souvint alors que, lorsque son père David avait installé son magasin au cœur de Nouméa, c'était un choix qu'il avait fait délibérément. L'idée de partir en brousse et de parcourir la chaîne montagneuse armé d'une pioche pour chercher du nickel l'avait bien effleuré. Mais il s'était vite dit que les gains dans ce secteur d'activité étaient aléatoires, tant ils étaient liés à une demande mondiale du minerai et à la santé des grandes places boursières où se faisaient et se défaisaient les cours. La terre de nickel pouvait être achetée à prix d'or, mais elle pouvait tout aussi bien s'entasser en bord de mer si elle ne trouvait pas preneur. David n'avait pas imaginé que, le chômage s'installant, tout le monde par répercussion serait finalement appelé à subir cette plaie.

En 1929, le krach de Wall Street et la crise économique américaine qui en résulta, comme une houle qui se propage à son rythme, avaient fini par atteindre Nouméa, entraînant la diminution du volume des exportations de nickel. L'industrie métallurgique calédonienne fut mise en péril. Cette situation avait nécessité le regroupement des deux fondeurs, Ballande et la Société Le Nickel, puis l'absorption du premier par le second. Sur la côte est, l'usine de Thio fut fermée ; au sud, celle de Yaté mise en sommeil. On arrêta la prospection de mines de charbon à Moindou. Le chômage s'amplifia encore et prit des proportions catastrophiques.

Selon l'adage « un malheur n'arrive jamais seul », en brousse, une sécheresse désespérante mit en péril agriculture et élevage. À la même époque le cours mondial du café chuta dramatiquement, rendant vaine toute tentative d'exportation de l'arabica produit dans les caféries de brousse. L'argent devenait rare et il en circulait de moins en moins. C'est ainsi que les maisons de commerce furent mises en difficulté et que certaines ne s'en relevèrent pas.

La banque avait choisi de sauver du naufrage les comptoirs puissants liés à l'industrie minière et de laisser sombrer les autres affaires commerciales sans appui. Celle de Dal Gubbay figura sur la liste des sacrifiées. Il dut expliquer à sa famille la situation difficile dans laquelle cette dépression dévastatrice les plaçait.

– La banque n'a pas voulu suivre, dit-il laconiquement à Jane désorientée.

Mais, avant d'annoncer la nouvelle à Jane, il était passé voir son jeune frère Albert pour lui expliquer la situation. Ensemble, ils étaient arrivés à la conclusion que Dal devait rassembler ses forces sur les Nouvelles-Hébrides en repliant toutes ses activités et sa famille sur l'archipel du condominium. Albert et sa femme resteraient à Nouméa. Ils s'occuperaient de Jane. Les enfants ne réalisèrent l'ampleur de la catastrophe qu'au moment où ils durent quitter leur maison, confiant à leurs voisins leur cacatoès australien si bavard qui n'arrêtait pas de répéter : « C'est la crise. »

Réussir le concours d'entrée à l'École coloniale ne présenta pas de difficulté pour Robert Kuter, jeune homme brillant. La poursuite de son flirt avec Mlle Eugénie Loiseau non plus. Il mena à bien les deux entreprises. Diplômé de l'École d'administration coloniale, il se maria dans la foulée à la belle Eugénie. Puis après avoir passé deux ans au ministère des Colonies, il occupa son premier poste outre-mer en Côte-d'Ivoire, au Grand-Bassan.

Il était resté lié avec Dal Gubbay et se rappelait toujours avec le sourire la réaction de Dal qui venait, lui, d'avoir son quatrième enfant, Donald, quand, en 1927, il lui avait annoncé la naissance de sa fille Denyse.

– C'est bien, lui avait dit Dal en riant, mais vous avez encore du chemin à faire, mon cher Robert, si vous voulez connaître les joies d'un père de famille nombreuse.

– Tout dépend du nombre d'enfants que suppose une famille nombreuse.

– Cinq ! Il en faut cinq. En tout cas, moi j'en veux cinq. Après Madge, Alan, Roy, et celui-ci, Donald, je voudrais un petit Harold. Simone est d'accord, avait ajouté Dal péremptoire, comme s'il préparait déjà le terrain.

Robert Kuter, pour préserver intact le souvenir de ses racines dans l'archipel, avait entretenu avec Dal une correspondance qui l'informait de la vie du condominium, des hauts et des bas des relations franco-britanniques à Port-Vila, des aléas de la vie des planteurs, de celle des indigènes et des querelles larvées au sein des missions. Puis une courte affectation à Vila et à Nouméa avait ravivé son goût du Pacifique dont il ne s'était jamais guéri.

Deux ans plus tard, en 1939, au début des hostilités, il accepta avec empressement le même poste à Port-Vila au côté du gouverneur Sautot. Il embarqua en catastrophe avec Eugénie et ses trois enfants sur *Le Sagittaire*, dernier paquebot des Messageries maritimes assurant la ligne du Pacifique cette année-là.

À Nouméa et en brousse, la tension commençait alors à monter. La même inquiétude régnait aux Nouvelles-Hébrides. Les îles du bout du monde, isolées, pressentaient, comme leurs voisins anglo-saxons, que, du nord du Pacifique, les Japonais pouvaient à tout moment débouler sur elles. Aux alentours, des sous-marins rôdaient, disait-on, tels des requins affamés, mais où ? Il était évident que la Nouvelle Calédonie et les Nouvelles-Hébrides avaient besoin de la solidarité de l'Australie et de la Nouvelle-Zélande. Les États-Unis démontrèrent que la réciproque était aussi vraie.

C'est ainsi qu'à Nouméa la déclaration du gouverneur Pélicier au conseil général n'avait pas été ambiguë : continuer à se battre aux côtés des Anglais. Mais cette déclaration avait été faite dans l'ignorance des termes de l'armistice qui stipulait que l'Empire devait rester neutre. Le gouverneur s'était placé malgré lui en porte à faux, partagé entre la sincérité de sa déclaration et son devoir d'obéissance vis-à-vis de Vichy. Loyaliste, le gouverneur Pélicier n'était pas seul : derrière lui de nombreux fonctionnaires et une partie de la population se référaient à la légitimité du maréchal Pétain et à son prestige. Mais l'autre partie des Calédoniens, de plus en plus nombreuse, décida sans état d'âme de se ranger derrière le général de Gaulle, et de continuer la guerre. Le conseil général demanda officiellement le départ du gouverneur. Alors, pour le soutenir, l'aviso Dumont-Durville appareilla à Tahiti direction Nouméa. Mais Pélicier, mal à l'aise, demanda à Vichy de le rappeler. Le lieutenant-colonel Denis qui le remplaça, pétainiste fidèle lui aussi, essaya de remettre dans le rang les gaullistes calédoniens. C'était ignorer l'importance du mouvement en brousse et à Nouméa. C'était ne pas prendre en compte le risque d'une invasion japonaise sur une île bénéficiant d'une position stratégique inestimable dans le Pacifique. C'était fermer dangereusement les yeux sur la présence en Nouvelle-Calédonie de quelque mille quatre cents ressortissants japonais, main-d'œuvre minière immigrée travaillant sur la côte est et sur les mines de fer exploitées par une société japonaise au sud, à Goro.

Il fallait que l'île bascule officiellement dans la Résistance, affiche son gaullisme et se rallie comme un seul homme à de Gaulle. Poussés par les Anglais, les Australiens acceptèrent de prêter main-forte aux gaullistes calédoniens. Ils affrétèrent le croiseur *Adélaïde* qui, accompagné d'un ravitailleur norvégien, le *Norden*, partit aux Nouvelles-Hébrides chercher le commissaire résident français, Henri Sautot, gaulliste de la première heure, à qui le général de Gaulle a demandé de rallier à son combat, après les Nouvelles-Hébrides, la Nouvelle-Calédonie. Les Calédoniens connaissaient bien ce petit homme tout rond, aussi compétent qu'énergique, affable et proche de la population. À Nouméa, on l'attendait. Des faubourgs, des vallées, de la brousse, des montagnes, fusil en main, ils furent plus de deux mille à se rassembler pour l'accueillir. Colons, commerçants, planteurs, *stockmen*, mineurs, descendants de colons Feillet, d'aventuriers ou d'anciens condamnés. En chantant *La Marseillaise*, cette foule accompagna triomphalement l'envoyé de Londres à la mairie de Nouméa, puis au palais du gouverneur.

Il mena sa mission à bien. La Nouvelle-Calédonie devint le septième territoire français rallié à la France libre et Henri Sautot son premier gouverneur. Le poste de résident français aux Nouvelles-Hébrides était vacant.

Alors, en septembre 1940, Robert Kuter se vit confier les fonctions de commissaire résident de France aux Nouvelles-Hébrides. Cette charge, comparable à celle d'un préfet de région, lui donnait en cette période de guerre des pouvoirs exceptionnels. Coupées de la France, les Nouvelles-Hébrides voguaient à leur rythme, reliées à Nouméa pour les urgences créées par les hostilités. Et c'était à ce jeune commissaire résident qu'incombait la charge de gérer avec diplomatie mais fermeté, et en cohabitation avec les Britanniques, l'archipel qui allait devenir la base la plus avancée des Américains dans la région.

Henri Sautot à Nouméa, Robert Kuter à Port-Vila se retrouvaient, en voisins, chacun de leur côté à la tête de deux archipels perdus dans le Pacifique, alors que leur nouveau chef, le général de Gaulle, était basé lui aussi sur une île, mais de l'autre côté du monde. Tous les deux gardaient une certaine méfiance vis-à-vis de leurs alliés anglo-saxons. Ils avaient mission de gérer une situation exceptionnelle, d'aider la France libre autant que faire se pouvait et de braquer inlassablement leur longue vue sur les îles du Japon. Aider la France libre, c'était envoyer ce qu'un pays, si petit soit-il, possède de plus précieux, ses hommes dans la force de l'âge avec, en retour, le seul espoir de les revoir vivants un jour. Le premier contingent partit de Nouméa au milieu de l'année suivante, en 1941. Les Calédoniens et les Hébridais étaient accompagnés des Tahitiens. Ils furent plus de six cents à embarquer sur le *Zelandia*.

Alan Gubbay, le fils aîné de Dal, avait demandé une entrevue avec Robert Kuter à la résidence à Vila :

– Je voudrais m'engager moi aussi pour aller me battre.

– Alan, tu es australien. Tu ne peux pas être intégré dans le Bataillon du Pacifique.

– Tant pis, je pars quand même à Nouméa. On verra bien.

– On verra si bien que je peux te prédire la suite, reprit Robert Kuter. Il te faudra partir à Sydney où, là, tu pourras rejoindre le corps d'armée australien.

Le haut fonctionnaire avait prédit juste. À Nouméa, Alan dut embarquer pour Sydney.

Au même moment, son jeune frère, Donald, pensionnaire au lycée La Pérouse à Nouméa, rejoignait sa famille aux Hébrides. En cette période incertaine, sa nationalité australienne l'avait isolé au sein de sa classe. Ses parents avaient jugé préférable de le faire revenir auprès d'eux, profitant, pour son retour à Port-Vila, du voyage hasardeux d'un bateau de plongeurs de trocas, ces coquillages coniques dont on tirait en Europe les boutons de nacre. Donald Gubbay avait treize ans. Il aida son père dans son commerce. Mais Dal l'obligeait à s'exercer chaque jour aux avirons dans la baie de Vila comme lui l'avait fait dans sa jeunesse. C'était familiariser avec rigueur son jeune fils à la mer, lui apprendre à la respecter et à vivre avec elle, attentif et serein.

Puis Donald fut confié au Japonais Okinanea Izono. Lorsque Izono ne plongeait pas, il était charpentier de marine. Il apprit à Donald à aimer le bois, à le travailler, à le façonner, à le plier, à l'assembler et, au début, à en faire des dinghies.

Un matin, Izono vint le chercher, un sourire mystérieux sur les lèvres. Sur le rivage était posée une pirogue légère comme la vague, fine comme l'écume. Son balancier était assemblé avec des fibres de coco. Donald apprit plus tard qu'un jésuite avait un jour préféré à sa soutane noire le sarong d'une fille des îles Gilbert. Il lui avait offert cette pirogue en hommage à sa beauté.

Sous l'œil vigilant d'Izono, Donald transforma cet esquif déjà racé en voilier. Ce fut son premier ouvrage de charpentier de marine. Donald avait quatorze ans. Alors, son père le jugea d'un âge suffisamment raisonnable pour le faire naviguer, dans le sillage des anciens, sur ses schooners et goélettes et le faire commercer aux îles Malekula, Aoba, Erromango. Ces îles du bout du monde où le poisson était pêché à la dynamite, nettoyé, salé avant d'être rapporté à Vila. Le mode de vie de Donald était celui des Hébridais du bord : il dormait dans les cales, dérangé par les cafards et réveillé par les puces à coprah à l'odeur nauséabonde lorsqu'on les écrasait.

En cette même année 1941, au cours des mois qui suivirent le départ du corps expéditionnaire, un consul américain prit fonctions en Nouvelle-Calédonie pour la première fois. Tout en restant gouverneur, Henri Sautot perdit son titre de haut-commissaire. Il dut le céder à l'amiral Thierry d'Argenlieu en qui le général de Gaulle avait placé sa confiance. Les Calédoniens froncèrent les sourcils. Ils se fâchèrent vraiment lorsqu'ils constatèrent que l'amiral ne portait son regard qu'au-dessus de leurs têtes. Il semblait tout simplement les ignorer. L'amiral Thierry d'Argenlieu était là pour préparer la défense des îles en cas d'attaque japonaise.

Ce furent les États-Unis qui la subirent dramatiquement en décembre à Pearl Harbor. Ceux qui avaient navigué, et ils étaient nombreux en Nouvelle-Calédonie, connaissaient bien le port d'Honolulu, aux Hawaii. Si on avait osé frappé les États-Unis, la Nouvelle-Calédonie serait la prochaine cible, avant Sydney. Mais la déferlante passerait d'abord sur les Nouvelles-Hébrides. En réalité, la déferlante commença réellement début 1942 sur l'Australie, à Darwin, tête de pont des Northern Territories. Par vagues, soixante-quatre passages de bombardiers japonais anéantirent la ville, la flotte ancrée dans le port et les avions alignés sur les pistes de décollage.

À Nouméa, avec un sans-gêne qui avait outré les Nouméens, la garnison avait réquisitionné, sans nuances, sur ordre de l'amiral Thierry d'Argenlieu, tout ce qui pouvait faciliter la vie des fonctionnaires et des officiers. Les Calédoniens n'existaient que pour assurer leur intendance. La traction avant d'Edouard avait fait partie de ces réquisitions. Mais il l'avait aperçue deux jours après, au petit matin, dans le fossé.

Comme jadis, Edouard se rendait donc à son bureau à pied, ce matin de mars 1942, vers 8 heures. En débouchant sur la ville, il sentit brusquement son cœur se serrer. La rade tout entière était envahie par de grands navires de guerre. Des pétrolettes, des remorqueurs, des barges, des canots butinaient tout autour. Le lagon vivait une agitation indescriptible. La ville grondait d'un bruit sourd de moteurs. Edouard hâta le pas. Japonais ? Américains ? Les quais se coloraient de milliers d'hommes, de camions, de bulldozers, de tracteurs, d'armes, de caisses, de bardas. Des soldats casqués, des milliers de soldats en tenue kaki. Les Américains. C'étaient les Américains ! Des milliers et des milliers d'Américains en uniforme de guerre. Comme beaucoup de Calédoniens découvrant le même spectacle, Edouard était sidéré. Jamais il n'aurait imaginé ce déploiement de force, disproportionné par rapport à son île.

Ce matin-là ne fut que le premier d'une longue série d'autres au cours desquels continuèrent à surgir hommes et matériel des navires renouvelés chaque jour. Comme les traînées d'encre d'un flacon renversé, des colonnes ininterrompues d'engins, de camions, de chars partant du port traçaient dans les rues de Nouméa, puis sur les routes et sur les pistes, au nord, à l'est, à l'ouest de la Grande Terre des flux vert foncé qui paraissaient ne devoir jamais s'arrêter. À leur réveil, les broussards frottaient leurs yeux en voyant des pistes d'atterrissage tracées, des hôpitaux de campagne dressés, des tentes et des tentes alignées qui bouleversaient leur horizon habituel. Chaque matin, au camp installé le long du petit sentier de la plage de la baie des Citrons, le lever des couleurs étoilées précédait une séance de décrassage qui médusait les passants ébahis.

Les avions, venus de nulle part, traversaient le ciel, disparaissaient à l'horizon ou atterrissaient sur de nouvelles pistes. Les chevaux étaient débarqués, des docks de campagne en forme de demi-lune surgissaient, et l'intendance pourvue de boîtes de soupe *made in USA* partait à la recherche de vivres frais. Tous les hangars, docks et locaux vides proposés à la demande des Américains devenaient en l'espace de quelques minutes une réserve de munitions, de pièces de rechange, un garage ou un entrepôt. L'état-major avait pris ses quartiers à l'hôtel du Pacifique qui n'avait jamais connu une telle agitation, même aux heures des plus grands mariages.

Edouard regarda ces hommes du Nouveau Monde aux moyens et à l'efficacité stupéfiants. Il observait leurs étonnantes et puissantes machines, les half-tracks, les jeeps, les bulldozers, les scrapers et les excavatrices qui vous ouvraient un chemin avant même que l'on ait eu le temps de dire ouf ! Tout ce matériel en démonstration, c'était tellement plus évocateur que les publicités des catalogues et revues techniques ! Même en temps de paix, ces monstres pourraient servir là-haut, dans les montagnes. Edouard disparaissait des journées entières, s'initiant pendant des heures à la plus formidable explosion économique que l'après-guerre allait connaître. Ce chambardement était pour lui plus qu'un spectacle, c'étaient des cours passionnants qu'il suivait en dimensions réelles. Il réalisa alors que se donner un objectif, c'est aussi se donner les moyens de l'atteindre. L'Amérique à l'heure de la guerre, c'était ça !

Parce qu'il avait été « sollicité » par certains de ses amis d'école ou de sport qui souhaitaient sortir de quelques impasses financières aux causes soigneusement tenues dans le flou et l'imprécision, Edouard s'était retrouvé « actionnaire » d'un ou deux snacks où les milk-shakes côtoyaient les hot-dogs, et les GI, les lycéens. Il avait fini par en installer un lui-même dans un de ses locaux commerciaux aux marchandises clairsemées qui n'arrivaient plus d'Europe. Les crêpes bretonnes que l'on y servait chaudes apportaient une saveur différente au Coca-Cola.

À la librairie, Henriette et lui voyaient passer soldats et officiers à la recherche de cartes postales illustrant l'île sur laquelle ils se trouvaient et qu'ils pourraient envoyer à leurs familles dans l'Ohio ou le Milwaukee.

– Des cartes postales ? Puisqu'il n'y en a pas, pourquoi ne pas en faire imprimer des séries ?

– Où ?

– En Amérique !

Arrivées à peine sèches des imprimeries américaines, les cartes postales retraversaient aussi vite le Pacifique, noircies de l'encre des marines disant *Hello* à leurs *girl-friends* restées au pays. Ils essayaient en quelques mots de leur raconter cette vie nouvelle pour eux, aux portes de la guerre, mais encore dans un havre de paix protégé par l'océan. Ils trouvaient à la Nouvelle-Calédonie des allures hawaiiennes, le long des plages tièdes et blondes, bordées de cocotiers aux palmes alanguies. Ils appréciaient l'accueil chaleureux des Calédoniens et en étaient presque surpris. Beaucoup disposaient d'une chambre chez l'habitant, réquisitionnée pour les héberger. Très vite ces jeunes GI entrèrent ainsi dans la vie de l'île et dans celle de la population. Amicaux et sympathiques, conscients d'une intrusion qui risquait de choquer, ils apportaient, comme pour se faire pardonner, des friandises dont les enfants étaient privés, tablettes de chocolat, confitures et pains d'épices, mais aussi chewing-gum, Coca-Cola, *peanuts*. Pour leur part, les Calédoniens recevaient avec chaleur et générosité ces jeunes hommes venus défendre leur liberté et qui risquaient de disparaître brutalement un jour, loin au nord, du côté de Guadalcanal, au cours de bombardements à hauts risques. L'assurance venant, nombreux furent ceux qui prétextèrent ce danger pour attendrir les filles et leur voler des baisers.

Les officiers occupaient également des chambres réquisitionnées. Paul et Jeanne Leyraud en reçurent un certain nombre dans leur grande maison, au fur et à mesure des affectations. Le général Patch, commandant des Forces américaines en Nouvelle-Calédonie, le colonel Kamsler y habitèrent. Eux aussi apportaient avec gentillesse des denrées qui faisaient défaut sur les tables des Calédoniens. Le jour sacré du *Thanksgiving Day*, Jeanne préparait pour eux une dinde truffée, farcie de marrons, qu'elle accompagnait de patates douces. Le prestige de la cuisine française atteignait ces jours-là des sommets.

Les GI racontaient sur les cartes postales leurs week-ends chez les *Frenchies*, lorsqu'ils partaient avec eux pique-niquer et se baigner à Païta ou à la rivière Tontouta. Jamais la barrière de la langue n'avait si peu existé. Plus d'un apprit à jouer à la belote et à faire des réussites, se régalant à l'idée d'épater un peu plus famille et amis à son retour chez lui, bientôt espérait-il. Pour remercier leurs hôtes, ils étaient heureux de les inviter à leur tour aux spectacles organisés par l'armée et aux « soirées cinéma » où films d'aventures et comédies musicales faisaient leur bonheur.

Aux Nouvelles-Hébrides, le débarquement américain avait eu lieu dans des conditions comparables, bousculant par son ampleur une population au rythme de vie traditionnellement paisible. Dal Gubbay endossa l'uniforme du Volonteer Defense Corps et reprit un rôle de traducteur auprès des Américains. À Vila et le long des côtes hébridaises, l'armée des États-Unis d'Amérique s'était transformée en une gigantesque entreprise de travaux publics. Comme en Nouvelle-Calédonie, des pistes d'atterrissage furent ouvertes, des hôpitaux furent installés, des quais aménagés et des routes tracées jusqu'à Port-Havannah. Le professeur Mac Mahon, qui deviendrait plus tard le médecin personnel de Harry Truman, et les médecins de l'hôpital de la base de Bellevue sollicitaient fréquemment Dal en qualité d'interprète. Il y rencontrait James Michener qui s'estimait indispensable dans ces parages où les nurses étaient les plus nombreuses.

Mais les Américains avaient encore décuplé ces moyens, beaucoup plus au nord, dans l'île d'Espiritu Santo. Elle était en première ligne d'une attaque possible des Japonais depuis qu'aux îles Salomon Guadalcanal, envahi, était placé sous leur domination. Les Américains n'avaient pas lésiné pour y installer quelque cent mille hommes. Centraux téléphoniques, routes, pistes d'atterrissage, hôpitaux, docks, laboratoires. Une ville ! Les planteurs s'étaient sentis bousculés, balayés, comme passés sous des rouleaux compresseurs. Ils s'étaient sentis blessés par les manières à l'emporte-pièce des Yankees.

Mais certains habitants, petits employés, petits commerçants, planteurs, avaient vite compris, comme en Nouvelle-Calédonie, que servir chaque jour du *maha* chinois à base de riz et de *soyu*, un steak-frites ou un milk-shake était une source de dollars appréciable tout autant que laver le linge des soldats et des officiers. Le jeune Donald Gubbay s'était lancé avec succès dans la fabrication de hamburgers. Les Américains consommaient, l'administration percevait des taxes qui embellissaient son budget et la population profitait d'équipements qui n'avaient pas été réalisés par un condominium engoncé dans ses rivalités. Mais ces comptes-là se firent après le départ des GI, qui vécurent une guerre d'enfer à Guadalcanal. Les navires et destroyers noircissaient l'horizon des eaux hébridaises. Les filets anti-sous-marins intriguaient les Hébridais venus d'une île voisine en pirogue. Habitués à voir une ou deux goélettes dans la rade, ils ne comprenaient pas d'où pouvaient surgir quelque quatre-vingts navires à la fois.

À la hauteur de Luganville, la rivière Sarakata débouche sur le canal Segond qui conduit à la mer. C'est de la base Patrol Torpedo, en amont de cette rivière, que John Kennedy partit en opération pour Gizo aux Salomon. Sa vedette lance-torpilles fut sectionnée par un contre-torpilleur japonais et il fut contraint de nager pour atteindre un rivage.

À Vila, ce fut Bernard Blackwell, le commissaire résident britannique qui le premier fut informé de la mort d'Alan, le fils aîné de Dal Gubbay. Il vint apporter la douloureuse nouvelle à son frère, Donald Gubbay, qui dut à son tour l'annoncer à ses parents.

En mission spéciale dans l'archipel Manus, au nord de la Nouvelle-Guinée, le lieutenant Alan Gubbay, à la tête d'une dizaine d'hommes, avait été abattu dans l'île de Mushu. Engagé trois ans auparavant dans l'armée australienne, Alan avait été rapidement muté dans les commandos Allied Z du Corps Intelligence Service chargés d'effectuer des sabotages de l'autre côté des lignes japonaises. Pour se lancer dans ces opérations à hauts risques, ils bénéficiaient de renseignements recueillis au péril de leur vie par des autochtones. Ces hommes et ces femmes se glissaient silencieusement, la nuit, dans les camps japonais, dénombraient le matériel, mesuraient de leurs bras le diamètre des canons et, après avoir retraversé les forêts et couru des heures dans la brousse, transmettaient avec précision ces informations aux *coast watchers*.

Les forteresses volantes qui décollaient du porte-avions *Calédonie*, de Santo et de Bougainville, ou les destroyers qui se détachaient de leurs quais eurent finalement raison des Japonais, le danger d'une invasion de l'Australie et de la Nouvelle-Zélande fut écarté. Bases arrière importantes pendant de nombreux mois encore, la Nouvelle-Calédonie comme les Hébrides restèrent profondément marquées par la présence américaine et l'allure chaloupée de ces GI dont beaucoup avaient encore le sourire chaleureux d'hommes sortis à peine de l'adolescence. Les populations locales avaient aussi bénéficié du formidable déploiement sanitaire, des installations perfectionnées d'hôpitaux de campagne et d'évacuation affectées aux forces navales et aériennes qui avaient connu une activité inhumaine lors de la bataille de la mer de Corail et de celle de Midway.

L'activité de la librairie réduite par le manque d'approvisionnement en provenance de la France avait donné à Henriette le désir d'avoir un troisième enfant. Edouard le souhaitait aussi profondément. Philippe naquit au début de l'année 1944. Quelques mois avant la libération de Paris.

Et puis, un jour, le bruit commença à courir que les Américains allaient lever le camp. Ils repliaient leurs hôpitaux de tente, les bombardiers décollaient pour leurs bases de l'autre côté de l'océan, les tanks roulaient dans les cales des navires au mouillage. Beaucoup de matériels ne rembarqueraient pas. Ils pouvaient être achetés à bon prix. Jeeps, camions le furent en partie avant que l'administration ne jugeât ce commerce déloyal vis-à-vis de l'industrie française. Edouard, comme un certain nombre de Calédoniens, avait noué des liens avec certains officiers américains, proposant les services de ses mécaniciens au Motor Pool, le centre d'entretien et de réparation du matériel de guerre américain. Il se porta acquéreur de ce qu'il jugeait utile, machines-outils pour ses ateliers, matériel roulant pour les mines à venir.

Il se rendit ensuite au dock qu'il avait mis à la disposition d'un responsable des ateliers de pièces détachées et où il passait de temps en temps.

– Bonjour, major, j'ai appris que vous alliez nous quitter prochainement.

– *Right*, monsieur Pentecost. La guerre est finie. On rentre chez nous.

– J'étais venu vous déposer la facture des travaux effectués par mes mécaniciens au Motor Pool depuis... ? Enfin, c'est là-dessus, j'ai tenu compte de certaines dégradations inévitables, ajouta Edouard en tendant à l'officier le relevé qu'il avait préparé.

L'officier le regarda en silence et leva les bras au ciel :

– *My God, sir!* Où voulez-vous que je trouve cet argent ? Je suis profondément désolé. Je n'ai même pas le premier dollar pour remplacer cette ampoule électrique qui a sauté, là, au-dessus de votre tête. Alors pour les travaux... Je ne conteste pas... *But... well...* Je suis réellement navré...

Edouard tenait toujours dans sa main la feuille que l'officier n'avait même pas voulu prendre. Alors, avec lenteur, le geste un peu théâtral, il la froissa sans la déchirer, en fit une boule et, sous les yeux de l'officier, la jeta comme une balle dans la corbeille à papier en disant :

– Major, vous vous êtes battus pour nous, beaucoup d'entre vous ont donné leur vie pour notre liberté. Vous ne me devez rien. Je pense que c'est plutôt nous qui vous sommes redevables. C'est à nous de vous exprimer notre reconnaissance et notre gratitude. Non, vraiment, vous ne me devez rien. Oublions cela.

Sous le regard étonné de l'officier, Edouard se dirigea lentement, très lentement, vers la sortie. Alors qu'il était près de la porte d'entrée, ne se décidant pas vraiment à l'ouvrir, il entendit la voix du major :

– Monsieur Pentecost ! Revenez, j'ai peut-être quelque chose à vous proposer.

Edouard s'était retourné et ne fit pas répéter à l'officier son invitation. En revenant sur ses pas, il vit sur le bureau, bien à plat, sa facture défroissée que le major continuait à lisser du plat de la main.

– J'ai apprécié que vous n'ayez pas insisté pour que cette facture, que l'on vous doit, c'est incontestable, vous soit payée. Alors je vous propose, en guise de paiement – ou de dédommagement, appelez cela comme vous voulez –, toutes les pièces détachées que vous voyez sur ces rayons et sur ces étagères. Ce sont des pièces de rechange de bulldozers, de tracteurs et matériels Caterpillar principalement. Nous n'en avons plus besoin. Plutôt que de les jeter à la mer... Si ça vous intéresse... Elles sont à vous...

Edouard ne demanda pas à réfléchir.

– J'accepte ! dit-il spontanément, conscient de l'importance de ce trésor qui ferait se damner d'envie tout propriétaire de matériel roulant.

Il s'imaginait déjà en magicien sur ses propres mines, telles qu'il les rêvait, sortant d'un chapeau haut de forme le piston ou la culasse d'origine nécessaire pour remplacer la pièce qui venait juste de rendre l'âme. Mais quand en aurait-il l'utilisation ?

Ce jour arriva plus vite que prévu, lorsqu'il apprit que la société américaine Caterpillar avait envoyé des délégués en Australie pour sélectionner ses représentants dans la zone Pacifique. Il posa sa candidature et prit l'avion pour Sydney.

Beau garçon, ce M. Pentecost, mais de là à prétendre représenter la marque en Nouvelle-Calédonie... Aventurier ? Il n'en donnait pas l'impression. Notable ? Un peu jeune pour l'être déjà. Alors, d'où sortait-il ? Tranquillement, posément, Edouard leur parla du nickel et du travail que pourraient faire ces gros engins pour l'extraire plus économiquement. Il fit allusion aux services des travaux publics dont les besoins en matériel étaient énormes, parce que la Calédonie, *son pays*, devait, maintenant que les Américains avaient montré la voie, développer ses infrastructures.

– Intéressant, tout ça ! Mais, bon... sorti de ces généralités, vous nous proposez quoi comme garantie, monsieur Pentecost ?

– Un important stock de pièces détachées de la marque, déjà constitué.

Devant le regard poliment étonné des recruteurs, mais où affleurait un profond scepticisme, Edouard ajouta :

– Je vous invite à venir à Nouméa contrôler par vous-mêmes mes dires et l'importance de ce stock.

Ainsi, après les premiers échanges commerciaux menés pour l'impression de cartes postales, les liens d'Edouard avec l'Amérique se renforcèrent d'un seul coup, au rythme des commandes de bulldozers et de tracteurs Caterpillar. Edouard venait aussi de faire un grand pas vers son rêve, les mines de nickel.

1947

Lorsque, en 1947, la Fédération patronale désigna Edouard Pentecost pour représenter la Nouvelle-Calédonie à la Conférence internationale du travail qui se tenait à New Delhi, il fut heureux d'accepter de partir à la découverte d'un autre monde et de représenter *le pays* comme il prenait l'habitude d'appeler la Nouvelle-Calédonie.

Jusque-là, les grands voyages d'Edouard Pentecost l'avaient conduit en Nouvelle-Zélande et en Australie. Plusieurs fois. En Nouvelle-Zélande pour le compte de Tiby et en Australie, lorsqu'il était capitaine de l'équipe de water-polo, mais aussi lorsqu'il avait brigué la représentation Caterpillar, puis ensuite, le premier pas étant franchi, la représentation d'autres marques.

En préparant la valise d'Edouard, Henriette laissait défiler dans sa mémoire les romans d'aventures qu'elle avait lus où l'Inde et ses fastes tenaient une place tout aussi importante que les personnages parés de mystère. Les palais de Jodhpur ou de Jaipur, les tigres du Bengale, les nacelles au balancement langoureux posées sur le dos des éléphants chamarrés, les turbans savamment drapés des princes à la peau de miel, les pierres précieuses transparentes comme l'eau et les diamants lourds comme des grains de muscat.

– Edouard, dit-elle dans un élan, si tu le peux, rapporte-moi une jolie pierre. On dit que l'on en trouve de belles là-bas.

Le voyage dura deux mois en compagnie du professeur Colonna. Nehru tenait maintenant le destin de l'Inde, fraîchement indépendante, entre ses mains. Edouard envoya à sa femme par la poste, enroulé dans du papier kraft et glissé dans une enveloppe, un saphir beau comme elle l'avait souhaité.

Au cours d'un dîner officiel, au jeune Indien assis à sa droite, il apprit qu'il était français. Tel un ressort le jeune homme se leva et chanta tous les couplets de *La Marseillaise.* Le père du jeune homme travaillait au lycée français de Pondichéry. Il était mort sur un champ de bataille. Depuis, la France versait à sa veuve et à ses cinq enfants orphelins une pension, ce dont il lui était si reconnaissant qu'il voulait ainsi lui rendre hommage.

Lorsqu'il reprit sa place, accompagné par les applaudissements de l'assistance, Edouard le félicita en ajoutant :

– Je partage vos sentiments. Moi aussi, je suis reconnaissant à la France de ce qu'elle accomplit dans nos pays éloignés ; mon île, plus éloignée encore que vos provinces indiennes, est isolée au milieu d'un océan. Mais, adossés à cette puissance européenne, nous nous sentons plus forts, épaulés en quelque sorte.

Pendant ce congrès placé sous la présidence de lord Mountbatten, vice-roi des Indes encore peu de temps avant, Edouard Pentecost côtoya les représentants de grandes puissances industrielles et financières internationales. Il prit la mesure de ce monde dit des affaires en se frottant à eux pendant de nombreux jours.

Ces contacts, si nouveaux pour lui, l'amenèrent à faire un retour en arrière sur ces deux années qui avaient suivi le départ des Américains de Nouvelle-Calédonie. Le formidable éveil provoqué par leur présence spectaculaire, puis l'élan hérité de Caterpillar, comme l'acquisition de leurs engins et camions réformés semblaient avoir dessiné à son intention une trajectoire qu'il suivait avec une audace réfléchie. Les Américains avaient choisi le bord de mer, à l'anse Vata, pour installer leur quartier général, leur « Pentagone » : alors, c'était dans cette partie excentrée de la ville qu'il avait décidé de lotir un quartier résidentiel. Avec son ami Jehan Brieuc Morault, qui avait participé à l'opération, ils n'avaient eu qu'à s'en féliciter.

Concessions d'automobiles et d'engins, ateliers de réparation de matériel, librairie, réfrigérateurs et TSF, opérations immobilières. Il avait vite fallu à Edouard un directeur général. Son choix s'était porté sur un ingénieur, mais un ingénieur ayant déjà une expérience minière : Jean Chalier. Il l'avait chargé dans la foulée d'envoyer des prospecteurs tâter de leur pioche des collines ne faisant pas encore l'objet de permis de recherches, et d'en déposer un au Service des mines si le nickel affleurait dans les zones prospectées. Négligemment, Edouard avait tout de même précisé que certains sites de la côte est lui avaient paru intéressants et qu'il avait déjà fait les premières démarches pour obtenir l'autorisation de les exploiter.

Finalement, ce regard en arrière lui faisait découvrir qu'il aimait la diversification, même si, jusque-là, il n'avait fait de celle-ci que l'antichambre du domaine qu'il rêvait de fouler : la mine. Cette mine qu'il avait commencé à côtoyer à la Thiébaghi, lorsque, jeune homme, Tiby l'y avait envoyé.

Tiby... Il venait d'apprendre, par câble, son décès à Nouméa. Ce père absent, cet homme lointain, mais attentif, qui avait saisi la vie à pleines mains dans un grand éclat de rire. Il venait de la quitter en laissant aux siens le fruit de son travail aux Hébrides et en Calédonie, mais aussi peut-être la plus importante bibliothèque existant à Nouméa sur les peuples du Pacifique, sur les navigateurs et les aventuriers qui avaient parcouru cet océan.

Edouard le revoyait, assis à son bureau, sa large carrure cachant en partie le tableau qu'il avait commandé quelques années plus tôt à un peintre local. La toile illustrait la scène du départ de la première femme indigène d'Aoba allant travailler de l'autre côté de l'horizon, loin de chez elle, loin de son île. Elle apparaît craintive, marchant avec hésitation sur la plage, comme à regret. Une goélette attend, au large. Le chef de tribu aux cheveux crépus, vêtu seulement d'un *manou* enroulé sur ses hanches, essuie, avec une branche de bourao, ses pas sur le sable. Était-il de la même tribu celui qui venait de faire le voyage jusqu'à Nouméa pour assister aux obsèques de Nicolas Hagen et dire, en bichlamar, au nom des siens, qu'ils avaient tous aimé le *masta* Tiby ?

Emely avait un jour raconté à Edouard que, lorsque Tiby partait en voyage en Europe, son grand plaisir était de rencontrer des écrivains. Il leur décrivait avec enthousiasme son Pacifique pour les inciter à venir dans ses îles et relater ensuite la beauté des paysages et le turquoise du lagon. Pourtant le passage de Pierre Benoit à Santo, pour une escale de deux jours, alors qu'il voyageait sur le *Grand Courrier des Messageries*, en laissa plus d'un perplexe. Pierre Benoit avait invité à bord des planteurs qui s'ingénièrent à briller devant lui en racontant des histoires survenues dans l'archipel. Sans quitter le bateau, dit-on, Pierre Benoit fit ainsi provision d'une multitude d'anecdotes, en particulier celle de deux Anglais débarqués sur une plage d'Epi et que les colons hébridais retrouvèrent dans *Erromango*, titre du roman de l'écrivain évoquant ces îles du bout du monde et les appels sourds des tambours d'Ambrym.

La durée du voyage eut raison des devises emportées par les Calédoniens. L'ambassade de France ignora superbement les difficultés de ses deux ressortissants qui durent vendre à l'encan le contenu de leurs valises. Le retour fut une nouvelle aventure qui se déroula de transbordement en transbordement, de l'Indonésie à Saigon, de l'Australie à Nouméa. Edouard découvrit le plaisir des rencontres, enrichies par l'écoute attentive qu'il portait à ses interlocuteurs.

Ce voyage aux Indes fut une telle découverte pour lui qu'il décida d'en faire d'autres, ailleurs, dès qu'il le pourrait, en France d'abord. Avec Henriette. L'aviation avait fait maintenant largement ses preuves. La guerre n'y était pas étrangère et aussi ces fous du Pacifique qui avaient montré que tout était possible : même reprendre des Catalina et des Seabee américains pour démarrer des compagnies aériennes privées. Il y avait bien des incidents de parcours, défauts de jeunesse d'un moyen de transport ouvert à toutes les conquêtes. Mais entre les monstres ailés de cet après-guerre et les premiers Latécoère et autres Morane d'Issy-les-Moulineaux avec lesquels de jeunes amateurs de grand air et de sensations fortes faisaient des sauts de puce quelle formidable évolution ! Cette jeune aviation en quête de voyageurs allait raccourcir les distances et bouleverser les échanges.

Edouard sourit en repensant au vol inaugural de la compagnie australienne Transoceanic Airways. Il s'était intéressé à ce vol parce que la jeune compagnie se proposait de relier Sydney aux îles Salomon en passant par Nouméa, Vila et Santo. Et aussi parce que participait à l'aventure Donald Gubbay, le frère de ce lieutenant mort en mission au nord de la Nouvelle-Guinée, juste à la fin de la guerre et dont le père, Dal, avait développé ses affaires aux Hébrides. Ce n'était pas vieux, cette histoire... cinq, six mois tout au plus. Les trente passagers avaient embarqué dans l'hydravion, rééquipé en quadrimoteur, un Short Sunderland que la RAF avait utilisé pendant la guerre pour surveiller les côtes et lâcher des bombes. Les anciens pilotes de guerre, comme partout ailleurs, s'étaient reconvertis dans le pilotage d'avions commerciaux. Le décollage de Rose Bay, près de Sydney, avait eu lieu à minuit pour que toutes les chances soient du côté du pilote... et des passagers. Les vents étaient favorables et la mer serait calme pour amerrir à Nouméa au lever du soleil. Le décollage s'était bien passé. Le décollage, oui. Mais ensuite, le voyage s'était transformé en une odyssée mémorable. Très rapidement un moteur prit feu. L'hydravion, comme attiré par l'océan, s'en rapprochait dangereusement. Donald reçut du pilote l'ordre de déverrouiller les portes qui à l'origine servaient au largage des bombes et sur lesquelles était encore inscrit *Bomb bay*.

– Donald, balance le fret !

« Adieu les produits frais destinés – grande première – aux épiceries calédoniennes », pensa Donald avec regret.

– Donald, balance les bagages des passagers !

Donald n'osa pas regarder les passagers.

Mais, si l'avion avait repris un peu d'altitude, les extincteurs n'avaient pas éteint le feu. L'hélice du moteur défaillant ne pouvait pas être mise en drapeau. Tous les quarts d'heure, des flammes s'en dégageaient, éclairant la cabine et les yeux atterrés des passagers silencieux et statufiés. L'amerrissage à Nouméa fut brutal, mais les délivra du cauchemar de leur nuit.

Edouard et Henriette prirent l'hydravion de ligne, un Catalina, qui les déposa à Fidji. Puis un autre vol pour Los Angeles. Le Bourget enfin après quatre jours de voyage. Henriette, qui connaissait déjà la France, aurait aimé voir Edouard étonné de ses découvertes. Pas du tout. Edouard huma l'air de Paris avec bonheur, comme s'il retrouvait une nouvelle fois cette ville qu'il n'avait encore jamais vue. C'est vrai qu'il paraissait à l'aise. Henriette avait l'impression que rien ne le surprenait, alors qu'il allait de découverte en découverte. Celle du Louvre fut pourtant un choc formidable. Au sous-sol, il ne voulait plus quitter les salles égyptiennes. La stylisation des silhouettes sur les fresques, torses de face, visages de profil, lui paraissait l'accomplissement du modernisme. Et les dessins racontant la construction des pyramides l'épataient, comme toute expression de l'ingéniosité des hommes.

– Edouard, allons prendre l'air ! disait Henriette.

– Où ?

– Je ne sais pas moi, rue Royale, rue du Faubourg-Saint-Honoré.

À leur arrivée, ils s'étaient rendus chez Citroën. Edouard eut le coup de foudre pour la jeune deux-chevaux, cette ébauche de voiture faite de quatre plaques de tôle, mais qui résistait à tout en rebondissant comme du caoutchouc sur les terrains accidentés. Edouard avait l'impression que ce véhicule d'une simplicité extraordinaire, mais d'une solidité à toute épreuve, avait été conçu tout exprès pour les pistes calédoniennes.

Puis ils allèrent faire connaissance des gens de Hachette avec qui Henriette correspondait. Leurs promenades dans les rues de

Saint-Germain-des-Prés leur firent franchir le porche d'autres maisons d'édition auprès desquelles ils se firent connaître.

Les vitrines de la rue Royale et du quartier de la Madeleine les incitèrent à signer des contrats de représentation avec des maisons de vêtements, de foulards de luxe, de produits de beauté. Les vitrines de Christofle n'étaient pas loin. Henriette revoyait tout à coup dans la maison de la vallée du Tir, puis dans celle de l'Orphelinat, le plaisir méticuleux de sa maman lorsqu'elle dressait avec grand soin une table de jour de fête. Les nappes brodées si blanches, les couverts disposés en sentinelles rigoureuses de chaque côté des assiettes, les fleurs du jardin transformées en bouquet ou en centre de table, les plats toujours joliment servis. L'exposition de Christofle c'était tout ça, avec un luxe plus affiché. Henriette décida qu'elle représenterait cette marque à Nouméa et qu'un jour, sa table en serait la vitrine.

Mais la France, c'étaient aussi ces provinces qu'Henriette avait découvertes avec ses parents. Elle voulait, à son tour, les faire visiter à Edouard. Ils achetèrent une voiture et descendirent vers Sète, Montpellier, Arles, puis la Côte d'Azur. La Camargue fut un éblouissement pour Edouard :

– Si j'en avais les moyens, j'achèterais là, tout de suite, ces prairies marécageuses. Tu vois, enchaîna-t-il, j'aimerais investir dans cette région et, si je le pouvais, j'achèterais aussi une partie du Sahara.

– Pourquoi ? lui demanda Henriette étonnée.

– Ce sont des régions superbes, l'une marécageuse, l'autre désertique, mais toutes deux, j'en suis sûr, promises à de grands avenirs.

À Nouméa, Edouard et Henriette, rue de l'Alma, faisaient construire un grand immeuble moderne, contigu au leur, par le même architecte australien qui avait conçu l'immeuble de leurs voisins, les frères Ventrillon. Ils voulaient que les magasins prévus au rez-de-chaussée offrent aux Calédoniens tout ce dont la guerre les avait privés, tout ce que leurs nouveaux fournisseurs parisiens s'engageaient aujourd'hui à leur expédier. L'étage serait même desservi par un ascenseur. Là aussi, ce serait le premier de Nouméa.

À leur retour, en 1951, la librairie put y être transférée. Dans le nouveau magasin, vaste et clair, on circulait à l'aise, entre les présentoirs de livres, de journaux et de papeterie. À côté, une nouvelle enseigne : *Claude-France*. Boutique de mode et de produits de luxe.

Henriette avait là son domaine. Elle garda cependant un œil attentif au respect des rites qu'elle avait instaurés à la librairie lorsque les journaux et les livres arrivaient de métropole.

Edouard s'était fait installer un bureau spacieux au deuxième étage. C'était là qu'il recevait régulièrement ses collaborateurs. Le contrôle serré qu'il exerçait sur ses affaires commerciales relevait à chaque fois à leurs yeux d'un véritable examen de passage, cordial et bienveillant sans doute, mais précis et complet tout de même. Un rituel avait été naturellement instauré, chacun en connaissait les étapes. Edouard notait avec précision sur un cahier les objectifs fixés ou prévus avec les directeurs de ses magasins, puis, à la réunion suivante de fin de mois, il ressortait d'un tiroir, où étaient déjà soigneusement rangés les cahiers de l'année précédente, ses notes. Il comparait et analysait avec son interlocuteur les points forts ou les points faibles des résultats enregistrés, mesurant avec attention les difficultés et les obstacles d'exploitation qui lui étaient exposés. Il donnait ensuite ses directives avec bon sens et une intuition impressionnante des résultats espérés et réalisables. Les directeurs avaient établi, entre eux, un code pour s'informer mutuellement, ces jours-là, de l'humeur d'Edouard. S'il était contrarié ou nettement fâché, une protubérance se formait juste au-dessus de ses sourcils, entre ses yeux. L'alerte générale était alors donnée :

– Attention les gars, sur la pointe des pieds, Edouard a la boule...

– Oui, entrez !

– Entrez ! dut répéter Edouard qui devinait un lent et timide mouvement de la poignée de la porte.

Un colosse noir apparut dans l'encoignure. C'était Moïse, l'ancien équipier de water-polo.

– Je ne te dérange pas, Edouard ?

– Tu ne me déranges jamais, Moïse. Assieds-toi.

L'athlète, devenu presque obèse, envahit le fauteuil de cuir en vis-à-vis du bureau, en poussant un grand soupir.

– Eh bien, mon vieux, dit Edouard avec cette éternelle lueur de malice dans les yeux, tu as besoin de quelque chose ?

– Je n'ai besoin de rien. Simplement, il fait tellement chaud dehors. J'avais envie de souffler un peu. Alors je me suis dit : Edouard, avec ses crématiseurs...

– Climatiseurs, Moïse, climatiseurs.

– C'est vrai que ça marche bien, ces trucs-là. Il fait frais chez toi. On respire. Je peux rester un peu ?

– Tout le temps que tu voudras. Tu veux quelque chose à lire, une revue ?

– J'ai acheté *Détective* à Henriette en bas. Il marche bien, dis donc, ton arpenteur ! On n'a pas à monter l'escalier, avec la chaleur qu'il fait !

– Pas arpenteur, Moïse, ascenseur !

Edouard s'amusait de l'admiration naïve que suscitaient ces installations chez ses copains des stades, des bains militaires ou de la Thiébaghi. Il sentait qu'ils étaient fiers de vivre dans une île ouverte au modernisme, « à l'américaine », comme ils disaient. Et, à travers Edouard, ils avaient un peu l'impression d'en être les initiateurs. Leurs liens de jeunesse s'en trouvaient renforcés. Edouard restait leur copain et eux restaient ses complices lorsqu'il échafaudait une énorme plaisanterie de potache.

Son meilleur mécanicien, remarquable chauffeur de camion, s'appelait Napoléon. Edouard lui demanda, un jour, de l'accompagner dans un de ces cinq-tonnes Citroën jusqu'à Houailou où il voulait jeter un œil sur une mine, « en amateur » prétendait-il. Houaïlou était à quelque deux cent cinquante kilomètres de Nouméa, sur la côte est. Il fallait franchir le fameux col des Roussettes, sur ces pistes de montagne poussiéreuses et cahoteuses frôlant des précipices et où l'on pouvait parfois se retrouver nez à nez avec un autre camion fonçant lui aussi à grande allure, voire un troupeau de vaches qu'on risquait de percuter dans un virage en épingle à cheveux, si par hasard on n'avait pas respecté les horaires imposant une circulation alternée. Sans compter les éboulements, les arbres renversés sur la route, les coulées de boue s'il avait un peu trop plu. Enfin, arrivés dans ce petit village aux maisons et aux cases éparpillées, niché au fond d'une anse, Edouard et son chauffeur entrèrent dans l'école pour rendre une visite de courtoisie au pasteur. Alors, belle récompense à son obstination, bouffée de bonheur parfait, d'extase absolue quand Edouard, gardant un sérieux de façade, put enfin dire :

– Pasteur Charlemagne, je vous présente Napoléon. Napoléon, voici Charlemagne !

Le souvenir de la mort dramatique de son frère Richard, à Epi, après une chute de cheval, avait longtemps tenu Edouard éloigné des chevaux et des courses hippiques organisées maintenant régulièrement, à la belle saison, à Koné, Gomen, Pouembout ou La Foa. La « saison » durait tout de même cinq à six mois. Mais, un jour, leur attrait reprit le dessus. Les cavalcades interminables sur les longues plages d'Ouvéa qui avaient si souvent jalonné son enfance étaient restées dans sa mémoire. Emely lui avait appris à prendre soin des chevaux en revenant à la tombée du jour. Il gardait encore aujourd'hui, intacte, la sensation du poil humide lissé sous sa main. Il se souvenait de ses doigts redessinant sur la robe les muscles frémissants de l'animal après l'effort ; il aimait leur puissance dans l'élan, il devinait leur intelligence à la compétition, il était admiratif de la beauté de leur corps dénoué dans les galops fous. Les courses lui faisaient revivre toutes ces sensations dans leurs spectacles fugaces comme l'éclair ; elles provoquaient aussi des battements du cœur à l'intensité ramassée en quelques courtes minutes. Et puis les courses n'avaient pas leur pareil pour les hommes qui aimaient risquer, se mesurer, se confronter par jockeys et chevaux interposés.

Edouard en parlait souvent avec le vétérinaire Jean Vergès. Sur ses conseils, il partit en Australie avec lui afin de choisir un pur-sang. Ce fut Open Air. Edouard mit tous ses espoirs sur lui. L'entraînement, Jean Vergès s'en occupait, les soins, Jean Vergès s'en occupait. Mais il y avait une chose que Jean Vergès ne pouvait pas faire, parce qu'un jockey ne peut pas peser cent trente kilos !

Le grand rival d'Open Air, pur-sang lui aussi venu d'Australie, s'appelait Tabratong. Il avait été acheté par Desarmagnac. Quelques 1 600 ou 2 000 mètres ramenés à des duels entre Open Air et Tabratong animèrent les champs de courses sans vraiment départager hommes et chevaux.

Pourtant, Open Air sur piste, c'était le vent, c'était la projection d'un corps parfait, c'était une foulée légère et élégante sans effort apparent. Mais Open Air essuyait des revers car, pour un tel cheval, ne pas franchir la ligne d'arrivée en tête, c'était perdre. Comme toujours, Edouard restait silencieux. Il observait. Au paddock, il tournait discrètement autour des chevaux, entre les jockeys, et le soir il exprimait à Henriette ses étonnements, ses doutes. Quelques courses étaient gagnées par Open Air, mais pour Edouard les prix récoltés avaient l'allure de prix de consolation comparés aux espoirs mis dans le pur-sang. Jean Vergès en convenait : ce n'était pas normal. Il fallait en avoir le cœur net.

Le cœur net, Edouard l'eut à la course suivante, à laquelle Open Air participa. Sans en avertir quiconque, lorsque le jockey se présenta à la pesée, Edouard prit sa selle, appela le palefrenier, lui mit la selle dans les bras en lui disant :

– C'est toi qui vas monter Open Air.

La surprise stupéfia l'un et immobilisa l'autre.

Malgré son poids dissuasif, le palefrenier s'exécuta. Il connaissait Open Air. Au milieu du parcours, il lui rendit le superbe hommage de jeter ostensiblement sa cravache au loin. Le cheval s'envola littéralement. Les spectateurs des tribunes se levèrent comme un seul homme, hurlant le nom du cheval, applaudissant déjà à ce spectacle éblouissant. Avec son calme énigmatique, Edouard-propriétaire vint féliciter d'une caresse Open Air encore frémissant et serra la main de son jockey de fortune. Sur le visage d'Edouard, le sourire était éloquent. Open Air était bien ce qu'il avait toujours pressenti : un gagneur.

À partir de ce moment-là, Open Air rafla les coupes avec juste un frémissement des naseaux. Il courait déjà indifféremment les 2 000 et les 2 200 mètres et les gagnait avec la même facilité. Il était la vitesse et il était la tenue. Le temps et la distance ne semblaient pas avoir de prise sur lui.

– Edouard, le grand prix de l'anse Vata, dans deux mois, tu inscris Open Air ?

– Quelle question. Bien sûr !

– Attention, Edouard. C'est 3 000 mètres.

– Raison de plus.

Le moment de l'affrontement qui ferait d'Open Air le champion des champions s'il franchissait le premier la ligne d'arrivée fut bien inscrit sur le calendrier de septembre avec le rendez-vous du grand prix de l'anse Vata. Avec Open Air, Tabratong serait sur la ligne de départ. Les turfistes étaient tous là. Pour rien au monde ils n'auraient manqué ce duel qui leur promettait le spectacle et l'émotion « de l'année ». Ils montraient à leurs voisins, d'un geste de la main, les propriétaires, là, juste là, près des barrières : Pentecost et Desarmagnac ; les îles contre Nouméa ! Voilà des paris qui ne manquaient pas de sel. C'était l'excitation dans les tribunes. Les capelines s'agitaient, des rires et des plaisanteries s'échangeaient. Un vrai dimanche de grand bonheur.

Ces 3 000 mètres courus en *3 minutes, 16 secondes* firent de cette course un exploit inoubliable. Le jockey Georges Well et Open Air entrèrent ensemble dans la légende des grands exploits calédoniens.

Mais le plaisir d'Edouard n'était pas seulement les victoires remportées devant des tribunes combles. Il aimait assister aux bals bon enfant qui clôturaient en brousse ces dimanches hippiques où les broussards se retrouvaient entre eux pour prolonger la fête. Ils y rencontraient les gens de Nouméa qui vibraient aux mêmes plaisirs qu'eux. Et ces soirs-là, les filles, pomponnées avec soin, la taille serrée dans des robes aux jupes évasées comme si elles étaient amidonnées, guettaient les regards appuyés des stockmen descendus de leur cheval pour l'occasion. À la compétition sur le terrain, succédait alors celle sur piste de danse où, après des paso-doble péremptoires, les valseurs se mesuraient, sous l'œil critique et vigilant de leurs épouses. Les plus habiles n'étaient pas forcément les plus jeunes ni les plus minces. C'est ainsi que beaucoup se souviennent de ce bal à La Foa où Jean Vergès, à la corpulence joviale, avait conduit, dans une valse brune légère, une partenaire toute menue sur une assiette retournée posée sur le sol. Applaudissements enthousiastes et cris d'admiration prolongés avaient souligné l'exploit. Certains, loin d'avoir la corpulence du vétérinaire, avouèrent plus tard s'être entraînés secrètement chez eux à cet exercice périlleux. Sans succès.

Ce fut à Sydney un mariage intime et chaleureux. Une voilette blanche glissant d'une petite toque posée sur ses cheveux blonds donnait un charme fragile au regard de Denyse Kuter. À ses côtés, Donald Gubbay n'arrivait pas à paraître solennel dans son costume sombre. Sa moustache triomphante et l'œillet fixé au revers de sa veste y étaient peut-être pour quelque chose. Donald épousait Denyse Kuter à l'église Saint-Patrick en plein cœur de Sydney. La cérémonie avait été bénie par un prêtre mariste français, missionnaire pendant de nombreuses années aux îles Salomon, le père Léon Chaize, maintenant affecté à Sydney. Au soleil d'hiver, le parvis de pierres ocre était comme animé du frémissement des feuilles des platanes plantés tout autour. Leurs ombres venaient danser au pied des jeunes mariés.

Ils étaient nés tous deux la même année, vingt ans auparavant, et avaient passé une partie de leur jeunesse à Port-Vila, Donald dans les comptoirs ou sur les caboteurs de son père Dal Gubbay, Denyse à la résidence de France des Nouvelles-Hébrides où Robert Kuter, son père, occupait le poste de commissaire résident depuis le ralliement de l'île au général de Gaulle.

Sur les courts de tennis, des regards avaient été échangés entre deux services. Un voyage en bateau vers Nouméa et Sydney avait contribué, de coursive en coursive, à rendre complices, puis inséparables, les deux adolescents... Le cargo mixte s'appelait *Morinda.* Denyse partait en pension, Donald avait décidé de poursuivre une scolarité anglo-saxonne en Australie.

Au bout d'un an, Donald revint aux Hébrides. Il avait seize ans et voulait se constituer un pécule pour entreprendre ensuite de longues études. Son père, Dal, l'emmena avec lui à Santo.

– J'avais ton âge lorsque mon père m'a envoyé ouvrir à Port-Vila son premier comptoir hébridais.

Mais contrairement à Dal, ce n'était pas vraiment le commerce qui intéressait Donald. Et puis l'insécurité due à la guerre avait rendu le cabotage hasardeux et dangereux. Ingénieux, astucieux, débrouillard, Donald commençait à jouer de ces qualités. Il se revoyait un an plus tôt, en culottes courtes, vendant ses hamburgers aux GI américains toujours affamés et se faufilant partout dans leur camp pour le plaisir d'observer l'agitation qui y régnait, les déplacements des engins, les revues des hommes alignés dans un ordre parfait, les officiers au pas pressé, les levers aux couleurs, les demi-tours grinçant des jeeps entre les longues tentes kaki.

Aujourd'hui, il allait exploiter tous les moyens du bord pour résoudre les problèmes pratiques posés par une reprise de vie dans cette île du bout du monde, après une guerre dévastatrice, mais qui avait laissé paradoxalement, à Santo, des hangars de tôle en forme de demi-lune le long des berges, des wharfs au bord de l'eau, des docks à proximité des cocoteraies.

Et le moment arriva pour les Américains de lever le camp comme ils l'avaient fait en Nouvelle-Calédonie. Ils étaient prêts à abandonner une grande partie de leur matériel. Donald regardait avec admiration et envie les chalands de débarquement. Jeune adolescent, il avait façonné des coques de voilier, caressé leurs courbes avec lenteur et recherché à chaque fois la sensation de la douceur du bois poli qui aurait à composer avec les vagues. Toute sa jeunesse Donald avait appris à vivre avec la mer. Son père l'avait habitué à dialoguer avec elle à coups d'avirons dans la baie de Port-Vila. Il lui avait montré, du pont des caboteurs, comment déjouer ses pièges et glisser entre les récifs. Il l'avait familiarisé à ses colères et lui avait recommandé de rester toujours attentif à ses humeurs. Donald aimait la mer. Elle était sa compagne de voyage dans les îles alentour ou pour les longues traversées ponctuées de nuits étoilées. C'est pourquoi ces barges américaines, nouvelles pour lui dans leur conception, lui avaient paru d'emblée idéales pour caboter d'île en île. Il se décida et acheta l'une d'entre elles aux Américains.

Les officiers avaient pris l'habitude de voir Donald dans leurs parages. Ils avaient ri de le voir fureter partout, fasciné par la découverte des merveilles techniques du « Nouveau Monde ». Ils l'interpellaient et plaisantaient toujours avec lui en le croisant. C'est donc tout naturellement à lui qu'ils firent appel pour organiser le chargement de cinquante mille tonnes de matériel encore en caisses, à destination maintenant de la Chine et de l'Indonésie.

Le jeune Donald négocia le contrat de cette prestation et partit de tribu en tribu recruter des *bushmen* hébridais. Hilares, ces gaillards couleur tabac, seulement vêtus d'un étui pénien, descendirent avec lui de leurs collines et côtoyèrent tout intrigués l'Amérique victorieuse, en chargeant sur leurs épaules musclées des caisses d'armements sophistiqués qui allaient quitter les hangars en demi-lune pour les cales des bateaux de guerre de l'US Navy.

Au bord du chenal, le spectacle de ces deux civilisations vivant ensemble leurs différences le plus naturellement du monde amusait Donald qui traduisait aux uns les coutumes des autres et expliquait aux plus curieux des Hébridais une Amérique que lui-même imaginait. Donald vivait très à l'aise ces paradoxes, peut-être plus étonné par les *battle-dress* et les *rangers* que par la nudité des hommes du *bush.*

Les bénéfices tirés de ses bons offices permirent à Donald de repartir à Sydney quelque temps, puis de s'y marier. Mais les économies épuisées, il décida avec sa femme Denyse de revenir à Santo s'installer. La vie s'organisa. Un bébé était annoncé qui irait naître à Sydney.

Je reviendrai dans les bras de ma mère, Denyse Gubbay, à bord d'un Catalina, l'hydravion des lignes régulières, trois mois après ma naissance. La cérémonie de mon baptême officialise mon prénon : Denyse-Anne. Quant au petit bourg de Santo, il change de nom et devient Luganville en mémoire d'un héros français de la guerre du Pacifique, le capitaine Lugan. Je grandirai donc à Luganville comme mes frères qui naîtront un peu plus tard, Philippe, puis Karl.

Papa avait construit lui-même notre maison sur le petit plateau qui surplombait le canal du Segond. Elle était en bois. Il s'en dégageait une impression de vacances lorsque je la comparais aux lourdes maisons de béton que je voyais dans les livres ou dans les revues que feuilletaient mes parents. Nous dominions la très longue rue principale qui traversait le bourg et s'étirait le long du canal, serpentant jusqu'au pont de la Sarakata, une rivière paisible et profonde, aux rives encaissées et enfouies sous une végétation exubérante.

De la maison, la vue était somptueuse. La douceur des alizés et les couleurs changeantes de la mer créaient un décor renouvelé à chaque instant. Bien que située au centre du bourg, notre maison était plantée dans une cocoteraie encerclée d'opulents bosquets de lys blancs ; au milieu de la pelouse, des taches rouges de fleurs d'hibiscus et les fleurs blanc et jaune des frangipaniers donnaient de la gaité à la rigueur du tapis gazonné. Une balançoire était accrochée à un énorme bois noir couvert en saison de fleurs pompons jaune mordoré au parfum sucré et entêtant. À l'arrière de la maison, il y avait les garages, le lavoir, un avocatier prolifique, des bananiers et des papayers. Tout audessus, en surplomb, le bureau de Donald, mon père, adossé à une énorme falaise de roches fissurées, dégoulinantes de racines de banyan.

Donald n'arrêtait pas de repasser dans sa mémoire les images du départ des Américains. Les Français avaient imaginé que l'armée américaine ne demanderait pas un *cent* pour le matériel qu'elle ne voulait pas remporter. Alors ils firent les difficiles et trouvèrent inutile de répondre aux propositions américaines. Constatant cette inertie, les Américains n'eurent pas d'état d'âme. À quinze minutes du centre de Santo, ils installèrent une rampe métallique qui conduisait à la mer. À cet endroit, il y avait une fosse dont la profondeur terrifiait même les plus vieux marins. Pendant plusieurs jours, les mécaniciens abasourdis grimpèrent à bord des tracteurs, des jeeps, des graders, des ambulances, des camions. Les moteurs toussaient, grondaient et la procession géante s'ébranlait vers la rampe, lui donnant l'aspect d'une chenille en reptation. Les hommes sautaient des véhicules au dernier moment et les monstres dédaignés plongeaient dans la mer. Les conducteurs revenaient dans les hangars en hochant tristement la tête. La veille encore, on leur avait demandé de graisser les machines. Après le départ des Américains, cette fosse garda le nom qui lui fut donné alors : *Million dollars point.* Cimetière de matériel neuf valant au bas mot un *million de dollars* à n'en pas douter. Sans compter le paquebot de croisières *President Coolidge* réaménagé de l'autre côté de l'Atlantique en transport de troupes et qui avait heurté quelques mois auparavant une mine en longeant la côte à proximité de Santo. Une manœuvre de dégagement lui avait fait heurter par son arrière une deuxième mine. Le désastre était complet. Tout doucement le paquebot, chargé de matériel de guerre juste sorti des usines américaines, avait sombré à proximité du chenal.

La procession suicidaire, bruyante du ronflement des moteurs et du claquement des chaînes sur la rampe métallique, était restée dans la mémoire des habitants de Luganville. Le défilé des engins aux couleurs de guerre ne s'était arrêté qu'une fois toutes les machines immergées. Le silence retombé, les Américains avaient quitté Santo.

Mais il restait les abris qu'ils avaient construits, pensa Donald. Alors, retroussant ses manches, il décortiqua l'acier des huttes souterraines où, pendant la guerre, les Américains enfouissaient les munitions et il mit à plat les tôles ondulées des immenses hangars en demi-lune aux lisières des plantations. Il revendait ces métaux de récupération en Australie et en Nouvelle-Zélande. Il s'attaqua ensuite aux deux cents carcasses d'avions bombardiers gisant à l'abandon. Avec l'aide du major West, un Américain séduit par les Hébrides et qui était revenu, il installa, à proximité de ce chantier, une fonderie et récupéra là encore un métal devenu précieux en cet après-guerre de pénuries.

Donald était partout, essayant d'imaginer inlassablement la création de nouvelles activités à Santo. Dans l'une des quelques demi-lunes restées debout, avaient été installées les boutiques du pharmacien, du papetier, de l'épicier. Les habitants du bourg s'y retrouvaient ou passaient devant, inévitablement. Un matin, Donald crut reconnaître, à proximité, assis sur un banc de fortune, James Michener qui paraissait désorienté. Donald fit demi-tour et retourna chez lui pour feuilleter la revue américaine dans laquelle il avait vu sa photo. C'était bien ça. C'était bien lui. Michener, en smocking, recevait une distinction honorifique. L'article parlait du succès délirant de la comédie musicale *South Pacific* inspirée de son livre *Tales of the South Pacific*. Donald, ravi de sa perspicacité, montra la page à Denyse en ajoutant :

– On l'invite ?

– Si tu veux... Mais attends, je viens avec toi.

Lorsque ensemble ils revinrent à la demi-lune, ils virent James Michener qui n'avait pas bougé. Il regardait avec intérêt le va-et-vient, chez les commerçants, des clients de toutes races et de toutes nationalités, Néo-Hébridais, Asiatiques, Britanniques et Français qui avaient repris une vie paisible comme si la guerre n'avait jamais existé.

Donald s'approcha de lui, devançant sa femme restée légèrement en retrait et se présenta :

– Je m'appelle Donald Gubbay. Vous êtes James Michener, n'est-ce pas ?

– *Good Lord!* s'exclama Michener en éclatant de rire. Ma modestie est en train de prendre un coup fatal. Je suis venu ici avec ma femme pour me réfugier d'une notoriété new-yorkaise qui en ce moment est trop envahissante. Et ici, à l'ombre de ces cocotiers, à des milliers de kilomètres de chez moi, vous me demandez si je suis bien Michener.

– Nous ne voulons pas vous importuner. Mais ma femme, ajouta Donald alors que Denyse s'avançait, et moi-même souhaitons vous inviter parce que vous avez connu mon père, Dal Gubbay, à l'hôpital des Américains de Vila, pendant la guerre. Peut-être vous en souvenez-vous ?

– Mais bien sûr, je me souviens très bien de Dal. Parfaitement bilingue, il traduisait pour nous les rapports, et il aimait que nous nous retrouvions dans le pavillon des convalescents où, disait-il, les nurses étaient plus disponibles, ajouta Michener en riant.

Donald se souvint que son père lui avait raconté que c'était Michener qui l'entraînait vers ce pavillon... Il éclata de rire à son tour, mais se tut.

– Et qu'est devenu votre père ? J'aimerais beaucoup le revoir.

– Mon père ne s'est jamais remis de la mort de mon frère Alan, au nord de la Nouvelle-Guinée, juste à la fin de la guerre. Il a vendu ses affaires des Hébrides et s'est retiré à Sydney. C'est là-bas que vous pourrez le voir.

– Oui. Nous avions appris la mort d'Alan. Désolés, vraiment. Mais en attendant de nous rendre en Australie, jeune homme, ma femme et moi acceptons bien volontiers votre invitation.

Cela dura tout le séjour des Michener à Santo. Donald et Denyse assurèrent même le nursing de James lorsque, malade de fièvre, il dut s'aliter. Il apprit alors qu'il avait la rougeole.

L'ingéniosité de Donald, son dynamisme et sa gentillesse avaient déjà assis sa réputation. On commença à le solliciter pour des travaux de sous-traitance où des connaissances techniques étaient indispensables, mais où les astuces devaient pallier l'absence de moyens. Il mena à terme la construction du quai de Luganville et celle du pont jeté sur la Sarakata et construisit des chalands en récupérant les bouées d'acier de la marine américaine : les *budys*. Il les avait repérées, alignées et devenues inutiles dans la plantation qui avait appartenu à Tiby Hagen.

Pendant ces années de l'immédiat après-guerre, Donald Gubbay travailla avec un tel acharnement qu'un soir, en sortant de sa banque, il contempla le soleil glissant lentement de l'autre côté de l'horizon en pensant qu'il était temps pour lui aussi d'aller voir ce qu'il se passait de l'autre côté de la terre. Avec sa femme, Denyse.

– Mais, Denyse-Anne ? lui demanda Denyse, elle n'a que quatre ans !

– L'air des montagnes Bleues, proches de Sydney, lui fera le plus grand bien après ces jeunes années de chaleur tropicale !

Mes parents m'y déposèrent dans une famille amie.

Le grand voyage de ces grandes vacances dura six mois. Ils visitèrent, s'amusèrent et découvrirent l'Europe et l'Amérique. Aux États-Unis, Donald voulut voir fonctionner ces usines de conserves où l'on disait qu'en glissant un cochon dans un tunnel, on en sortait d'un côté des brosses à dents et de l'autre des jambons. Il visita aussi des entreprises qui tiraient au mieux parti des noix de coco et de leurs fibres. Il revint à Santo la tête pleine de projets.

1951

– Tous les Japonais mangent donc avec des baguettes ? s'exclama Edouard.

À cette remarque du Calédonien, Kohkichi Haruhira se demanda quel était vraiment le sens de l'interrogation. Edouard Pentecost était un homme courtois, mais ses questions n'étaient jamais anodines.

Cela faisait maintenant un peu plus de deux ans que le Japonais avait rencontré pour la première fois Edouard. C'était à Nouméa. Haruhira, intrigué par cette lettre de Nouvelle-Calédonie arrivée sur son bureau à Tokyo, avait remarqué qu'elle portait une modeste en-tête dont le nom ne lui disait strictement rien. Edouard Pentecost proposait simplement à la firme japonaise Mitsubishi de lui vendre du minerai de nickel. Déjà alertés par la société parisienne détentrice de titres miniers en Nouvelle-Calédonie, ses chefs, prudents, avaient envoyé Haruhira se renseigner sur place et faire la connaissance de ce Calédonien. Ils avaient été surpris par la démarche de cet homme de Maré qui, faisant fi du passé récent marqué par Pearl Harbor, Hiroshima et la défaite japonaise, se portait candidat pour leur vendre du minerai alors que l'empire du Soleil levant, mis au ban des nations, n'en finissait pas de lécher ses plaies.

À sa descente de l'hydravion, Haruhira avait été accueilli par un homme aux épaules puissantes, chaleureux, qui l'avait invité à déjeuner sans façon dans une maison entourée de rosiers et de buissons d'hibiscus, et protégée du soleil par l'ombre des flamboyants aux allures de parasols. Il avait fait la connaissance d'une épouse accueillante qui s'appelait Henriette et des trois enfants pour une fois silencieux : une belle jeune fille, Claude et deux garçons, Michel, l'aîné, et Philippe.

Pour Haruhira, ce fut une sorte de coup de foudre pour la famille tout entière. C'était la première fois qu'à l'étranger il était accueilli avec autant de chaleur, de simplicité et... d'intelligence, lui sembla-t-il. Comment ce Blanc étrange, avec ses allures d'athlète prêt à tous les canulars, avait-il osé s'adresser à la Mitsubishi pour lui proposer son nickel ? Un nickel qu'il ne possédait même pas. Haruhira repartit enthousiasmé. Il rendit compte à sa hiérarchie en ajoutant :

– Cet homme, c'est le business ! Le business à l'état pur. Ses références, il les prend dans l'Histoire. C'est fou, sa connaissance de l'histoire des peuples et des pays. Et puis, plus proche de lui, ses références morales et pratiques, c'est chez sa mère qu'il a dû les puiser. Dans les îles.

L'enthousiasme d'Haruhira avait amusé ses collaborateurs.

De cette rencontre était née une réelle amitié entre les deux hommes, spontanée, profonde et totale. C'est ainsi qu'un jour de 1951, à Tokyo, Haruhira expliquait à Edouard Pentecost l'art d'un maniement élégant et adroit des baguettes aux extrémités ouvragées. Edouard découvrait avec délice les « *tempura* aux crevettes » et multipliait à haute voix le nombre de paires de baguettes par celui de la population japonaise en âge de les tenir ! « Finalement, les problèmes de remplissage de baignoires avec les débits de robinet ou la vitesse des trains entre deux gares, à l'heure du certificat d'études, finissent par servir un jour ou l'autre », pensait-il en souriant... même si à l'époque, à Païta, il n'y avait pas de baignoire, mais seulement un train !

Diable d'homme, tout de même, ce Français du Pacifique qui était là, maintenant, accroupi en face du grand patron, posant des questions sur la consommation de baguettes au Japon. Le président de la compagnie, qui semblait lui aussi sous le charme, répondit :

– Savez-vous, monsieur Pentecost, que nous consommons douze millions de baguettes par jour au Japon ?

Edouard le regarda en silence, en se disant que là, ce n'était plus le certificat d'études qui était concerné, mais Polytechnique. Puis, à haute voix, il constata :

– Douze millions ! Vous devez abattre des forêts entières. Il y a donc tant de bois que cela dans votre beau pays ?

Le Japonais sourit en lui demandant :

– Monsieur Pentecost, peut-être avez-vous une idée en tête ?

– Vous devriez venir visiter nos îles, monsieur le président. Les Nouvelles-Hébrides par exemple, des arbres à perte de vue. Du bois en copeaux que nous brûlons... Utilisation possible chez vous...

– Ça c'est envisageable tant qu'il s'agit de bois, répondit le Japonais en riant, parce que des baguettes en nickel...

Dès son retour à Nouméa, Edouard fila aux Hébrides et créa sur Vila et Santo une société forestière. Avant de monter dans l'avion, il prit tout de même le temps d'annoncer à Henriette qu'il avait rapporté de Tokyo, outre des baguettes, son premier contrat d'exportation de minerai vers une fonderie japonaise.

Henriette se remémora tout à coup le jour où elle était allée solliciter de son père un prêt pour l'achat de la librairie. C'était il y avait vingt ans déjà. Au cours de ces vingt années, le développement des activités commerciales d'Edouard avait été spectaculaire. Tranquillement, calmement, l'homme de Maré les avait hissées au rang des grandes maisons de commerce locales, constituant dans le même temps un patrimoine immobilier important qui servirait plus tard ses projets.

Adossé aux revenus que lui rapportaient ses affaires et qui constituaient également pour la banque des garanties, Edouard Pentecost se sentait prêt maintenant à se lancer dans l'aventure minière. Il en préparait les bases depuis de longs mois. Plusieurs étapes étaient déjà franchies. En amont, sous-traitances d'exploitation obtenues, prospections réalisées, permis de recherches de gisements accordés, autorisations d'exploitation signées, l'extraction du minerai pouvait commencer. En aval, Edouard venait de s'assurer d'un premier débouché, ce contrat d'exportation de minerai conclu avec des clients japonais.

Le temps était enfin venu de lancer sur site l'extraction du minerai telle qu'il l'avait déjà cent fois imaginée. L'aventure commençait vraiment... Si Edouard gardait ce calme souriant, il connaissait le potentiel d'énergie qu'il avait accumulé patiemment depuis des années et dans lequel, à partir d'aujourd'hui, il allait devoir puiser. Jean Chalier, associé avec lui dans ses exploitations minières, lui apprendrait ce que les hommes de la Direction des mines pouvaient lui apporter ou lui retirer et ce que la terre calédonienne pouvait lui offrir ou lui refuser.

Edouard l'appela dans son bureau.

– Nous démarrons Kouaoua.

– Il vous faut un directeur sur la mine, y avez-vous pensé ?

Lorsque Edouard lui précisa qu'il gardait l'actuel, Jean le regarda, sceptique :

– Il y a dix ans, j'aurais applaudi des deux mains. Mais aujourd'hui...

– Il boit, je sais. La boisson est devenue une plaie dans ce pays ! Mais je crois que si nous lui redonnons notre confiance, ça peut le sauver. Nous arriverons peut-être à le sortir de là. En tout cas, donnons-lui cette chance. Je lui ai parlé, je lui ai expliqué ce que j'attendais de lui et je l'ai aussi mis en garde. Il est déjà sur place, gonflé à bloc.

« Le sauver... le sortir de là » : Jean Chalier trouvait ces mots incongrus. La mine, ce n'était pas la Croix bleue tout de même. Edouard Pentecost rêvait s'il pensait sauver un homme de la boisson alors qu'il se lançait dans une aventure où un faux pas à ce stade n'était pas souhaitable. Il allait tout faire capoter !

– Edouard, reviens sur ta décision. Le poste de directeur des mines est un poste clé. Pourquoi pas Edmond, Edmond Harbulot ?

– C'est vrai, j'y avais pensé, mais après l'épreuve qu'ils viennent de subir en perdant tout à Epi avec ce terrible cyclone, ils ont enfin retrouvé un peu de calme en s'installant à Plum pour cultiver des légumes et élever des poulets, je crois. Sa femme Ginette et lui semblent se remettre tout doucement. Et puis, ma tentative avec Edmond de recherche de manganèse il y a quelque temps n'a pas été un succès... Pourtant, rajouta Edouard en souriant, avec la pelleteuse, je lui avais prêté Napoléon !

– S'il n'y avait pas de manganèse, je ne vois pas comment il aurait pu t'en trouver !

– Bon, n'en parlons plus, Jean. Ma décision est prise. Au travail, maintenant.

Jean Chalier s'attela au montage de l'exploitation minière. Dès le début, en ouvrant les dossiers, l'ingénieur fut stupéfait. Partout, sur des bouts de papier, des notes d'une écriture à peine lisible, urgente aurait-on pu dire, autant d'éclats de génie, d'intuitions sur la mine, sur le sous-sol calédonien, sur le « pays », une vision formidable sur les hommes et les valeurs qui le composaient. Et peu à peu, revenait sans cesse un nom : le Japon.

« Il est fou, songea Chalier. Le Japon n'est plus rien, tout le monde le sait. Un navire à la dérive, depuis Hiroshima et Nagasaki. Ils retombent dans leur Moyen Âge, là-bas, et au Moyen Âge, les hommes n'avaient pas besoin de nickel. »

Le coup de feu claqua et alla frapper le gros banian derrière lequel Edouard et Napoléon s'étaient réfugiés. Edouard interpella son directeur « gonflé à bloc » :

– Arrête de faire l'imbécile ! C'est moi, Pentecost ! Laisse-moi entrer !

Une voix nasillarde monta de la maison isolée à flanc de coteau, au-dessus du chemin :

– Pentecost ou pas, je m'en fous ! Quand on vient chez moi, faut respecter la coutume. Ma coutume à moi, c'est une caisse de bouteilles de whisky ! Tu les as ?

– Elles sont dans la deux-chevaux, répliqua Edouard. Mais si tu continues à tirer comme ça, tout risque d'exploser.

Un deuxième coup de feu montra à Edouard que son argument n'avait pas convaincu. Le bruit se répercuta dans les collines. Le western risquait d'entrer dans une phase aiguë.

– D'accord, Pentecost, reprit la voix encore plus rocailleuse et chaloupée après un court moment de silence, va me les chercher. Mais les mains en l'air, hein ? L'empereur, lui, qu'il reste dans son trou, sinon je tire à vue.

– N'y va pas, Edouard, dit Napoléon. Il est devenu fou. Il va te balancer des plombs dans la tête.

– Laisse faire. Je crois qu'il va se calmer... Tu vois, il ne tire plus. Il ne doit plus avoir d'alcool. Il va être obligé de négocier. Il doit être en train d'y réfléchir. Mais dans son cerveau embué, ça prend un peu de temps

Puis, s'adressant à son directeur des mines, Edouard reprit plus fort :

– OK ! Je sors pour aller te chercher tes bouteilles.

Edouard apparut lentement de derrière le banian, bras levés.

– J'ai dit, Pentecost, les mains en l'air, ça veut dire les mains au-dessus de la tête. Plus haut !

À pas lents, Edouard se dirigea vers la deux-chevaux, en sortit prudemment deux bouteilles carrées et les brandit au-dessus de sa tête. Il était effaré que sa vie soit dans la trajectoire d'un canon de fusil invisible mais, en même temps, conscient du comique de la situation, il retenait avec difficulté un fou rire qui était en train de le gagner.

– Alors, tes bouteilles, tu les vois maintenant ? Je peux venir ?

– Tu peux. Mais quand tu seras devant la porte, tu prononceras un discours coutumier !

Edouard croyait rêver. À situation insolite, comportement insolite :

– Je suis fier de venir sur ce territoire où je te demande de m'accueillir. Permets-moi de t'offrir ce modeste présent qui scellera entre nous un pacte de paix et d'alliance et devrait me permettre aussi d'entrer dans cette maison. C'est du bon, du vrai. De l'écossais. Comme tes ancêtres.

Une épaisse silhouette vacillante sortit de la maison. L'homme passa une main sur ses quelques cheveux blonds et déposa son arme en l'appuyant contre la cloison. Il s'approcha d'Edouard en tendant les bras, l'embrassa. Dieu ! Qu'il sentait l'alcool ! Qu'il était sale ! Il se mit à sangloter bruyamment.

– Pardonne-moi, Edouard, je croyais que c'étaient les autres, les tribus, qui venaient m'attaquer. Il faut se méfier, tu comprends. Ils sont tous là, après moi. Parce que je suis blanc. J'en ai assez, tu comprends. J'en ai assez, même ma femme a pris le large !

Edouard enveloppa de ses bras puissants cet homme perdu :

– Ce n'est rien, ne t'inquiète pas, ce n'est rien. On va rentrer à Nouméa tous les deux. On va te soigner. N'aie plus peur.

Une heure après, la deux-chevaux repartait, bringuebalante, sur les pistes. Et Napoléon, en les voyant disparaître dans un nuage de poussière, se demandait ce qu'il allait bien pouvoir faire, tout seul, à Kouaoua. Il était mécanicien, lui, pas mineur. Mais il savait aussi qu'Edouard allait accompagner cet homme malade chez un de ses amis médecin qui le prendrait en charge à son tour.

– Edmond, j'ai besoin de toi. Peux-tu venir travailler à Kouaoua, pour trois mois ?

Edmond Harbulot n'eut pas une seconde d'hésitation. Mais au fait, Kouaoua, c'est là-bas, sur l'autre côte, autant dire à l'autre bout du monde ! Enfin, ici ou là-bas, quelle importance ? Suivre Edouard n'était vraiment pas un problème, au contraire. Et puis Edmond se souvenait que chaque fois qu'il était venu voir Edouard, celui-ci n'avait jamais hésité à l'aider.

– Mais pourquoi trois mois ?

– C'est dans trois mois que mon premier minéralier japonais va accoster. Il y a beaucoup à faire sur place... pratiquement tout... Tu crois que Ginette aussi serait d'accord ?

Le colosse Harbulot éclata de rire. Ginette pas d'accord ? Ce serait bien la première fois.

– Au fait, tu lui veux quoi à Ginette ?

– J'avais pensé que, enfin tu sais comme moi qu'il faudra analyser le minerai pour en déterminer la teneur. Je ne vois qu'elle pour faire ça...

« Quel métier n'aura-t-elle pas fait dans sa vie, Ginette ? » pensa Edmond.

– Et qui va lui apprendre ?

– Ils sont d'accord au service des mines pour la former.

– C'est parti, Edouard ! Quand me fais-tu visiter ta mine et ton bord de mer ?

– Tout de suite. Monte !

En route, Edouard précisa à son nouveau directeur des mines ce qu'il attendait de lui.

– Tout ! Tracer une route et construire un wharf, extraire le minerai et l'acheminer à portée des barges. Demande-moi tout ce dont tu auras besoin. Tu l'auras. Tu as trois mois.

– Je sens que je ne vais pas seulement mettre à contribution Ginette. Il faudra bien que ma fille Gemanick mette aussi la main à la pâte. Elle a seize ans quand même !

Il fallait déjà des camions et des hommes pour tourner jour et nuit. Des mécaniciens et Nenesse, charpentier de marine, pour construire le wharf. Nenesse lâcha tout à Nouméa et arriva.

– Tu comprends pour Edouard... et pour toi, en souvenir du régiment. Tu l'auras ton wharf, ne te fais pas de souci, occupe-toi du reste, parce que j'ai l'impression que le reste c'est un sacré morceau...

Il n'avait pas tort, Nenesse ! Il fallut tracer les routes pour que les camions lourds de minerai puissent descendre leur chargement près du wharf en construction. Il fallut que Ginette, cette petite porcelaine de Saxe aux yeux couleur lavande, dresse, entre deux analyses de pelletées de minerai, la liste des besoins de l'intendance : tous ces hommes à nourrir, cuisine et réfectoire à organiser, dortoirs à installer, une laverie de fortune à prévoir avec les femmes des tribus et les visiteurs à recevoir quand Edouard viendrait leur montrer son chantier.

Trois mois, c'est court. Impassible et silencieux, Edouard observait. Il évaluait les étapes réalisées, celles qu'il fallait encore franchir, réajustait les moyens pour y parvenir. Puis Edmond repartait vers son bout du monde après avoir rappelé à Edouard qu'il fallait aussi penser aux chalands qui transporteraient le minerai au bateau. Lui parait au plus pressé. Les Japonais voulaient bien faire confiance à Edouard, mais cette première livraison serait le test. Edmond Harbulot l'avait bien compris.

Bourrés de terre ocre jusqu'à la gueule, les camions dévalaient la montagne vers la mer. Dans des tourbillons de poussière, quand ils se croisaient en se frôlant sur la piste zigzagante et pentue, lancés à pleine vitesse, les chauffeurs, casque sur la tête, visage masqué par un foulard, faisaient hurler leurs klaxons rauques. Là-bas, à l'entrée de la baie lisse et bleue, mais striée parfois de veinules de boue jaunie, entre deux falaises couvertes de broussailles et d'arbres, le bateau noir viendrait bientôt attendre, affamé, les barges qui lui apporteraient sa pâture. Puis il remonterait vers le nord. La terre rouge de Nouvelle-Calédonie irait brûler dans les hauts fourneaux japonais, avant de glisser, en longues coulées incandescentes, dans des chaudrons ventripotents où elle retrouverait, étrangement, l'espace d'un éclair, quelques reflets émeraude de sa couleur d'origine, lorsqu'elle était caillou de la Grande Terre.

– Le vrai problème, lança Edmond Harbulot à ses chauffeurs, c'est que vous ne prenez aucun soin de vos camions. Alors, forcément, ça casse et ça coûte cher. Moi, je vous le répète toujours, faites comme s'ils étaient à vous, ces engins !

Le débat était houleux et durait depuis un bon moment. Les chauffeurs refusaient d'entretenir leurs véhicules, de les graisser, de les laver après une journée de travail. Ça passe ou ça casse. Ça passait toujours, mais ça cassait souvent. La réparation, ils s'en fichaient. Il y avait des mécanos pour ça.

– Il suffirait que vous passiez une toute petite heure à le bichonner chaque soir et tout irait bien, renchérit Napoléon. C'est comme un cheval, un camion !

– Non mais, vous rêvez ! répliqua Roger. Après huit heures au volant, je ne vais quand même pas me mettre les mains dans le cambouis. Comme disait mon père : « Cordonnier pas plus haut que la chaussure et les vaches seront bien gardées. »

Roger était un petit homme râblé, un métis. Il portait une fine moustache qu'il avait soigneusement taillée après l'observation minutieuse de celle de Clark Gable repérée dans une revue de cinéma. Roger avait été impressionné par la nuée de jolies filles entourant la vedette américaine. Il y avait sûrement un lien de cause à effet. Il suffisait de patienter, pensa Roger. La moustache était le début.

L'œil bleu brillant de malice et d'intelligence, respirant énergie et joie de vivre, Roger poursuivit :

– En rentrant, le soir, on a quand même mieux à faire.

– Mieux à faire ? dit Ginette Harbulot. Bien sûr, courir les *popinées*, sous les cocotiers...

– Mais c'est ma vie privée, ça ! lança Roger faussement offusqué, assez fier pourtant que, devant M. Pentecost, assis plus loin, on fasse allusion à ses ardeurs de beau garçon.

Edouard Pentecost dormait, assis tout droit sur sa chaise, menton posé sur sa poitrine. Il ne s'était pas départi de cette attitude depuis le début de la réunion. Il ouvrit enfin un œil vif :

– Eh bien, les gars, votre camion, je vous le donne. Il est à vous. Comme ça, vous en prenez soin. Attention ! Donner, c'est une façon de parler, je m'explique. Je vous fais l'avance de l'achat. Vous êtes payés au tonnage que vous avez roulé dans la journée, n'est-ce pas ? Eh bien une partie retenue correspondra aux remboursements échelonnés de mon avance. En final, le camion est à vous... Et, ajouta Edouard en riant, vous pourrez aller retrouver vos popinées où vous voudrez...

Ce fut un succès. La nouvelle de cette innovation franchit les collines. Des chauffeurs arrivèrent de partout.

Les Japonais avaient eu raison de faire confiance à Edouard Pentecost. Lorsque le minéralier *Chuei Maru* se présenta dans la baie de Kouaoua, le tonnage prévu, à la teneur voulue, rangé en tas au bord de mer, était prêt à remplir les soutes du navire. Les chalands commencèrent leurs navettes. Edouard avait gagné son pari avec Haruhira. Edmond, Ginette, Nenesse, Napoléon et les Mélanésiens des tribus alentour qui avaient participé à l'aventure ressentirent ensemble l'émerveillement de ce bonheur de l'impossible réalisé. Edouard avait conforté l'admiration et le respect de ces hommes et de ces femmes qui lui avaient donné sans compter toute leur énergie pendant ces trois mois.

Il signa avec la compagnie Mitsubishi un contrat d'exclusivité pour la fourniture de minerai de nickel calédonien. Edouard Pentecost entrait dans la cour des grands qui étaient appelés étonnamment « petits mineurs ».

Sur le vieux quai en bois de Luganville, Donald Gubbay s'était arrêté de travailler. Depuis un moment il observait, attentif, un bateau de pêche japonais qui manœuvrait lentement pour accoster. En règle générale, les Japonais respectaient les eaux territoriales et n'approchaient jamais des côtes hébridaises. Donald eut l'impression qu'il régnait à bord une agitation anormale expliquant peut-être cette incursion matinale. Il vit tout à coup un homme, penché à la rambarde, qui agitait les bras en faisant de grands signes dans sa direction. Il comprit qu'on lui demandait de monter à bord. Il y avait un blessé. C'était la première fois que Donald montait sur un chalutier japonais en pleine campagne de pêche. En attendant les secours, il demanda au capitaine de visiter son bateau. Les cales regorgeaient de thons jaunes et blancs, de germons, d'albacores, de bonites et d'espadons. Par signes et en riant, le Japonais lui expliqua que ses compatriotes étaient friands de la chair de ces poissons.

Le blessé descendu pour être conduit à l'hôpital, Donald apprécia le petit déjeuner que fit servir le capitaine du bateau pour le remercier de son aide et peut-être aussi pour le convaincre de la fraîcheur des poissons de sa pêche. Il fit apporter sur un plateau à la laque écaillée deux coupelles de sashimi de thon à côté desquelles étaient posés des baguettes et des bols de riz, des petits tasses de soyu et d'autres sauces imprécises. L'homme d'équipage revint déposer une théière de thé bouillant et se retira. Donald eut l'impression que le dialogue qu'ils essayèrent de poursuivre passait par des phases superbement surréalistes. Voulant mieux se faire comprendre, il tentait une nouvelle version de bichlamar de sa composition, quant au Japonais, il s'exprimait dans un dialecte rocailleux probablement pratiqué dans sa petite île d'origine qu'il ponctuait de *ok* sonores et rieurs. Donald y souscrivait par des *ok ka* convaincus, craignant malgré tout de déclencher bien involontairement un incident diplomatique. Pour ne pas tenter le diable il décida d'écourter le festin en demandant à revoir les cales. Il voulait vérifier les conditions, apparemment rudimentaires, mais efficaces, de conservation du poisson.

Leurs corps pliés en équerre, dépliés, puis repliés, les deux hommes se saluèrent longuement avant que Donald puisse emprunter la passerelle pour rejoindre le quai. Il était songeur en redescendant à terre. Il le resta toute la journée, dormit mal la nuit suivante, se releva plusieurs fois et finalement au milieu de la nuit s'installa dans son bureau pour retrouver dans des revues et dans ses classeurs tout ce qui touchait à la pêche au thon. Le lendemain, il prenait contact avec la firme japonaise Mitsui, consortium d'import-export avec qui son père Dal avait été en relation de longues années. De Sapporo, dans l'île d'Hokkaido, la réponse ne tarda pas. Les Japonais étaient favorables au projet de monter avec Donald une pêcherie aux Nouvelles-Hébrides. Donald déposa immédiatement à Port-Vila une demande de licence aux deux résidents commissaires, le Français et l'Anglais. L'accord du Britannique Flaxman fut annulé par son remplaçant, John Rennie, sous la pression du ministre des Affaires étrangères australien. Donald dut se rendre à Canberra pour rencontrer le ministre Paul Hasluck.

– Il faut comprendre, monsieur Gubbay, que les Australiens ne peuvent tolérer l'installation de Japonais aussi près de leur pays.

– Les Australiens, peut-être pas. Mais les Français, peut-être oui. Si j'enregistre la compagnie que je veux créer sous la loi française, vous ne pourrez pas l'empêcher.

– Très bien. Je serai franc avec vous. La campagne de presse actuelle contre ce projet dont les journalistes font leurs belles feuilles n'est pas étrangère à notre position. La guerre... trop récente... trop fraîche dans les mémoires... et dans les cœurs...

Donald ne lui parla pas de la visite qu'il venait de rendre au révérend père Léon Chaize qui avait béni son mariage. Missionnaire pendant plus de vingt ans aux Salomon, il en connaissait chaque forêt, chaque plage, chaque crique. C'était la raison pour laquelle les Américains lui avaient demandé de les piloter lors de la première vague de forteresses volantes, les B17, qu'ils avaient envoyées sur l'archipel. Puis le prêtre, aumonier militaire, avait continué à accompagner les marines à Guadalcanal, pendant toute la durée des affrontements sanglants avec les Japonais. Donald était allé le revoir pour lui demander si, à ses yeux, il était mal venu aujourd'hui, d'envisager de retravailler avec les Japonais.

– Trop tôt ? Immoral ? avait répété le père Chaize. Mais non, au contraire ! Il ne faut pas hésiter. Ce sont justement les liens tissés dans la vie de tous les jours entre les hommes qui évitent les malentendus et les affrontements. Reprenez avec eux le dialogue établi par votre père autrefois. Vous participerez à effacer plus vite, à votre manière, les traces du désastre.

Mais l'administration anglo-saxonne, hésitante, continua de feuilleter d'un œil soupçonneux le dossier de cet homme vivant aux Hébrides et qui remuait ciel et terre pour reprendre des relations d'affaires avec un puissant groupe japonais prêt à poser ses lignes dans la presqu'île de Palikulo, proche de Luganville. Elle joua les tatillonnes et montra combien elle était experte en la matière. Les bureaux de Canberra mirent plus de trois ans pour apposer une signature consentante au projet.

– C'était à prévoir, disait Donald, agacé de cette lenteur de décision mais reconnaissant qu'une partie de l'armée américaine quelques années auparavant avait justement débarqué là pour empêcher un déferlement japonais.

Aujourd'hui, lui, simple entrepreneur privé, préparait leur venue pacifiquement en attendant qu'arrive d'Australie, pays membre du Commonwealth, une bénédiction officielle.

Petite fille, j'ai alors joué au milieu de chantiers que l'on m'interdisait par mesure de prudence. Mais j'étais fascinée par l'agitation et le mouvement qui y régnaient du matin au soir sans interruption. Puis un jour, j'ai entendu des grandes personnes visitant les installations dire entre elles avec une certaine admiration que Donald avait mis sur pied une remarquable pêcherie. Cette *mise sur pied* m'avait intriguée, mais je préférais choisir la prudence, car je ne voulais pas tomber dans le ridicule de cette chanson française, *Maman les petits bateaux ont-ils des jambes*, que l'on me faisait chanter lorsque j'étais toute petite. Moi qui en avais vu construire autant, je savais bien qu'ils n'en avaient pas. L'idée même de poser cette question ne me serait pas venue à l'esprit. Revenant à l'importante question des *pieds* de la pêcherie et pour en avoir le cœur net, je décidai de partir à la découverte des bâtiments principaux, des annexes et de tout ce qui pourrait apporter une réponse à mes interrogations. Jusque-là ces installations n'avaient été pour moi qu'une aire de jeu familière pleine de vie et de surprises. Pendant plusieurs semaines, dans les bâtiments, le long des bassins, près des fumoirs, partout, j'ai cherché secrètement où ces pieds que je n'avais jamais vus avaient bien pu être cachés. J'arrêtais mes investigations dès qu'un palangrier était annoncé. J'observais, des quais d'amarrage, son arrivée solennelle ralentie par de savantes manœuvres. Les ordres des capitaines et les gestes précis des marins ajoutaient au cérémonial de l'accostage. Des cales de ces *long-liners* les hommes sortaient des bacs lourds de gros poissons d'acier durs et raides, gisant dans des lits de glace. Je trouvais que les guirlandes qui se balançaient au vent, tendues des mâts à la cambuse, donnaient un air de fête à ces thoniers. Je ne savais pas ce que signifiait le mot *aphrodisiaque* accolé aux ailerons de requin qui séchaient sur ces filins. Trophées de pêche rapportés par les marins qui en tiraient des sommes respectables dans les milieux asiatiques.

La glace qui « se fabriquait toute seule » en blocs énormes restait pour moi un mystère. Concassée elle était déversée à partir d'une tour dans les cales vides des thoniers prêts à repartir en campagne. Mais on m'avait interdit l'accès aux chambres froides si longues que je n'en vis jamais le fond, masqué par les fumées blanches et froides qui s'échappaient dès que les portes s'ouvraient. Des hommes bottés en retiraient des montagnes de poissons congelés, rigides et durs comme du bois, qu'ils engouffraient dans les cales des navires en partance pour Hawaii ou le Japon.

Et puis, un jour, d'autres bateaux plus grands encore, français ceux-là, ont commencé à venir charger des thons à Pallicolo. L'excitation était à son comble à l'arrivée du premier cargo de la CGM, surtout lorsque Donald dut monter à bord pour effectuer lui-même les manœuvres d'accostage. En pressant le pas pour rester à leur hauteur, j'accompagnai les officiers venus du bout du monde et qui étaient descendus à terre pour visiter la pêcherie. Ils furent stupéfiés par les installations réalisées par mon père.

– Il a tout prévu, disaient-ils en hochant la tête en signe d'approbation. Des stations de pompage d'eau douce aux cales de halage, des ateliers de construction et de réparation aux fumoirs de poissons.

Ils contemplaient ébahis les citernes et les pipe-lines de carburants que mon père avait lui-même construits.

– C'est une grande usine, en avaient-ils conclu, visiblement impressionnés.

– Oh oui ! Je m'y suis souvent perdue au début, ai-je ajouté tout à coup, ne sachant pas très bien si c'était pour leur rappeler mon existence de petite fille ou pour les conforter dans leurs appréciations qui me rendaient si fière de mon père.

Des dizaines de palangriers, des centaines d'hommes venus de toutes les îles du Pacifique, en déployant leurs lignes de plus de dix kilomètres dans l'océan et en ramenant des tonnes de poissons dans les cales des thoniers, avaient en effet transformé la presqu'île de Palikulo en un centre de pêche mondialement connu.

Longtemps après, on m'expliqua que les consignes strictes de mesures de température et de profondeur données par Donald aux équipages avaient apporté aux scientifiques une connaissance inestimable des fonds marins dans ces zones de pêche. À Mururoa, on s'y référait encore. Donald était justement fier de la réalisation d'un de ses rêves. Sa notoriété se propageait d'île en île, du nord des Salomon jusqu'à Nouméa, au sud de la Nouvelle-Calédonie.

Après le départ des Américains, la vie aux Hébrides avait retrouvé le rythme qui faisait son charme. Le progrès arrivait doucement, à son heure, sans précipitation. Et si tous en tiraient bien-être avec une pointe de distance et d'amusement, chacun avait le sentiment d'être bénéficiaire, même modestement, du formidable bond économique européen de l'après-guerre.

La colonie de Luganville était redevenue un petit monde. Nous n'étions que deux ou trois mille habitants. C'était un village. L'anonymat n'y était pas possible. Il régnait dans les relations entre les uns et les autres un zeste d'humour britannique, une pointe de drôlerie franchouillarde et un piquant d'ironie bienveillante envers les défauts de chacun que l'on brocardait facilement.

Papa se montrait, à la maison, strict et exigeant. Maman, belle grande femme aux gestes déliés, attirait les regards par sa blondeur et son allure insouciante. À son sens artistique s'ajoutait une grande activité sportive. Elle était *la* championne de tennis de Santo. Mais, entre deux tournois, elle excellait dans la confection de gâteaux, de pains, de confiture, d'achards, de pickles. Papa faisait les permanentes de maman et maman coupait les cheveux de toute la famille. Elle nous habillait, coupait les robes qu'elle-même voulait porter. Je la voyais telle une fée derrière sa machine à coudre. Elle y passait des après-midi entiers. Et, grâce à son talent, j'ai porté des robes superbes où rien ne manquait, ni smocks, ni dentelles, ni volants froufroutants. Elle y ajoutait même en broderie des cerises croquantes et des pommes verdoyantes.

Les maraîchers étaient tonkinois. Le boucher également. Il fallait avoir beaucoup de sang-froid pour contempler avec calme dans sa boutique les demi-carcasses sanguinolentes « prêtes à emporter » exposées à la vue de tous. Maman, surmontant ses haut-le-cœur, entrait toujours dans la boucherie d'un pas décidé, sans doute pour donner l'impression d'affronter avec indifférence le spectacle offert. Elle était devenue une autorité en matière de beaux morceaux. Respectueux, mais astucieux, le Tonkinois répétait : « Ah oui, madame ! toujours content filet parce que bétail beaucoup courir ! »

Avec une simplicité touchante et des moyens limités, originaux et hétéroclites, les habitants de Santo inventaient mille prétextes pour rompre leur isolement et se retrouver. L'apothéose prenait place à Noël, lorsque les Néo-Hébridais anglicans et presbytériens chantaient, de maison en maison, les *Christmas carols.* Ces chœurs aux voix fragiles d'enfants étaient sublimes et émouvants. Chaleureux, ils semblaient envahir nos maisons et ravivaient peut-être chez les adultes le souvenir d'une autre civilisation, celle d'une Europe lointaine mais inscrite au plus profond d'eux-mêmes d'une façon indélébile.

Dans les plantations des colons français, les tablées étaient imposantes, les buffets garnis de mets épicés, exotiques ou de plats régionaux de leur terroir d'origine. Chez les Anglais ou les Australiens, la profusion de desserts offerts aux regards forçait l'admiration. Comme ils étaient exquis, ces gâteaux au coco, à l'ananas, à la banane, aux carottes, à la citrouille, à la patate douce chocolatée ; quant aux tartes meringuées et aux cakes, c'était à mes yeux de petite fille le *nec plus ultra* de la pâtisserie.

Chez nous, lorsque Donald branchait le tourne-disques, ça chauffait ! Le jazz, la rumba, le fox-trot, le one-step, le tango, le paso-doble, la valse tahitienne, le tamouré, le cha-cha-cha, le bebop, le swing et le rock and roll déferlaient. Mes parents, fous de musique, étaient d'infatigables danseurs, comme la plupart des gens de l'île. Souvent, après quelque soirée improvisée ailleurs, nos amis réveillaient mes parents en pleine nuit. Papa allait remettre le groupe électrogène en route pour rétablir le courant et tout le monde dansait jusqu'au matin. Réveillée, je venais contempler ces grandes personnes qui se conduisaient comme des enfants, mais qu'aucun parent ne grondait et, ravie, je m'endormais au bout de quelques instants, recroquevillée sur les coussins d'un divan.

Au milieu d'une nature à la beauté généreuse, je grandissais ainsi, entourée de la sollicitude et de l'indulgence d'adultes solidaires. Plus tard, je compris que l'insouciance apparente de cette vie n'était en fait qu'un rempart à l'envahissement de nostalgies qui pouvaient naître de l'insularité du bout de monde. Au climat extrêmement pénible et épuisant de moiteur s'ajoutaient les fréquents tremblements de terre, les cyclones, le paludisme, les plaies infectées et interminables à guérir. Cette gaieté en apparence débridée servait de garde-fou à la mélancolie qui pouvait s'infiltrer chez les plus vulnérables comme les racines du lierre s'incrustant dans les failles des murs de pierres.

1956

Edouard revenait à son bureau le sourire aux lèvres, heureux. On lui avait confirmé, le matin même, ses billets d'avion pour l'Australie. Le sportif en lui s'était réveillé lorsqu'il avait appris que les jeux Olympiques se dérouleraient cette année-là à Melbourne. Il avait décidé d'emmener avec lui son plus jeune fils, Philippe, et « Guitou », son comptable, de son vrai nom Guy Sauvan. Edouard se réjouissait d'assister aux matches de football et de boxe disputés par des sportifs de haut niveau venus du monde entier. Il avait précisé à Guitou :

– Sélectionne les compétitions qui te paraîtront intéressantes. Tu connais mes goûts. On reverra ensuite ensemble celles que tu auras retenues. Ça va être un vrai festival.

Mais les fondeurs japonais commençaient à s'intéresser sérieusement au ferro-nickel de Calédonie. Ils annoncèrent leur visite pour cette semaine-là. Edouard dut renoncer aux jeux de Melbourne. Il abandonna ses réservations à Robert Gervolino, dit « Bistouille », chargé tacitement d'escorter, avec Guitou, Philippe qui n'avait que douze ans. Les bénéficiaires du voyage prirent un soin jaloux du jeune garçon sur lequel ils veillèrent attentivement. Debout avec les autres spectateurs, il manifestait, bruyamment, son appréciation à chaque but marqué et à chaque round ponctué d'un uppercut précédant le coup de gong.

Au retour, Philippe raconta en détail à son père l'arrivée triomphante de Mimoun au marathon. Comment, lui, Edouard, avait-il pu manquer ça ? Il voulut tout savoir sur les compétitions qu'il avait soigneusement sélectionnées avec Guitou avant l'annulation de son voyage : natation, matches de boxe et, bien sûr, la course à pied, le marathon, Mimoun. Mimoun, un Français d'Outre-Mer, comme lui. Le sportif retrouvait le plaisir du détail, de l'effort, de la minute où tout bascule, de l'exploit enfin. Le récit brouillon et enthousiaste dans lequel son jeune fils, encore tout excité, s'était lancé, doublait son régal d'écouter la narration. Il eut en même temps le sentiment que Philippe venait de découvrir la compétition, cette « discipline » où on ne peut se mesurer aux plus forts qu'après une longue préparation. C'était bien ce qu'il avait voulu lorsqu'il avait décidé que son fils cadet assisterait à ces jeux Olympiques. Mais il savait aussi que Guitou et Bistouille se souviendraient longtemps du voyage. Il était heureux d'avoir pu le leur offrir. C'était sa manière à lui de les remercier de leur travail au sein de son équipe.

Et puis, Edouard estimait indispensable de faire voyager les gens qui l'entouraient.

– Il faut aller voir ce qui se passe ailleurs. Nous souffrons d'isolement dans notre île.

Alors il décida qu'il faciliterait les voyages de ses cadres lorsque de belles occasions se présenteraient. L'Exposition internationale d'Osaka fut l'une d'elles.

Plus près de Nouméa, il intéressait certains d'entre eux à ses activités minières en les emmenant avec lui sur les collines déchirées par les bulldozers, lorsqu'il visitait Edmond et Ginette Harbulot à Kouaoua ou lorsqu'il allait voir les Montagnat, plus au nord. Les *emmener* n'est pas tout à fait le terme exact, car, en réalité, il demandait à celui qu'il désignait pour l'accompagner, et c'était chacun à tour de rôle, de prendre le volant à sa place. Eux considéraient que c'était un privilège de le conduire sur les routes et les pistes, même s'il fallait se lever à 4 heures du matin ces jours-là. Ils savaient qu'Edouard leur livrerait en cours de route ses réflexions sur l'exploitation minière, sur les Japonais acheteurs de minerai, sur le monde mélanésien, sur l'avenir de la Nouvelle-Calédonie. Ces temps de réflexion étaient entrecoupés de petites plages d'assoupissements qui permettaient à Edouard d'arriver à destination frais comme un gardon. Sa puissance de récupération grâce à ces courts moments de sommeil était légendaire. Il en riait lorsqu'on lui en parlait.

C'est auprès de ses proches qu'il s'extériorisait le plus volontiers lorsqu'il s'agissait du monde mélanésien, désirant ardemment qu'il s'ouvre au monde occidental. De cœur, il était un des leurs. Il était né chez eux et avait grandi avec eux. Il savait leurs regards étonnés, tolérants, mais inquiets en face de ces blancs individualistes, venus d'horizons inconnus. Certains, sensibles à l'exemple qu'il donnait et à sa réussite, le sollicitaient pour faire accéder leurs enfants à ce monde qui n'était pas le leur. L'un d'eux, vivant dans l'île de Lifou, lui avait un jour confié son jeune fils :

– Apprends-lui un métier. Prends-le avec toi à Nouméa.

Edouard s'y engagea et intégra Georges-Qualajo Wapae à l'équipe de mécaniciens de Méto en recommandant à chacun d'aider cette jeune recrue à apprendre le métier. Mais la formation faillit tourner court lorsque, Edouard ayant donné son accord, le garçon partit en vacances dans son île. Il retrouva avec bonheur la vie en tribu. Il y resta. Pour le faire revenir à Nouméa, Edouard dut faire appel aux parents, au pasteur Lacheret, aux gendarmes de l'île, au commandant du bateau également. La course-poursuite qui s'ensuivit dans la cocoteraie proche de Chépénéhé, la veille de l'embarquement, est restée dans les mémoires.

À l'arrivée de Georges Wapae à Nouméa, Edouard, dans le fond amusé, l'attendait au pied de la passerelle. Il lui expliqua que la vie aujourd'hui, ce n'était plus seulement, le matin, jeter un filet dans le lagon pour ramener au clan les poissons du jour ni, l'après-midi, l'ombre des cocotiers pour palabrer, mais c'étaient aussi les moteurs et les techniques qui s'apprenaient. Edouard pensa l'avoir convaincu. L'avenir lui donna raison. Georges accéda à ce monde et, jusqu'à sa retraite, resta à Méto. Il était devenu un excellent mécanicien. Heureux et amis de tous.

Edouard Pentecost exportait maintenant au Japon des tonnages importants de minerai de nickel. Les liens entre le Calédonien des îles et le consortium nippon se resserraient. Edouard faisait de fréquents voyages au Japon, visitait les grandes fonderies et commençait à entrevoir ce qu'il faudrait envisager pour « son pays ».

Dans un premier temps, il voulut conforter son assise financière et donner plus d'envergure à sa société minière en s'associant à un métallurgiste. Mais l'État français refusa sa tentative de rapprochement avec les Japonais. Il se tourna alors vers un partenaire dont les moyens financiers et la technicité étaient indiscutables, le canadien International Nickel Corporation, « Inco », qui officiait à Toronto, La Mecque de l'industrie métallurgique canadienne.

Edouard annonça son arrivée et prit l'avion pour le Canada.

Le président d'Inco, Wingate, « l'empereur », comme l'appelait son équipe, et Ralph Parker, son vice-président, regardèrent en silence s'avancer dans le vaste bureau cet homme venu seul, sans *lawyer*, un mince dossier sous le bras. Une autorité naturelle, de la bienveillance dans le regard, une démarche tranquille, du charme, c'est ce qui frappa les Canadiens au premier regard.

Edouard Pentecost exposa en quelques phrases son projet. Il proposait à Inco une option d'achat sur ses mines calédoniennes ; en contrepartie il demandait à la société canadienne de lui accorder sa caution bancaire pour ses emprunts en cours et à venir. Cet appui financier desserrerait l'étau dans lequel progressivement la banque de l'Indochine à Nouméa avait placé Edouard.

Le silence qui suivit sa proposition ne l'inquiéta pas. Ses arguments, qui reposaient en grande partie sur la richesse nickélifère du territoire, avaient porté.

– Vous allez entendre parler de nous très rapidement, monsieur Pentecost. À quel hôtel êtes-vous descendu ? Nous vous y retrouverons ce soir pour dîner ensemble, si vous le voulez bien.

Si Edouard Pentecost voulait bien ?

Les Canadiens lui avaient conseillé de prendre une banque d'affaires parisienne. Edouard choisit de revenir à Nouméa par la route des Indes, pour s'arrêter à Paris. Il y rencontra ses nouveaux banquiers.

À Nouméa, avant son départ, le directeur de la banque de l'Indochine l'avait prévenu qu'il devrait payer, dans des délais draconiens, des échéances fort importantes. Edouard avait programmé d'y faire face après la prochaine livraison de minerai au Japon. On ne lui en laissait pas le temps. Cette attitude était nouvelle.

Revenu de voyage, il franchit les portes de la banque d'Indochine tôt le lendemain matin :

– Combien vous dois-je ? demanda Edouard au banquier calédonien.

Un peu estomaqué, le directeur, en se reculant sur son siège, ouvrit lentement le tiroir central de son bureau et en retira le dossier.

Edouard sortit son stylo et un carnet de chèque tout neuf. Lentement et attentivement il inscrivit la somme sur le rectangle de couleur, signa et tendit le papier à son vis-à-vis avec un sourire indéfinissable. La direction de la banque se demanda si elle et certains de ses actionnaires n'avaient pas sous-estimé Edouard.

La caution d'Inco lui avait permis de franchir une étape difficile, mais ce n'était qu'une étape :

« Déchirer les montagnes, extraire le minerai, l'expédier à l'étranger, c'est absurde. N'être finalement qu'un fournisseur de terre, de cailloux, d'eau et d'un peu de nickel... On devrait pouvoir faire mieux », commençait à penser Edouard.

Faire mieux, c'était carrément installer une deuxième usine métallurgique dans « le pays », là-haut au nord, près des mines. Celle de la SLN, au sud, à Doniambo, datait de 1910. Depuis, les besoins de nickel dans le monde avaient considérablement augmenté. La Calédonie, deuxième réserve mondiale, avait mal suivi.

Toutefois, cette ambition signifiait partir à l'assaut d'un monopole dont les assises étaient parisiennes. Mais l'enjeu aussi était de taille. Pour Edouard, convaincu que les monopoles ne profitaient qu'à ceux qui les détenaient, c'était le seul moyen efficace d'ouvrir le « pays » au monde, de l'épanouir, de l'enrichir.

Il en parlait souvent devant ses fils, Michel et Philippe, même si le second était encore beaucoup trop jeune pour travailler à ses côtés comme l'aîné. Ils seraient un jour ou l'autre la relève. Il faudrait qu'ils réalisent ses propres aspirations si lui n'avait pas le temps d'y arriver.

Cet objectif défini, il devait rechercher les moyens de l'atteindre. Il fallait frapper à la porte d'un métallurgiste puissant qui trouverait grâce aux yeux de l'État français. Si l'idée pouvait paraître audacieuse, elle était réalisable, pensait Edouard. Il s'en ouvrit au vice-président d'Inco, Ralph Parker, quelques années après sa première rencontre avec les Canadiens.

– Pourquoi pas, en effet ? répondit l'homme de Toronto.

Et le vice-président d'Inco débarqua à Nouméa. À la demande d'Edouard, il se rendit à la SLN rencontrer tout naturellement son président, Jean Guillard. On ne sait pas si le rapport officiel de l'entrevue relate les propos élégants et hospitaliers tenus par le président de la SLN au vice-président d'Inco : « J'emmerde Inco et je vous emmerde. » En tout cas, la tradition orale a permis aux Canadiens de préserver intacte dans les mémoires cette déclaration au délicat parfum.

Edouard Pentecost n'avait jamais imaginé que cette entrevue prendrait une telle tournure. Scandalisé et blessé, il allait retrouver, un peu plus tard, à l'heure du déjeuner, sa voiture garée rue de l'Alma, lorsque le hasard voulut que Jean Guillard, qui en faisait tout autant, le dépassât et s'arrêtât. La rue était déserte. Une discussion s'engagea entre eux. Edouard Pentecost lui reprocha l'accueil qu'il avait réservé au représentant d'Inco. Jean Guillard prit très mal la remarque, la conversation s'envenima et la colère, jusque-là contrôlée, d'Edouard éclata. Attrapant le président de la SLN par le bras, il le secoua et le bouscula très violemment. Si le geste en soi était évocateur, ce qui l'était davantage encore, c'était qu'Edouard Pentecost en était l'auteur. Ce jour-là, son calme légendaire avait franchi les limites qu'il s'était efforcé de repousser patiemment tous ces derniers mois.

À partir de ce jour, une guerre impitoyable fut déclarée à Edouard Pentecost par Jean Guillard.

1961

Ce jour-là, Henriette dut attendre Edouard longtemps pour déjeuner.

Qu'était-il arrivé ?

– Le hasard, Henriette. Qui disait déjà : la Providence, plutôt ?

– Oui, bon. Pour moi, c'est pareil. Ne me dis pas que tu es en retard *par hasard.*

– Maman ! Laisse papa parler.

– Tu as raison. Alors, Edouard, ton hasard, il s'appelle comment ?

Edouard, encore étonné par *son* hasard, continuait à s'en amuser.

– Figure-toi que j'étais descendu du bureau pour venir déjeuner, normalement, comme d'habitude. Avec cette chaleur, à midi, la rue de l'Alma est déserte. Pas un chat ! J'aperçois un homme en costume cravate, un porte-documents à la main, essayant visiblement de lire le nom de la rue et les numéros des immeubles. Il faut vraiment être étranger pour porter à cette heure-là une cravate et ignorer qu'il n'y a ni nom de rue ni numéros pour se repérer dans Nouméa. Il faut venir d'ailleurs pour ne pas savoir que « telle boutique est située à côté de tel magasin, que tel médecin habite dans l'immeuble en face de tel cinéma ».

– Alors ?

– Alors, j'ai fait ce que tu aurais fait, toi aussi. Je lui ai demandé s'il cherchait quelque chose ou quelqu'un. Je me suis proposé de l'aider. Si tu avais vu son soulagement. J'ai eu l'impression qu'il croyait être sur une planète inhabitée et que tout à coup il revenait sur terre et retrouvait des hommes de son espèce.

« – Je cherche la banque de l'Indochine, m'a-t-il dit en anglais.

– Tu vois, j'ai trouvé amusant qu'à cette heure-là on cherche la banque de l'Indochine, l'unique banque de Calédonie. Alors je lui ai demandé si moi, sans être la banque, je pouvais l'aider. Ma question l'a fait rire.

« – Je représente une compagnie maritime hollandaise, la Neddloyd, m'a-t-il dit. Nous avons l'intention d'ouvrir une ligne dans le Pacifique. Il nous faut un agent à Nouméa.

« – Et vous avez besoin de la banque de l'Indochine pour cela ?

– J'allais poser la même question, interrompit Henriette. Excuse-moi, Edouard, continue.

– Je lui ai proposé de venir dans mon bureau, au frais, pour en parler.

– Alors, papa, raconte !

– Depuis une demi-heure maintenant, nous sommes agents de la Neddloyd en Nouvelle-Calédonie. Le contrat est signé. J'ai raccompagné *mon hasard* à son hôtel. Il va reprendre l'avion tout à l'heure sans savoir où se trouve la banque de l'Indochine.

Edouard aimait ces succès au parfum de fruits interdits. Il savait que le transport, l'affrètement, l'acconage étaient des activités maritimes où seuls quelques-uns avaient le droit de s'ébattre. Plonger par surprise dans le bassin relevait d'une effronterie de gamin très mal élevé.

Quelques mois après le passage du représentant de la Neddloyd, le premier cargo en provenance de Rotterdam était annoncé. Pour son déchargement, Edouard avait pris contact tout naturellement avec la seule entreprise d'acconage de Nouméa. La veille de l'arrivée du bateau, il fut informé discrètement que l'acconier avait recommandé à son personnel de ralentir au maximum les opérations de débarquement.

Edouard n'était pas homme à gémir, ni à se poser en victime. Mais il bouillait de rage. Il prit l'avion pour Rotterdam et expliqua la situation aux dirigeants de la Neddloyd.

– Que proposez-vous, monsieur Pentecost ?

– Montons notre propre société d'acconage.

– Nous n'avons jamais prévu ça dans nos accords, ni dans nos budgets d'ailleurs.

– Je vous demande seulement de faire embarquer dans votre prochain bateau du matériel de déchargement : grues, élévateurs. Le reste, j'en fais mon affaire.

Le deuxième cargo battant pavillon hollandais accosta quelques semaines plus tard devant un quai désert. Pas un élévateur, pas une grue. Seulement une vieille dépanneuse, quelques cuves de mazout. Et, groupés, une dizaine de costauds à la peau brune et aux biceps intimidants, les yeux rieurs mais l'allure déterminée. Ils montèrent à bord, derrière Edouard, leur cousin des îles. Ils déchargèrent des pièces et des pièces de métal qu'ils assemblèrent à une cadence infernale, en travaillant toute la nuit au montage. Au lever du jour, de grands insectes métalliques se dressaient à l'ombre du navire. Ils sortirent du ventre du cargo le fret destiné à la Calédonie. Sur les quais de Nouméa, un monopole disparaissait. Une nouvelle société d'acconage équipée de grues et d'élévateurs arrivés de Rotterdam venait de décharger son premier bateau.

De bastion investi en bastion enlevé, Edouard Pentecost espérait qu'un jour enfin l'intérêt du pays prévaudrait sur les intérêts personnels et hégémoniques d'une minuscule minorité.

Edouard déposa un jour son plus jeune fils Philippe à l'aéro-club. Il avait pensé que des cours de pilotage ne lui feraient pas de mal. L'aviation était l'outil de demain, même si pour lui, il était un peu tard pour s'y exercer. Edouard aimait parcourir le monde. Il aimait ces voyages où les Constellation, ayant remplacé les hydravions, enregistraient chaque jour des progrès spectaculaires dans leurs temps de vol entre deux escales. Edouard voyageait beaucoup. Tokyo ou New York, Sydney ou Paris, Toronto ou Washington. Henriette avait adopté son rythme, elle suivait. Le pli était pris pour faire et défaire les bagages, remplir ou vider les valises et, dans la foulée, se rendre chez Christofle ou Cardin. Lorsqu'il voyageait seul, Edouard envoyait à sa famille des cartes postales et, à ses collaborateurs, de longues lettres écrites sur un papier à l'en-tête des hôtels où il descendait. Il leur précisait des directives données avant son départ ou leur relatait certains de ses rendez-vous. Mais toutes avaient un objectif précis, faire avancer les dossiers ou les projets en cours. Elles étaient toutefois agrémentées de petites réflexions amusées, parfois ironiques, sur ses interlocuteurs français, allemands, canadiens ou américains.

Edouard aimait aussi le moment du retour lorsqu'il franchissait le seuil de sa maison. Les hôtels, les restaurants étaient agréables un temps, mais il ressentait un immense bonheur à revenir chez lui et à retrouver sa famille. Alors, le dimanche, il la voulait regroupée autour de lui. Il y avait, bien sûr, les grands manquants auxquels il ne pouvait s'empêcher de continuer à penser secrètement ; son frère Richard qui aurait dû être là, attentif à une femme, à des enfants ; Emely qui s'était éteinte doucement, silencieusement, discrètement comme elle avait vécu, lorsqu'elle veillait, dans l'ombre, sur Edouard et les siens. Sa fille Claude maintenant vivait à Bruxelles où elle avait suivi son mari, jeune avocat belge. Heureusement que Michel avait épousé Colette, cette belle jeune fille rencontrée lors de son séjour en Savoie. Elle lui avait donné ses premiers petits-enfants qu'il voyait grandir ici à Nouméa. Il contemplait leurs jeux et suivait leur va-et-vient. Il les regardait rire et se chamailler dans un brouhaha familial qui le ravissait. Il écoutait les conversations à bâtons rompus des tantes, nièce et beau-frère en se régalant du gâteau traditionnel servi généreusement.

Edouard, heureux, observait en silence les siens avec des sollicitudes et des indulgences de chef de famille qui n'entachaient en rien pourtant la lucidité de son jugement sur chacun d'entre eux.

En 1962, selon une méthode simple et qui lui avait réussi jusque-là, Edouard pensa qu'il convenait de compléter la structure commerciale de représentation d'automobiles, d'engins et d'atelier mécanique qu'il avait mise sur pied. Il reprit l'avion pour Paris et se rendit au siège des carburants Total. Il revint avec un contrat de distribution pour la Nouvelle-Calédonie et implanta la marque le long des routes du territoire.

Mais quelques années plus tard, la Société Le Nickel augmenta la capacité de production de son usine et ses besoins en carburants décuplèrent. Cette donne n'avait pas été prévue à la signature du contrat initial. Un intermédiaire, fût-il l'initiateur de la distribution, n'était plus souhaitable. Total choisit d'installer une filiale sur le territoire. Il n'y avait qu'à emprunter la route ouverte par Edouard Pentecost. Le nom de la marque était maintenant bien connu à Nouméa et en brousse.

La même année, lorsque Edouard revint de France en octobre, le haut-commissaire, Laurent Péchoux, comme les partis politiques du territoire, lui demandèrent de se présenter aux élections législatives qui auraient lieu trois semaines plus tard. Il n'avait jusque-là jamais sollicité de suffrages pour faire partie d'une assemblée élue.

Estimant que son expérience pouvait être profitable au « pays » il accepta de faire campagne au pied levé, sans étiquette politique. En face de lui, il y avait un homme rompu depuis plus de dix ans à la politique. Maurice Lenormand, pharmacien de son état, devenu leader de l'Union calédonienne aux aspirations autonomistes.

Edouard Pentecost décida de placer sa campagne sur un plan strictement économique :

– Je veux ouvrir le pays aux idées, aux capitaux, aux techniques et aux touristes de France et de l'étranger. Je veux un pays prospère et heureux. Ce n'est pas *contre* Maurice Lenormand et l'Union calédonienne que je me présente à la députation. Je ne me présente contre personne. Je demande vos voix *pour* le pays. On me demande souvent si je suis pour l'autonomie interne, ou, si l'on préfère, pour l'autonomie de gestion. Si en Calédonie, l'autonomie, c'est la possibilité de participer directement à la gestion des affaires uniquement intérieures de notre territoire, si c'est permettre enfin au pays de secouer la tutelle de consortiums économiques qui nous empêchent d'avancer, pourquoi pas ? Vous savez, il y a cent ans, un philosophe français, profondément chrétien, disait ceci : « Avec la centralisation, vous avez l'apoplexie au centre et la paralysie aux extrémités. » Ce philosophe s'appelait Lamennais. Il était catholique et, pour des phrases comme ça, il s'est brouillé avec le pape.

Les Maréens éclatèrent de rire. Ces protestants convaincus adoraient entendre parler des relations tumultueuses entretenues par le Vatican avec les uns ou les autres, et peu importait l'époque.

Edouard était entré en campagne. Chez les siens pour commencer. Il n'avait guère de goût pour ces manifestations publiques. Mais, à Maré, il redécouvrait l'île de son enfance. Il s'était incliné pour franchir la porte basse. Il s'était assis sur la natte pour palabrer. Après avoir écouté avec attention les anciens, allant dans leurs discours jusqu'au bout de la palabre, il prenait la parole à son tour pour leur répondre, dans ces dialogues en spirale qui devaient obligatoirement aboutir à un compromis. Il en avait appris davantage sur les difficultés et les aspirations des tribus, il leur avait expliqué un peu mieux ses projets pour « le pays ».

Ainsi se terminait une journée où la coutume avait été respectée : l'offrande des cadeaux devant le seuil de la case de palabres, les échanges de discours de remerciement contre des discours de bienvenue, propos chaleureux qui pouvaient être aussi tendus d'avertissements ou de mises en garde.

Sur l'esplanade gazonnée de la grande chefferie de Netché, on applaudit à tout rompre. Henri Naisseline embrassa son cousin. Le grand chef et le candidat montèrent dans la deux-chevaux qu'Edouard lui avait offerte, selon la coutume. À l'arrière était peint « Maré, île de beauté ». Savaient-ils, ceux de la tribu, que, de l'autre côté du monde, il en existait une autre, qu'on appelait la Corse ?

En tout cas, l'un d'eux raconta en riant que M. Pentecost, comme tous ses employés de la rue de l'Alma à Nouméa, roulait en deux-chevaux. Un jour l'un de ses comptables avait hurlé « Au voleur » en ne voyant plus la sienne. Edouard s'était trompé. Il était rentré chez lui à son volant sans s'en être aperçu.

Lorsque Edouard avait acquis une propriété à Ouatom Popidéry et une autre à la Ouaménie, il avait voulu mettre pied dans l'élevage et l'agriculture. Aujourd'hui, il était heureux d'aller dans les propriétés des vallées profondes de la Grande Terre où il rencontrait, perdus en pleine brousse, souvent près d'une rivière, ces hommes libres aux allures de cow-boys. Dans le Nord, il avait été frappé par ces jeunes garçons à la peau bronzée et aux grands yeux verts montant à cheval le matin avant le lever du jour et ne sautant de leur selle que pour mordre dans un bout de viande et un morceau de pain. Ils ne semblaient vivre que dans l'instant présent, au rythme des labours, des récoltes ou au pas lent des troupeaux.

C'étaient ces rencontres qu'Edouard aimait et ce parler franc des hommes de la brousse qui relevait parfois d'une candeur désarmante tant leur confiance dans les gens de la ville était grande.

Edouard fut battu par Maurice Lenormand. Il retrouva ses dossiers, ses mines, Henriette et les Japonais.

1963

Edouard Pentecost avait informé les Japonais de son accord avec Inco et de l'option de reprise que les Canadiens détenaient maintenant sur son domaine minier.

Son entente avec Haruhira était sans nuages. Entre ces deux Océaniens, la confiance jaillie dès la première rencontre s'était confortée année après année. Elle trouvait peut-être racine dans deux cultures qui se rejoignaient, s'embellissant dans les souvenirs communs construits lors de rencontres en Calédonie, au Japon ou à Paris et au cours de longues conversations qui avaient mordu les nuits, lorsque, fourchettes ou baguettes posées, ils écartaient les affaires pour laisser envahir leurs pensées de la vie, des femmes, des enfants et des aspirations secrètes que le temps exacerbe ou finit par relativiser.

Edouard avait essayé d'analyser cette fraternité si nette qu'il ressentait pour Haruhira. Il avait un jour commencé à l'expliquer à son ami :

– J'ai un besoin impérieux de m'associer, de fonctionner en partenariat, comme si la mentalité mélanésienne qui est en moi me forçait à m'allier avec d'autres. Pour ma part, je filtre tout à l'aide de mon intuition et de mes émotions, ce sont elles qui me guident dans mes analyses ou dans mes considérations. Il m'est d'ailleurs difficile de les extérioriser. Toi, tu comprends très vite tout cela. Et tu peux exprimer très exactement ce que je ressens. Nous avons très souvent une même perception d'un sujet alors que nous n'en puisons pas aux mêmes sources les éléments fondamentaux.

Haruhira avait hoché la tête et s'apprêtait à répondre à Edouard lorsque le téléphone déclencha sa sonnerie.

– Mon billet d'avion est confirmé. Nous nous retrouverons donc dans quinze jours à Paris.

La SLN avait donné rendez-vous au Japonais à Paris, au siège social de la société.

Était-ce le professionnalisme de Mitsubishi, l'entregent indéfinissable de Haruhira, en un mot un besoin réel de consulter le Japonais, ou plutôt la mise en place d'une surveillance rapprochée d'Edouard Pentecost devenu envahissant sur le marché du minerai calédonien qui conduisait la SLN à rencontrer le représentant de Mitsubishi ? Car la SLN n'ignorait pas les liens qui unissaient Edouard Pentecost et la firme japonaise. Il semble qu'elle ait décidé cette année-là de commencer à mettre en place une stratégie conservatoire d'hégémonie. La SLN offrit à Mitsubishi l'exclusivité de ses ventes de ferro-nickel sur le Japon. Une telle proposition ne se refuse pas. Mitsubishi dit oui, bien sûr. D'autant que cet accord ne portait pas encore ombrage à Edouard qui continuait à fournir en exclusivité le minerai brut à la firme japonaise.

Toronto entra également dans la ligne de mire de Paris. Des barrages administratifs se mettaient maintenant en place devant la société canadienne pour l'empêcher de s'implanter par elle-même ou avec le concours d'Edouard Pentecost en Nouvelle-Calédonie. Edouard cherchait par tous les moyens à faire évoluer les positions, fort de sa volonté d'œuvrer pour l'épanouissement de « son pays ». Mais il n'avait pas encore mesuré dans sa dimension réelle la puissance de vie de certains monopoles lorsqu'ils sont relayés par des conseils d'administration parisiens aux ramifications étendues. Il espérait que le temps userait et laminerait les résistances et les obstacles.

– Ils finiront bien par comprendre où est l'intérêt de la Nouvelle-Calédonie, disait-il à Henriette lorsque le doute commençait à le saisir, précurseur d'un découragement dans lequel il ne voulait pas s'abîmer.

Henriette était consternée et blessée pour Edouard. Elle était le témoin privilégié des obstacles qui surgissaient systématiquement devant lui, à chacune de ses initiatives. Ce n'était jamais un homme qui se dressait devant Edouard, mais des sigles de sociétés ou des réglementations administratives dépoussiérées pour la circonstance. Elle commençait à redouter ces volontés masquées, imaginant les répercussions inévitables sur la santé de son mari. Son cœur ! pensait-elle. Un jour ou l'autre son cœur va lâcher.

– Mais alors, Edouard, que veut l'État français ? Que nous restions assis sur nos collines de nickel ? demanda-t-elle.

– Pas tout à fait. Mais ceci prouve une nouvelle fois qu'un monopole n'est pas le fait du hasard. Il a souvent des allures de chasse gardée, et bien gardée.

En attendant cette usure du temps souhaitée pour que l'industrie métallurgique puisse être décuplée dans « son pays », Edouard multipliait ses activités, en créait de nouvelles. Il se retrouva une nouvelle fois en campagne électorale sans l'avoir cherché. Le député Maurice Lenormand, élu deux ans plus tôt, venait de perdre son siège pour ne pas s'être, dit-on, opposé au dynamitage de ses propres locaux. Edouard, une nouvelle fois pressenti, repartit en campagne. Avec le soutien, cette fois, d'un jeune avocat, Georges Chatenay.

Georges Chatenay restait le type même du broussard de Thio, sec et noueux comme un niaouli, la voix un peu traînante, capable des plus grands coups de gueule comme des plus grands coups de fête. Gaulliste toujours enthousiaste – il avait vécu en France pendant toute l'Occupation –, il tenait quand même à garder les coudées franches vis-à-vis de Paris où il avait ses entrées dans les ministères. D'abord deuxième adjoint à la mairie de Nouméa, il avait préféré donner sa démission au bout de deux ans, pour éviter d'entrer en conflit avec ses colistiers. Fidèle, d'accord, mais pas béni-oui-oui, l'avocat broussard. Puis il s'était présenté, deux ans plus tôt, aux législatives face au très puissant Lenormand. Sans succès, comme Edouard.

Georges Chatenay était fasciné par Edouard Pentecost, de onze ans son aîné. Fin analyste des mentalités du pays, l'avocat voyait bien que « la Tortue », comme il l'appelait encore, était une parfaite synthèse des qualités fondues des Mélanésiens et des Européens. En plus, il l'avait acclamé, enfant, derrière la main-courante du terrain de foot, avant de l'affronter, sous les couleurs de l'Olympique. Ses tibias avaient alors pu constater qu'Edouard, meneur de jeu de l'Indépendante, si paisible et si fraternel dans le civil, avait des tacles plutôt rugueux devant les buts.

Mais surtout, Georges Chatenay voyait en Edouard Pentecost un homme qui aimait son pays d'une passion violente, comme lui ; toute l'action de l'homme d'affaires tendait vers un seul but : l'épanouissement harmonieux de la Nouvelle-Calédonie. L'homme de loi ne pouvait qu'admirer cette honnêteté farouche derrière l'apparente légèreté, cette façon d'aller droit son chemin, avec rigueur et intégrité.

Malgré les efforts conjugués d'Edouard et de Georges Chatenay, le second de Lenormand, Rock Pidjot, fut élu.

Sans perdre de vue l'avocat, Edouard retourna une nouvelle fois à ses affaires et continua à les développer.

Une activité lui tenait à cœur. Le tourisme. Son développement passait par le transport. Affaires, tourisme, il y avait là un marché pour des vols à la demande, pour l'avion-taxi. Comme dans tous les pays qu'il avait visités d'ailleurs. Edouard en avait mesuré l'utilité évidente trois ans plus tôt, dès qu'on lui avait livré le premier appareil qu'il avait commandé, un Cessna. Vues du ciel, les mines ocre qui striaient les montagnes ressemblaient à des ruines aztèques. Mais elles apparaissaient aussi pleinement dans leur logique et leurs unités géologiques, sur les écrins verdoyants du flanc des collines. Une compagnie dont la flotte serait constituée de petits avions trouverait sa place en Nouvelle-Calédonie. C'était clair. Des pilotes, il y en aurait toujours, pensait Edouard Pentecost. Il lui suffisait de voir son fils Philippe qui piaffait d'impatience lorsqu'un vol était programmé et qu'il était autorisé à prendre les commandes de l'appareil.

Il déposa une demande d'autorisation d'exploitation auprès des services de l'Aviation civile. L'audace de la demande fit frémir, elle bousculait l'ordre établi. L'Aviation civile jugea plus prudent de transmettre le dossier aux échelons supérieurs. Il atterrit finalement sur le bureau du gouverneur qui préféra laisser à la compagnie civile déjà existante, la Transpac, son monopole, même si elle n'officiait pas dans la branche « taxis ».

« Pauvre tourisme », pensa Edouard. Mais qu'allait-il advenir de son pays si la fusion du nickel, sa richesse première, était domaine réservé, si l'exploitation du ciel était domaine réservé, si finalement toute entreprise privée essayant de se créer à côté des monopoles existants était systématiquement découragée dans ses élans ?

À la fin de l'année, Edouard, agent général de la Panam depuis quelques années, ouvrit dans une rue passante, au cœur de Nouméa, une agence de voyages moderne, claire et agréable dans sa décoration : Voyagence-Pentecost Travel Services. Depuis un an,

Air India lui avait accordé sa confiance et une belle Indienne en sari assistait au cocktail d'inauguration. Mais Henriette hochait la tête. Elle savait qu'Edouard garderait malgré tout, bien enfouie, la blessure du refus d'exploitation de la compagnie aérienne privée dont il avait rêvé.

Tout à côté, la rue de l'Alma prenait des allures de « rue Pentecost », comme disaient certains, tant Edouard et Henriette s'ingéniaient à y ouvrir des boutiques avec des marques leaders dans leur catégorie, comme Kodak pour les photos ou Hermes pour les machines à écrire.

L'immeuble de la librairie avait été construit dans le prolongement de celui d'Ed. Ventrillon qui représentait la marque Berliet. En passant tous les jours devant les vitrines de son voisin, Edouard Pentecost ne pouvait s'empêcher de penser que, sur mine, les camions Berliet pouvaient rentabiliser considérablement les coûts d'approche du minerai en bord de mer. Mais c'étaient des dizaines de camions qu'il fallait, dont il eût été préférable de négocier l'achat directement avec le constructeur. Le jour où Ventrillon proposa à Edouard Pentecost de lui vendre sa quote-part de l'immeuble encore à son nom, Edouard, qui en possédait déjà une partie, accepta. Ainsi Berliet entrerait tout naturellement dans son giron. Tout au moins le crut-il.

Ce qu'il ignorait, comme Ed. Ventrillon, c'est que le directeur général d'un établissement proche, également maire de Nouméa, était parti chez Berliet demander que la représentation de cette marque soit reprise à Ventrillon et cédée à la société commerciale qui l'employait. Il se faisait fort d'acheter un nombre important de véhicules en contrepartie.

Stupéfié par cette méthode qu'il ne pratiquait pas, Edouard garda le silence mais prit contact avec les Allemands de Stuttgart qui lui accordèrent et les camions et la représentation exclusive de la marque Mercedes-Benz pour cette zone du Pacifique qu'ils n'avaient jamais prospectée.

1965

Désormais, il suffisait aux Nouméens de passer à la hauteur du Rocher à la voile pour savoir si le marché du nickel était à la hausse ou à la baisse.

Edouard avait décidé de jucher sa maison sur la colline, à la pointe de l'anse Vata, en aplomb du Rocher à la voile. C'était là, autrefois, en contrebas, le point de rendez-vous pour un dernier signe d'adieu à ceux qui partaient vers l'Europe à bord des voiliers de ligne. La maison dominerait de l'autre côté la baie des Citrons. Les puristes aimaient rappeler qu'à l'origine il s'agissait de « la baie des Six Troncs » parce qu'il s'y trouvait alors six troncs d'arbres décapités.

Tout autour, le lagon. Couleurs de porcelaine le matin, scintillements argentés à midi, à l'heure où le soleil écrase la mer et, le soir, enflammé du reflet des cieux balayés de nuages aux coups de pinceau orange, roses, verts et rouges. C'était le décor qu'Edouard avait souhaité. Un lagon offert aux regards, dont la beauté et la sérénité relevaient d'une perfection inégalée.

Henriette avait été consternée. Habiter là, loin de la ville. Dans la brousse carrément. Elle n'osa pas ajouter « en pleine pampa », mais elle le pensait. Elle avait essayé d'en convaincre son mari :

– Edouard, ce n'est peut-être pas raisonnable, regarde, tu vas être obligé de faire venir des bulldozers pour décalotter la colline. Et, si c'est de la roche, alors je ne pourrai jamais faire un jardin, planter des arbres, des fleurs, semer une pelouse et même aménager un carré pour quelques salades.

Henriette se souvenait du jardin potager chez ses parents et des salades croquantes parfumées de persil frais qui étaient servies aux repas, baie de l'Orphelinat.

– On avisera, avait dit Edouard, rassurant.

Les dalles n'avaient pas été coulées immédiatement. Le marché du nickel n'était pas à son mieux et il eut encore d'autres hoquets. Henriette avait soufflé de soulagement plusieurs fois pendant la construction qui avait duré quelques années, au cours desquelles les plans avaient subi de sérieuses variations. Les travaux étaient arrêtés puis reprenaient énergiquement, ralentissaient, s'arrêtaient, reprenaient.

– Bon, avait dit Henriette un jour, j'ai largement le temps d'aller faire un tour en France.

Son fils Philippe l'avait rappelée d'urgence. La machine s'affolait. Les murs montaient à la vitesse de la foudre. Les électriciens ne savaient pas où il fallait mettre les prises de courant.

– Partout ! Il en faut partout. On en a toujours besoin, fulminait Henriette dans l'avion du retour.

Elle avait repris, malgré tout, son sang-froid en réalisant que le marché du nickel devait être à la hausse.

– Edouard, tu as vu la taille de la piscine ?

– Il faut donner aux jeunes de l'équipe de water-polo la possibilité de s'entraîner ailleurs qu'aux Bains militaires. Vingt-cinq mètres, ça me paraît une dimension tout à fait raisonnable.

– Mon Dieu ! Edouard, nous sommes bien d'accord, nous construisons une maison, pas un club nautique ?

Henriette avait fini par s'habituer à l'idée de vivre là, finalement pas « si loin de tout ». C'est vrai que, depuis l'achat du terrain, sur la route qui conduisait à la ville, des habitations avaient été construites alentour. Et puis, il y avait aussi l'aquarium des Catala à côté. Quelle belle idée ils avaient eue ! Les poissons étaient des voisins respectables après tout : ni bruyants, ni bavards, le rêve !

Une faible femme aurait eu besoin d'être soutenue au spectacle du chantier qu'elle était en train de contempler. Henriette regarda en silence l'état des lieux, traversa les pièces, enjamba les outils, contourna les brouettes, arpentant des surfaces aux dimensions de salles d'entraînement de sport ! Elle avait essayé, de loin en loin, d'imaginer la taille de cette maison, mais les distances qu'elle était en train de parcourir la laissaient stupéfaite. Edouard lui avait bien dit qu'il souhaitait accueillir et recevoir ses visiteurs chez lui. Mais à ce point !

Henriette refit ses valises et repartit en métropole. La compagnie maritime hollandaise Neddloyd avait appris ce projet de maison et, pour remercier Edouard, leur agent du bout du monde, inoubliable de dynamisme et de gentillesse, avait voulu lui faire plaisir :

– Nous chargerons pour vous, sur nos bateaux, ce que vous aurez besoin de faire venir de France. À titre gracieux, cela va sans dire.

Quelque temps après, de Rotterdam, Edouard reçut un câble lui demandant si ce n'était pas plutôt un hôtel qu'il construisait. Avaient-ils mal compris ?

Des boutons de porte aux tissus des rideaux, du style des fauteuils à celui des divans, les bois des placards, les consoles, les appliques, les carrelages, ce fut Henriette, accompagnée de sa fille Claude, qui se chargea des choix et des commandes, sillonnant Paris et ses quartiers d'artisans dans tous les sens. Elle voulait aussi décorer un panneau de la vaste salle à manger d'une marine qu'elle placerait au-dessus d'une longue desserte.

– Edouard, j'ai écrit au conservateur du musée du Louvre pour lui demander comment faire. J'ai reçu une réponse aujourd'hui. Le Louvre me suggère de prendre contact avec le musée de la Marine.

Le musée de la Marine répondit à son tour à Henriette :

– Choisissez une peinture qui vous plaise et nous vous indiquerons un peintre qui la reproduira.

M. Ganne fut chargé de la reproduction du port de Marseille tel que Joseph Vernet l'avait peint au XVIIIe siècle. Car c'était de Marseille que les grands voiliers, puis plus tard les lourds paquebots lâchaient leurs amarres pour les mers lointaines et qu'ils touchaient les rivages de la Nouvelle-Calédonie au bout de leur course. Le choix d'Henriette n'avait pas tenu du hasard, mais de la reconnaissance sentimentale d'un port qui reliait la France à son île du bout du monde.

« Le Rocher à la voile » devint tout naturellement le nom de cette maison ouverte et accueillante comme Edouard l'avait voulu. Charles Lindberg fut un des premiers à y être reçu. Appartenant à l'équipe dirigeante de la compagnie américaine Panam, alors à l'apogée du transport aérien, Lindberg venait conforter la représentation de cette compagnie par l'agence de voyages d'Edouard. La Panam s'apprêtait à reprendre les touchées de ses avions à l'aérodrome de la Tontouta. C'était aussi pour lui l'occasion de discuter avec Edouard Pentecost du projet d'un hôtel touristique à notoriété internationale dont Edouard voulait doter « le pays ». Il fut décidé que la direction de la chaîne Intercontinental Hotels, liée à la Panam, viendrait rapidement lui rendre visite.

Henriette, qui jusque-là n'avait vu Lindberg que coiffé d'un chapeau de feutre, nota presque avec étonnement qu'il l'avait retiré pour venir déjeuner chez elle. La nappe choisie était brodée des mêmes oiseaux exotiques que les motifs des larges rideaux des baies vitrées retenus par leurs embrasses. Les verres à pied à l'éclat décuplé par une taille élaborée s'alignaient crescendo devant les assiettes, comme prêts à danser un ballet léger aux couleurs des vins choisis.

Dehors, le bleu de la piscine, cernée de bosquets de fleurs grimpantes jaune vif, se confondait avec le bleu du lagon.

Edouard recevait chez lui, comme il l'avait souhaité, heureux du style qu'Henriette donnait à ces réceptions.

1966

À Paris, à l'hôpital Broussais, le professeur Dubost, spécialiste de la chirurgie cardiaque et artérielle, rassura Henriette et sa fille Claude venue de Bruxelles au chevet de son père : l'opération d'Edouard s'était bien passée. Mais il lui faudrait une convalescence sévère avant d'envisager la reprise d'une activité qui devrait être de toute manière très surveillée. Le corps médical recommandait d'éviter tout stress.

Henriette regarda en silence le chirurgien. Et elle se demanda s'il pouvait imaginer à combien de stress Edouard avait été confronté depuis sa jeunesse... Et combien l'attendait encore...

L'année suivante, le général de Gaulle et son ministre de l'Outre-Mer, Pierre Billotte, annoncèrent qu'il fallait doter la Nouvelle-Calédonie d'une deuxième usine métallurgique. Leur regard était dirigé vers Inco. Edouard eut le sentiment d'atteindre le but qu'il s'était fixé il y avait déjà quelques années. En tout cas il le pensa.

C'est alors que tout se compliqua. Pendant qu'à Paris le choix de l'actionnaire français qui serait agréé par l'État était remis en question, la SlN proposa d'accroître la capacité de production de ses fours en sollicitant le bénéfice de nouvelles détaxes pour s'y mettre. Ainsi la construction d'une deuxième usine deviendrait inutile et le monopole de la vieille dame de Doniambo serait préservé. Le dossier put retrouver dans les ministères les tiroirs douillets et discrets qu'il n'aurait jamais dû quitter, pensaient certains.

Cependant Edouard ne désarma pas. Il décida de demander audience au Premier ministre. Pas seul, mais accompagné de Georges Chatenay.

– Tu sais, Georges, moi, je n'y connais rien en politique. Il n'y a que toi qui peux m'aider. Comme tu l'as fait il y a deux ans pour les élections législatives.

– Ne me parle pas de ça ! Rock Pidjot est quand même passé devant toi.

– L'Union calédonienne partait de beaucoup plus loin.

– Edouard, je veux bien t'aider, reprenait Georges Chatenay, mais je ne suis pas avocat d'affaires, moi.

– Il n'est pas question de ça. Ce que je voudrais plutôt, c'est que tu me facilites l'entrée des ministères parisiens. J'en ai assez de faire les antichambres les unes après les autres pour être reçu par de jeunes stagiaires aimables, certes, mais sans pouvoir. La dernière fois, ce parcours du combattant, rue Oudinot, m'a tout de même fait aboutir dans le bureau du ministre. Cependant, l'entrevue a tenu plutôt d'une conversation de salon. Son bureau était lisse et nu comme le lagon au lever du soleil. C'était évidemment suffisant pour les considérations d'ordre ethnologique que nous avons échangées... Peut-être que la morphologie de mon visage, la couleur de ma peau l'inspiraient. Cet intéressant sujet épuisé, moi également, je fus reconduit fort aimablement à la porte. Dois-je te préciser qu'au bas des escaliers, je me suis senti, comment dit-on de nos jours... frustré ?

Dès leur arrivée à Paris, grâce à un député ami de Georges Chatenay, les portes des ministères s'ouvrirent... en grinçant un peu malgré tout.

L'épais sourcil du Premier ministre se leva sur un œil rusé de gros chat guettant sa proie.

En serrant la main de Georges Pompidou, Edouard ne put s'empêcher de penser à Henriette qui lui avait dit avant de partir :

– N'oublie pas d'aller te faire faire un ou deux costumes pendant que tu es à Paris. Vas-y dès que tu arrives, pour ne pas courir à la dernière minute ; le tailleur risquerait de ne pas avoir le temps de te les faire essayer.

Le tailleur en question était aussi celui de Georges Pompidou.

– Le nickel... Le nickel... vous le savez aussi bien que moi... C'est l'aéronautique... entre autres. Vous connaissez les enjeux économiques autour de notre avion supersonique, le Concorde. Ou les Mirage. Oui, convenez-en, le nickel est un métal de la plus haute importance pour l'économie de notre pays. Stratégique, devrait-on dire. Introduire des étrangers dans la place... Le choix d'un partenaire pour décupler la production de ce métal est extrêmement délicat. N'est-ce pas, monsieur Pentecost ?

Edouard comprit qu'il ne s'agissait pas là d'une question mais de l'assertion d'un professeur s'adressant à l'élève turbulent, toujours le même d'ailleurs, dont les initiatives, obligeant les services publics à relever la tête de leurs dossiers, les empêchaient de suivre leur propre logique.

Et puis, comment Edouard aurait-il osé contredire un Premier ministre de la France ? Celui-ci se penchait vers son bureau et tendait le bras pour reprendre sa cigarette laissée en équilibre sur le bord du cendrier. Mais elle était éteinte. Y renonçant, il se leva pour signifier la fin de l'entretien.

Quoique perplexe, Edouard Pentecost était malgré tout heureux d'avoir rencontré Georges Pompidou. Son penchant prudent, mais naturellement confiant, lui disait que cet homme, dans le fond, devait le comprendre. On le savait proche de son Auvergne ; alors, il devait imaginer les aspirations d'Edouard pour « ses » îles.

Georges Chatenay le tira de ses pensées en lui proposant un restaurant célèbre pour sa potée savoureuse...

– L'Auvergne encore ?

Ils avaient décollé d'Orly depuis quelques heures. Edouard dormait. Soudain, alors que l'avion survolait les Émirats arabes et que les torchères des puits de pétrole éclairaient la nuit, il ouvrit les yeux et tira son avocat par la manche :

– Tu as déjà rencontré Guy de Rothschild, toi. Va le voir. Explique-lui les enjeux. La nécessité pour la Nouvelle-Calédonie d'une deuxième usine. Explique-lui qu'il y a de la place pour deux. Explique-lui que la SlN n'en mourra pas, au contraire.

Alors que le projet de la construction d'une deuxième usine de fusion de minerai avec International Nickel Corporation avait repris le large et voguait à la recherche d'un nouveau partenaire français, la SlN, que le cauchemar d'une possible perte de monopole avait réveillée, attaquait tout azimut. La toute-puissante société commençait à sortir ses sabres d'abordage de leurs fourreaux.

Au siège parisien, il semble qu'il fût décidé de resserrer les liens avec les Japonais en intensifiant les relations commerciales déjà amorcées précédemment. La SlN proposa à Mitsubishi de lui vendre en direct son minerai brut, activité jusque-là assurée en exclusivité par Edouard Pentecost auprès de la firme japonaise et qui avait fait sa fortune. Edouard en fut informé par son ami Haruhira. Il fut stupéfié par cette démarche entreprise au mépris de tout respect et de toute considération des gens du pays. Intéressés mais prudents, les Japonais ménagèrent la chèvre et... le loup par un accord tripartite : ils gardaient Edouard, mais acceptaient la proposition de la SlN.

Ce n'était là qu'un début. Edouard Pentecost ne pouvait pas imaginer que le pire restait à venir...

Pourtant, en Nouvelle-Calédonie, son prestige grandissait. Conseiller au commerce extérieur depuis quelques années, il fut élu en 1967 à l'assemblée territoriale où on créa pour lui le poste de vice-président. Cette reconnaissance officielle venait très exactement vingt ans après sa désignation en qualité de représentant du patronat à la Conférence internationale du travail à New Delhi.

Edouard espérait, par le biais de ces fonctions, pouvoir faire avancer le dossier Calédonie tel qu'il l'avait toujours envisagé. Profondément convaincu que le développement de son pays passait par la deuxième usine de nickel qu'il imaginait toujours à l'étude dans des bureaux ministériels parisiens, il prévoyait un essor de Nouméa et avait décidé d'installer certaines de ses affaires hors de la ville. Le chantier fut confié à Paul Déméné.

Paul, c'était la fidélité à l'état pur, le souvenir, la mémoire. « Manager » d'Edouard lorsque celui-ci descendait comme un fou de la mine Chagrin pour disputer un match de football à Nouméa, il était depuis resté à ses côtés, penché sur les plans et les réalisations de tous les projets d'Edouard : construire des docks, acheter une propriété, vendre une parcelle, mesurer un terrain.

Paul, c'était un puits d'informations qu'il glanait sur les chantiers, chez les anciens combattants ou dans les bureaux, de préférence ceux dont les secrétaires étaient jolies. Paul Déméné avait vu grandir les trois enfants Michel, Claude et Philippe. Il était parfois leur confident, amical et indulgent.

– Michel ! Tu as vu ton père ? Il pense que les marais du cinquième kilomètre, si on peut récupérer encore un ou deux terrains alentour, feront un centre formidable pour installer toutes ses affaires de voitures et d'engins.

– Ça ne suffit pas, la surface disponible ?

– Si. Mais il pense que plus tard, à proximité, s'installeront forcément mini-markets, immeubles, magasins, etc., et qu'il faudra donc de la place pour tout ça. Enfin, bon, j'ai prévenu tout le monde. Tu es au courant. On attaque lundi.

Michel sourit en pensant que le « commandant » Déméné – son grade dans l'Armée – était en train de fourbir ses outils pour partir à l'assaut du piton. Le raisonnement d'Edouard avait été simple. Il avait acheté à un de ses amis parti en Australie ce terrain, dont une partie était marécageuse. L'autre partie formait une colline : la terre de la colline arasée servirait à combler les marais.

Les grands chantiers, Paul adorait. Quant aux paris « fous » d'Edouard, il en jubilait.

– Aller installer ce complexe à cinq kilomètres de la ville ! Qu'en a pensé Henriette ?

« Encore une autre pampa, cet endroit ! » avait-elle dit en riant.

Mais elle avait compris les arguments d'Edouard : les installations au bout de la rue de l'Alma qui vieillissaient, les locaux qui devenaient trop exigus et cette ville qui finirait bien par s'étendre au-delà de ses limites actuelles.

Ce fut un énorme chantier où allaient s'aligner des halls d'exposition de voitures, des ateliers, des stations-service, des parkings et des docks immenses. La route prolongée allait conduire à la brasserie qui produirait prochainement de la bière locale. Edouard Pentecost avait décidé de l'appeler « Number One ».

Dans le même temps, une sorte de vent de folie s'était levé sur la Nouvelle-Calédonie. Des projets de partenariat pour la création d'autres usines surgissaient comme des champignons dans les sous-bois au petit matin. Les Calédoniens commençaient à ressentir l'ivresse des grands sommets, ceux que le marché mondial laisse présager sur les courbes de production et de transformation du minerai de nickel.

Mais, comme dans les déserts du Moyen-Orient où les mirages s'effacent à l'approche du voyageur, en Nouvelle-Calédonie, les projets devinrent silence. Une nouvelle cyclonique vint balayer beaucoup d'espoirs entretenus pendant ces années. Elle flottait dans l'air depuis plusieurs mois comme un orage immobile que l'on espère voir chassé un matin par un vent contraire et bienveillant. Le cyclone s'abattit sous la forme d'une batterie de décrets concoctés à Paris et qui prit de la force avec le temps. Elle ne fut même pas ébranlée par les coups de boutoir du sénateur Henri Lafleur et ceux de Georges Chatenay. La nouvelle éclata un jour d'été alors que la torpeur avait envahi Nouméa.

Le nickel avait été déclaré *métal stratégique*. À ce titre, les ministères parisiens reprenaient toutes les cartes en main. L'État lointain, en récupérant purement et simplement un contrôle qui privait le pays de la gestion et de la maîtrise de sa propre richesse, dépouillait l'assemblée territoriale de ses compétences.

Derrière ce terme de *métal stratégique*, s'abritait aussi une théorie de décrets restreignant de façon draconienne l'implantation de firmes étrangères puisque l'État se réservait le pouvoir, par l'attribution ou non d'avantages fiscaux, de leur faciliter ou de rendre irréalisable leur installation.

Jamais ses amis n'avaient vu Edouard dans un tel état de fureur, d'ailleurs ils ne l'avaient jamais vu en colère, sinon, parfois, quelques éclairs froids, bien plus redoutables car tellement en contraste avec son calme souriant. Jamais non plus ils n'avaient entendu des mots aussi virulents dans sa bouche :

– Ainsi à vingt mille kilomètres des montagnes calédoniennes et de leurs réserves de nickel, des technocrates, dans leur bureau, vont accorder ou non l'accès des Calédoniens à leurs ressources minières. Ils vont distribuer les permis de recherches minières, les autorisations d'exploitation, les cessions de mines et même d'amodiation selon leur bon vouloir, indifférents aux efforts des hommes qui se lancent dans cette aventure avec leur foi, leurs espoirs, leur ingéniosité et leur énergie. Ce sont des lois scélérates ! Mais est-ce qu'il a mis une fois les pieds au « pays », celui qui a inventé cela ? disait Edouard outré.

Par une obscure timidité, par modestie, mais aussi par ce respect profond qu'il avait des autorités élues de Paris, Edouard préférait prêter ces inepties à un crâne d'œuf griffonnant au fond d'un bureau, plutôt que de s'avouer qu'il se sentait peut-être directement visé, que l'on commençait peut-être à se méfier de son groupe qui prenait une dimension dont il faudrait plus tard tenir compte avant toute décision. Ses initiatives en faveur du développement de « son pays » n'étaient peut-être pas non plus dans la ligne du maintien de pouvoirs et de monopoles toujours détenus par la même minorité. En un mot, il était temps de mettre au pas ce « petit mineur » trop actif.

Et puis, il semblait que les rédacteurs parisiens de ces lois n'avaient rien oublié. La notion de quotas d'exportation de minerai sur l'étranger était introduite. L'État fixerait à chacun des « petits mineurs » la quantité annuelle qu'il serait autorisé à vendre hors du territoire.

Le dossier d'une deuxième usine métallurgique en Nouvelle-Calédonie était en train de se refermer. Pour longtemps... À Nouméa, la SlN, soulagée, continuait à veiller jalousement sur sa suprématie tout en gardant à l'œil ces « petits mineurs » un peu trop agités à son goût.

Edouard devait maintenant se battre sur deux terrains : les mines et sa santé.

J'appris un jour, horrifiée, que mon éducation dans les entrailles d'une pêcherie du nord des Nouvelles-Hébrides ne pouvait pas continuer. J'étais inscrite dans un collège de Sydney où des religieuses assureraient mon instruction. On ne plaisantait pas au couvent du Sacré-Cœur. Pensionnaire. Je serais pensionnaire. C'était ainsi que les Gubbay, depuis que mon grand-père Dal avait été envoyé, même peu de temps, au collège des Rocks, concevaient l'éducation de leurs enfants. Maman aussi était un jour partie en pension, quittant Port-Vila pour la Nouvelle-Zélande. Telle avait donc été la décision de mes parents alors que rien ni personne ne m'y avait préparée. Le ciel tombait sur ma tête, c'était la tempête dans le lagon, les roussettes allaient se décrocher des arbres. La fin du monde...

Quoi qu'il en soit, de longues vacances trimestrielles à Santo vinrent heureusement ponctuer ces années de collège en Australie jusqu'au jour où l'avion de ligne me déposa à Nouméa. Mes parents venaient de s'installer en Nouvelle-Calédonie. Mon père... ses affaires... ses travaux... ses chantiers, m'avait-on expliqué. J'entendais parler de construction de fours à l'usine de Doniambo pour la Société Le Nickel, de cuves de carburant pour les centres miniers, d'aménagement d'aérodromes, de pistes d'atterrissage, de quais, de bases-vie. Mon père était partout, à Wallis, en Nouvelle-Guinée, aux Hébrides, et sur les mines au sommet des montagnes calédoniennes.

Quant à maman, Denyse, elle n'était pas mécontente finalement d'avoir changé d'horizon, abandonnant la moiteur et la lourde chaleur des Hébrides pour un climat plus léger à supporter et pour une vie mondaine où cocktails et dîners d'accueil, d'inauguration, de vernissage étaient tout de même plus fréquents. Les jours de calme, elle retrouvait son passe-temps favori : le plaisir de la peinture sur soie. Elle décorait les chemisiers, les coussins des divans, les saris, les paréos de coquillages ocre, de fleurs d'hibiscus ou d'oiseaux bariolés. Selon son humeur, elle leur prêtait des couleurs tendres ou violentes et en jouait comme un peintre sur ses toiles.

Pendant mes vacances, infatigable, elle m'entraînait sur les courts de tennis du mont Coffyn pour participer à des tournois que je jugeais pour ma part épuisants. Je préférais de loin bavarder avec mes amies, écoutant avec attention le récit de leurs premiers émois, curieuse de connaître le cheminement des sentiments qui faisaient battre si fort leur cœur. Était-ce l'allure des garçons, leurs regards appuyés, leur façon de prendre une main. Je n'avais jamais vraiment prêté attention à tous ces indices dont, paraît-il, le sens ne devait pas m'échapper. Mon inexpérience me consternait, mais dans un collège tenu par des religieuses, ces matières-là n'étaient pas enseignées et les... travaux pratiques bien sûr inexistants. Je comblais ces lacunes en écoutant les autres filles. Mise ainsi sur la voie, je saurais, au premier sourire, au premier bonjour, le comportement à adopter. Mais c'était bien trop simple. Il a fallu qu'un jour je tombe justement sur l'exception, en faisant la connaissance de Philippe Pentecost. Je n'avais pas encore vingt ans. Il me proposa une promenade en avion. Avec mes amies, ce cas de figure n'avait pas été abordé. Je pensais alors à ce pilote français voulant faire la cour à une jeune Sud-Américaine et lui infligeant de terrifiants loopings tant qu'elle n'accepterait pas de l'embrasser entre deux nuages. Mais Philippe n'était pas Saint-Exupéry et je n'étais pas Consuelo. Enfin, cette première promenade aérienne reste gravée dans ma mémoire, supplantant toutes les suivantes.

De retour de vacances, je me croyais à l'abri de tout « looping » dans mon collège australien, lorsqu'un matin ce fut un véritable branle-bas de combat dans les couloirs du Sancta Sophia College. Philippe Pentecost avait brûlé l'étape du parloir, grimpé quatre à quatre les escaliers, épaté les pensionnaires. Elles qualifièrent cette démarche folle de *fantastic romantism*. Je devenais malgré moi une héroïne de roman que les religieuses estimèrent devoir dorénavant surveiller de près. Elles avaient pour leur part jugé « *the behaviour of this Frenchman* “ *incredible* ” ». Ce fut bientôt un va-et-vient entre la maison de mes parents et celle d'Edouard et d'Henriette.

Les échanges s'intensifièrent entre l'Australie et la Nouvelle-Calédonie, l'ère des palabres battait son plein. Philippe manifesta sa détermination. Les filles avaient raison, c'était superbement romantique. Derrière les portes de mon collège, j'attendais qu'on me demande aussi mon avis... Selon l'expression consacrée, « ce fut un grand mariage » où le « Rocher à la voile » déploya ses fastes et honora royalement ses invités.

Là-bas, au loin, l'îlot Maître flottait au-dessus de l'horizon, dans l'air translucide. Edouard avait fait installer, légèrement en contrebas de sa maison, au milieu des arbustes escaladant le piton et adossé à la terre rouge apportée des montagnes, un banc de pierre à l'extrémité de la pointe de sa résidence, sur le chemin de ronde taillé à flanc de coteau. Un livre en main, il venait de plus en plus souvent s'y asseoir, se reposer, réfléchir. Aujourd'hui c'était aussi devenu un refuge discret lorsqu'il supportait mal de constater la diminution de ses forces. De là, il pouvait voir, juste en dessous de lui, de l'autre côté de la route côtière, les formes étranges de ce récif blanc grisé aux vagues allures de goélette où, à marée haute, cognait la vague : le Rocher à la voile. À marée basse, parfois, un pêcheur rôdait autour, un vieil ami d'enfance sans doute, qui montait lui offrir avec fierté un poisson et s'asseoir à ses côtés, le temps d'un échange de quelques souvenirs ou de quelques propos.

À l'heure du crépuscule, assis sur son banc de pierre, Edouard sentait son pays palpiter des richesses qui couvaient dans la chaîne dorsale, cadeau immense fait aux siens, à tous les siens, Blancs, Noirs ou autres, par les bouillonnements telluriques montés des tréfonds de l'océan.

De l'autre côté de ces montagnes, puis du chenal, les Loyauté menaient leur sarabande immobile au large de la Grande Terre, filles gracieuses, avec Ouvéa mince et fragile, Lifou, pouliche galopante, et Maré, poisson pilote, vif et rond. Derrière ces trois sentinelles et les petites îles frondeuses, Tiga et l'île des Pins, il y avait l'immense Pacifique riche d'une vie sous-marine prodigieuse, les Hébrides aux franges de cocotiers échevelés et puis des myriades d'îles, jetées en miettes sur l'eau d'un bleu profond.

Edouard laissait sa pensée vagabonder entre ce qu'il avait construit et ce qu'il rêvait de réaliser encore. Une lettre reçue la veille de son ami Haruhira le conduisait à ébaucher d'une pointe plus acérée ce futur qu'il souhaitait ardemment pour son « pays ». Mais dans sa lettre, Haruhira parlait aussi du *spirit of Edouard.*

Edouard avait souri. Il se promettait de lui expliquer que ce *spirit* n'avait rien d'exceptionnel. Il n'était que le concours de plusieurs rencontres, la fusion des deux races qui lui avaient donné un sang riche de deux cultures, celle qui réservait une place prépondérante au clan, à la tribu et celle qui privilégiait et faisait triompher l'entreprise individuelle. À ce métissage, pensait Edouard, s'était ajoutée sa rencontre avec Henriette. Elle avait été finalement la raison qui avait souvent côtoyé ses visions. Il se promettait d'écrire tout cela à Haruhira.

Mais la vie ne lui en laissa pas le temps. Edouard Pentecost décéda le 4 octobre 1971.

Au fil de ces longues décennies, le temps et les hommes ont forgé dans nos îles une identité originale, modelée par l'océan, la terre et les sangs mêlés. Elle émerge dans la force de sa jeunesse, sa volonté d'exister, d'être reconnue. Elle est aujourd'hui sève et richesse éblouissante de la Nouvelle-Calédonie.

Denyse-Anne Gubbay-Pentecost
Nouméa-Paris

FAMILLE PENTECOST

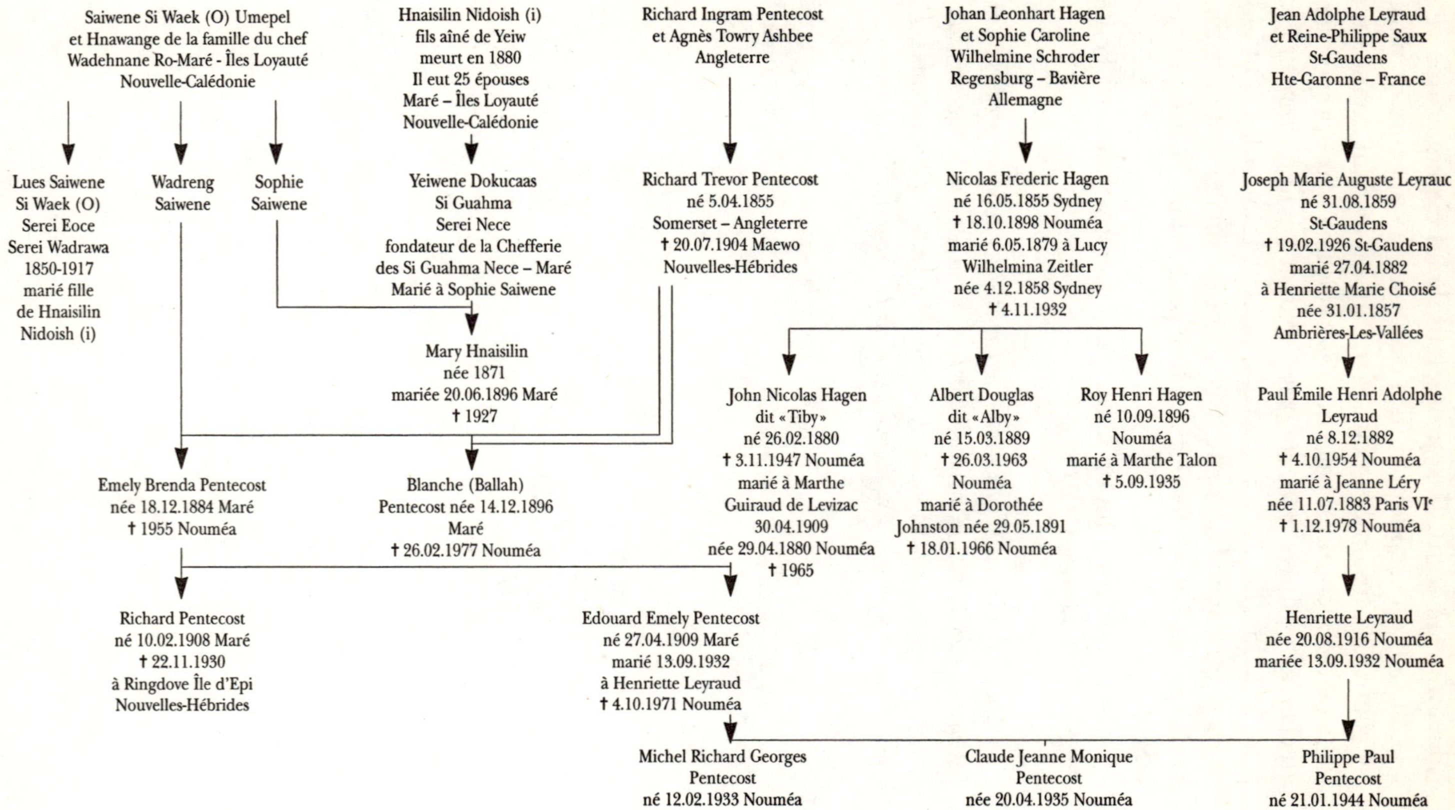

FAMILLE GUBBAY

Abdulla Gubbay
et
Rachel Joshua
Calcutta – Inde

Louis Willemott
et
Eliza Josephine Hermez
Nord de la France

Sébastien Kuter Henridorff
Meurthe-et-Moselle – France
et Elizabeth Morgan – Angleterre

Augustin Loiseau
et
Éléonore Tremont
Hautrage – Belgique

David Gubbay né décembre 1860
Calcutta – Inde
† 12.10.1920 Nouméa
marié à Matilda Elizabeth Kerr
21.06.1883 née 24.01.1865 Sydney
† 16. 03.1914 Sydney
2e noces marié à Jane Grant
le 25.12.1893 Nouméa née 1855 Écosse
† 27.02.1931 Nouméa
Enfants Emily Child 1882 † 1966 / John Child1883 † en mer

Albert Willemott
né 8. 06.1867 Lille – France
† 27.05.1919 Thio Nlle-Calédonie
marié 3.03.1894 à
Marie-Nathalie Cassou
née 18.08.1878 Canala N.C.
† 19.08.1938 Nouvelle-Calédonie

Edouard Albert Kuter
né 16.04.1867 Nouméa
† 18.06.1926 Sydney
marié à Rose Ernestine Gustin
29.10.1892 Nouméa
née 18.04.1873 Sydney
† 8.02.1950 Sydney

Hippolyte Émile Loiseau
né 16.01.1864
Neuilly/Seine – France
† 29.05.1917 Nouméa
marié 12.12.1896 à
Eugénie Marie Josèphe
Lerrant née 3.08.1874
en Ille-et-Vilaine – France
† 23.08.1945 Nouméa

Albert Gubbay
né 28. 04.1888 Sydney
† 5.07.69 Nouméa
marié à Julie Émilie Loudes
6.08.1917
née 14.10.1890
† 26.09.1972 Nouméa

Abdallah
David Gubbay
né 21.01.1886
Sydney
marié 14.06.1928
† 20.01.1974 Sydney

Marthe Simone
Willemott
née 15.06.1899
Nouméa
mariée 14.06.1928
† 2.09.1984 Sydney

Charles Robert Henri Kuter
né 30.07.1900 Nouméa
marié 10.08.1926 Nouméa
† 1.10.1987 Menton – France

Eugénie Alice Marie Loiseau
née 11.07.1905 Nouméa
mariée 10.08.1926 Nouméa
† 25.06.1986 Nouvelle-Zélande

5 enfants Roy Marcel 1924
Madge Emily 1920-1982, Harold Robert 1930
Allen Robert 1923-1945

et

Donald John Gubbay
né 23.07.1927 Nouméa
marié 4.07.1947

Denyse Alice Andrée Kuter
née 16.12.1927 Paris XIVe
mariée 4.07.1947

Denyse-Anne Gubbay
Philippe David Gubbay
Karl Gubbay

BIBLIOGRAPHIE

Bonnemaison Joël, *La Dernière Île*, éditions Arléa/ORSTOM, 1986.

Brou Bernard, *Espoirs et réalités : La Nouvelle-Calédonie de 1925 à 1945*, Publications de la Société d'études historiques de la Nouvelle-Calédonie, 1975.

Brou Bernard, *Histoire de la Nouvelle-Calédonie, « Les Temps modernes », 1774-1925*, Publications de la Société d'études historiques de la Nouvelle-Calédonie, 1973.

Brou Bernard, *Trente ans d'histoire de la Nouvelle-Calédonie*, Publications de la Société d'études historiques de la Nouvelle-Calédonie, 1982.

Chatenay Georges, *Itinéraire d'un enfant de Thio* ou *Le Défi calédonien*, Globasia Éditions.

Chevalier Luc, *La Petite Histoire calédonienne*, Nouméa rétro 1854-1939, tomes 1 et 2, Éditions du Cagou, 1987.

Dubois Marie-Joseph, *Histoire résumée de Maré (îles Loyauté)*, Publications de la Société d'études historiques de la Nouvelle-Calédonie, 1981.

Dubois Marie-Joseph, *Les Finistères*, Bulletin de la Société d'études historiques de la Nouvelle-Calédonie, n° 32, 1993.

Dubois Marie-Joseph, *Portraits de Mélanésiens du siècle dernier*, Bulletin de la Société d'études historiques de la Nouvelle-Calédonie n° 76, 1988, n° 78, 1989, n° 79, 1989.

Harbulot Ginette, *La lune ne nous quitte pas pour toujours*, Imprimerie IRN.

Howe K. R., *Les Îles Loyauté, histoire des contacts culturels de 1840 à 1900*, Publications de la Société d'études historiques de la Nouvelle-Calédonie, 1977.

Lacam Guy, *Souvenir des Nouvelles-Hébrides*, Publications de la Société d'études historiques de la Nouvelle-Calédonie, 1997.

O'Reilly Patrick, Calédoniens, *Répertoire biobibliographique de la Nouvelle-Calédonie*, Société des océanistes, Musée de l'homme, 1953.

O'Reilly Patrick, Hébridais, *Répertoire biobibliographique de la Nouvelle-Calédonie*, Société des océanistes, Musée de l'homme, 1953.

Pisier Georges, *Le Ralliement de la Nouvelle-Calédonie et l'intervention britannique, 1940,* Bulletin de la Société d'études historiques de la Nouvelle-Calédonie, n° 62, 1985.

Raucaz L., *Les Îles Salomon,* Bulletin de la Société d'études historiques de la Nouvelle-Calédonie, n° 63, 1985.

Sénès Jacqueline, *La Vie quotidienne en Nouvelle-Calédonie de 1850 à nos jours,* éditions Hachette.

Shineberg Dorothée, *Ils étaient venus chercher du santal,* Publications de la Société d'études historiques de la Nouvelle-Calédonie, 1976.

Shineberg Dorothée, « Nouméa no good – no pay » et « New Hebridean indensured labour in New Caledonia, 1865-1925 », *The Journal of Pacific History.*

Vois Paul, *Prisons flottantes,* éditions Delmas.

Le Mémorial calédonien, Nouméa diffusion.

Cet ouvrage a été réalisé par la
SOCIÉTÉ NOUVELLE FIRMIN-DIDOT
Mesnil-sur-l'Estrée
pour le compte des Éditions Robert Laffont
24, avenue Marceau, 75008 Paris
en octobre 1998

Imprimé en France
Dépôt légal : novembre 1998
N° d'édition : 37261 – N° d'impression : 44321